四川省示范性高职院校建设项目成果
中央财政支持高等职业学校专业建设发展项目建设成果

市场调查与预测

漆明春　成明山　主　编
陈国树　黎　霞　副主编
罗　红　刘崇华

西南交通大学出版社
·成　都·

图书在版编目（CIP）数据

市场调查与预测 / 漆明春，成明山主编. —成都：西南交通大学出版社，2013.6（2018.1 重印）
四川省示范性高职院校建设项目成果
ISBN 978-7-5643-2383-7

Ⅰ. ①市… Ⅱ. ①漆… ②成… Ⅲ. ①市场调查②市场预测 Ⅳ. ①F713.5

中国版本图书馆 CIP 数据核字（2013）第 139232 号

四川省示范性高职院校建设项目成果
市场调查与预测
漆明春　成明山　主编

责任编辑	张宝华
封面设计	墨创文化
出版发行	西南交通大学出版社 （四川省成都市二环路北一段 111 号 西南交通大学创新大厦 21 楼）
发行部电话	028-87600564　028-87600533
邮政编码	610031
网　　址	http://www.xnjdcbs.com
印　　刷	成都中永印务有限责任公司
成品尺寸	185 mm×260 mm
印　　张	14
字　　数	350 千字
版　　次	2013 年 6 月第 1 版
印　　次	2018 年 1 月第 2 次
书　　号	ISBN 978-7-5643-2383-7
定　　价	27.50 元

图书如有印装质量问题　本社负责退换

序

在大力发展职业教育、创新人才培养模式的新形势下，加强高职院校教材建设，是深化教育教学改革、推进教学质量工程、全面培养高素质技能型专门人才的前提和基础。

近年来，四川职业技术学院在省级示范性高等职业院校建设过程中，立足于“以人为本，创新发展”的教育思想，组织编写了涉及汽车制造与装配技术、物流管理、应用电子技术、数控技术等四个省级示范性专业，以及体制机制改革、学生综合素质训育体系、质量监测体系、社会服务能力建设等四个综合项目相关内容的系列教材。在编撰过程中，编著者立足于“理实一体”、“校企结合”的现实要求，秉承实用性和操作性原则，注重编写模式创新、格式体例创新、手段方式创新，在重视传授知识、增长技艺的同时，更多地关注对学习者专业素质、职业操守的培养。本套教材有别于以往重专业、轻素质，重理论、轻实践，重体例、轻实用的编写方式，更多地关注教学方式、教学手段、教学质量、教学效果，以及学校和用人单位“校企双方”的需求，具有较强的指导作用和较高的现实价值。其特点主要表现在：

一是突出了校企融合性。全套教材的编写素材大多取自行业企业，不仅引进了行业企业的生产加工工序、技术参数，还渗透了企业文化和管理模式，并结合高职院校教育教学实际，有针对性地加以调整优化，使之更适合高职学生的学习与实践，具有较强的融合性和操作性。

二是体现了目标导向性。教材以国家行业标准为指南，融入了“双证书”制和专业技术指标体系，使教学内容要求与职业标准、行业核心标准相一致，学生通过学习和实践，在一定程度上，可以通过考级达到相关行业或专业标准，使学生成为合格人才，具有明确的目标导向性。

三是突显了体例示范性。教材以实用为基准，以能力培养为目标，着力在结构体例、内容形式、质量效果等方面进行了有益的探索，实现了创新突破，形成了系统体系，为同级同类教材的编写，提供了可借鉴的范样和蓝本，具有很强的示范性。

与此同时，这是一套实用性教材，是四川职业技术学院在示范院校建设过程中的理论研究和实践探索成果。教材编写者既有高职院校长期从事课程建设和实践实训指导的一线教师和教学管理者，也聘请了一批企业界的行家里手、技术骨干和中高层管理人员参与到教材的编写过程中，他们既熟悉形势与政策，又了解社会和行业需求；既懂得教育教学规律，又深谙学生心理。因此，全套系列教材切合实际，对接需要，目标明确，指导性强。

尽管本套教材在探索创新中存在有待进一步锤炼提升之处，但仍不失为一套针对高职学生的好教材，值得推广使用。

此为序。

四川省高职高专院校
人才培养工作委员会主任

二〇一三年一月二十三日

前　言

2011 年 10 月我校经济信息管理专业获批成为中央财政支持高等职业学校专业建设发展项目，是我校专业建设领域的又一大突破。该项目作为教育部、财政部 2011—2012 年实施“支持高等职业学校提升专业服务能力”项目，重点是支持高等职业学校专业建设，提升高等职业教育服务经济社会能力。

基于此，结合《教育部关于加强高职高专教育人才培养工作的通知》和《教育部关于全面提高高等职业教育教学质量的若干意见》等文件精神，通过对职业教育教学规律的深入研究，在广泛调研、论证并总结编者多年从事经管类专业教学和实践经验的基础上，由企业一线工作人员、课程专家及专业教师组成课程建设小组，对市场调查与预测的工作任务进行分析，总结出其工作过程要经历四大阶段：市场调查的准备阶段、市场调查的实施阶段、市场调查的分析与预测阶段、市场调查的总结阶段。我们认为，高等职业教育应以学生的综合职业素能培养为中心，坚持理论教学与实践性教学的结合。基于技能型人才培养的特点和学生的职业规划，建立了以实际工作过程为课程结构体系，以培养学生职业素能为主线的课程内容。本教材具有以下几个鲜明的特点：

（1）易学易教易懂。本书编者从事高职高专经管类教育教学工作多年，深知高职高专学生的的文化基础及理解、接受知识的能力，在编写过程中避免了繁杂的理论陈述和复杂的公式推导，兼顾了市场调查与预测工作的整体协调性，形成了学生易学、教师易教、读者易懂的特色。

（2）课程结构设计新颖，编排科学合理。本教材根据市场调查与预测工作过程来设计课程结构，形成了六大版块，课程结构与工作过程实现了良好的衔接，有利于学生从总体上领会实际工作。每个项目均设计了学习导引和能力自测，反映了新观念、新技术、新方法、新知识，编排科学合理，培养了学生的创新能力。

（3）工学结合，注重实践。本教材的编写立足高职高专工学结合特点，在进行必要的理论（以够用为原则）讲解的同时，注重学生运用知识解决实际问题的素能锻炼。编者将常用的 Excel 办公软件考虑于教材结构中，只给出了应用提要而没详细内容，方便教师课外研究和学生课外自主学习；同时将对市场分析与预测有巨大帮助但又较难的 Spss 统计软件单独作为一个版块进行设计，这也是本教材区别于其他市场调查与预测教材最大的特色和亮点。

本书由漆明春、成明山担任主编，陈国树、黎霞、罗红、刘崇华担任副主编，漆明春负责起草大纲、修改、总纂和定稿。具体分工如下：项目一由黎霞编写；项目二由罗红编写；项目三由刘崇华编写；项目四由漆明春编写；项目五由陈国树编写；项目六由成明山编写。

编者在编写过程中，参考了许多市场调查与预测方面的教材等资料，这些宝贵资料对本书的编写提供了极大的帮助，在此特向相关作者表示诚挚的感谢！

本书以高职高专经管类专业学生为读者对象，也可作为职工业余大学、成人高教、函授大学、项目培训、相关专业教学等的选用教材。

由于编者水平有限且时间仓促，书中难免存在疏漏、欠妥甚至是错误之处，敬请有关专家、学者及广大读者给予批评与指正，以便修订时予以改进。

若读者在使用本书的过程中有其他宝贵的意见、建议，欢迎通过邮箱（18835526@qq.com）与编者进行沟通交流。

漆明春

2013 年 2 月

目　录

项目1　认识市场调查

项目2　市场调查的准备阶段

项目3　市场调查的实施阶段

项目4　市场调查的分析与预测阶段

项目 5 市场调查的总结阶段

项目 6 SPSS 软件在市场调查与预测中的应用

项目1　认识市场调查

【学习导引】

企业只有生产出适销对路的产品才能使自己赢利。那么，是否能满足消费者需求的产品都是适销对路的产品？企业如何通过市场调查与预测为自己找到畅销的产品？

通过本项目的学习，我们能了解市场调查的基础知识，对之形成初步的认识和理解，为后面知识内容的学习打下基础，解决上面提出的问题。

【知识目标】

1. 理解市场调查的含义及其必要性。
2. 明确企业进行市场调查的目的。
3. 了解市场调查的种类和作用。
4. 掌握市场调查的内容和程序。

【能力目标】

能够运用市场调查的基本原理设计和开展市场调查工作。

任务1　市场调查概述

1.1　市场调查的含义和种类

1.1.1　市场调查的含义

一、市场调查的含义

目前对市场调查概念的理解和认识仍在不断的变化和发展中，学术界还没有权威的定义，主要存在两种观点：

观点1认为，市场调查即对市场的调查研究，包括狭义和广义之分。狭义的市场调查是将市场理解成商品销售对象（顾客），那么市场调查就是对顾客的调查研究。广义的市场调查是将市场理解成商品交换关系的总和，那么市场调查就是对各种市场要素的调查研究，至少包括市场营销环境调查、市场需求调查、市场供给调查、市场行情调查、市场营销活动调查。

观点 2 认为，市场调查即市场营销调查。有的学者倾向于将市场调查理解成市场营销调查，认为市场调查是市场营销活动的重要组成部分，是市场营销活动的第一步，主要用以协助解决营销问题，为各项营销决策提供依据。

综合以上两种观点，我们可以作如下定义：市场调查是指运用科学的方法，有目的有系统地搜集、记录、整理有关市场营销信息和资料，分析市场情况，了解市场的现状及其发展趋势，为市场预测和营销决策提供客观的、正确的资料的工作过程。

二、正确把握市场调查的概念，需要注意以下几点

1. 市场调查是认识市场实际变化情况的一种有组织、有计划、有目的的社会活动过程，这一过程须花费一定的时间、精力和费用，因此，调查不能盲目进行，必须有较强的针对性。

2. 市场调查须有充分的理论依据，也就是说，被调查对象实际情况及发展规律是可以为人们所认识和掌握的。

3. 市场调查过程须运用科学的方法，其中包括实践中积累起来的一般观察、简要询问、文字记录等方法，以及运用已经具有的广博知识所进行的调查表设计、询问设计、实验设计等方法，还包括先进的抽样调查等方法。

4. 市场调查所收集的资料必须真实可靠，必须具有时效性，如果信息不准、不灵、不及时，就难以在竞争中准确地把握市场机会，甚至作出错误判断，从而造成无法弥补的损失。

1.1.2 市场调查的种类

按照分类方法的不同可以将市场调查分为不同的类型，而从不同角度分类又有利于对市场调查作出全面系统的理解，也有利于在市场调查实践中明确调查目的和确定调查内容。

1. 按调查目的性的不同，可分为探测性调查、描述性调查、因果性调查和预测性调查。

（1）探测性调查是指企业对市场上发生的某种条件原因不明或趋势不明时，为了找出问题的症结和明确进一步深入调查的具体内容和重点而进行的非正式的初步调查。例如：某公司近期某产品的销售量持续下降，是由于顾客偏好转移，还是渠道不畅，还是市场上有新的替代品出现，还是产品质量问题等，一时还弄不清楚，也无法一一加以调查，就需要通过探测性调查来寻求答案。通过探测性调查可以查明问题的初步原因，找出问题的关键所在，以便进一步探讨解决问题的办法。

（2）描述性调查是指对需要调查研究的客观事实资料，进行收集、记录及分析的正式调查。例如：某公司想弄清购买本公司产品的消费者是哪些人，他们年龄的分布情况如何，收入水平情况如何，什么时候进行购买，如何购买等，通过调查，把市场活动的面貌如实地描述出来就行了，不必作出结论。

（3）因果性调查是指为了弄清有关市场变量之间的关系而进行的专题调查。例如：为什么消费者在同类产品中喜欢“飘柔”？为什么某企业产品的市场占有率今年比去年下降等等。通过因果性调查，就可以弄清问题产生的原因后果，弄清哪个“因”是主，哪个“因”是次，弄清“因”对“果”的影响程度，以便企业对症下药，取得经营上的主动权。

（4）预测性调查是指为了预测未来市场变动趋势而进行的调查，属于市场预测的范围。例如：某一市场消费趋势、某产品需求量及其变化趋势、某产品市场容量等。

2. 按调查对象的范围不同，可分为全面调查和非全面调查。

（1）全面调查，也称普查，是指对调查对象中的所有单位全部进行的调查。它能收集到覆盖面广、细致、精确的信息资料，进而得出较可靠的结论，但须花费较多的人力、物力、财力和时间，一般适用于被调查对象不多的情况。

（2）非全面调查，是指对调查对象中的一部分单位所进行的调查，但所调查的单位应具有较充分的代表性。与全面调查相比，所花人力、物力、财力和时间较少，也可以掌握较细、较全、较准确的资料。市场调查大多数属于这一类型，但调查时应注意代表对象的选择。

3. 按调查时间的连续性，可分为经常性调查、阶段性调查和一次性调查。

（1）经常性调查是指随着事物在时间上的发展变化连续不断地进行调查。

（2）阶段性调查是指不以时间长度为转移，而以事物发展阶段为依据的调查，以大体了解其发展变化的情况。

（3）一次性调查是指对那些短期内变动不大的研究对象一般不做连续性调查，而是为了某一特定目的组织的定期或不定期的一次性调查。

4. 按市场调查的基本方法不同，可分为文案调查法和实地调查。

（1）文案调查法是指对现有资料进行搜集的一种调查方法。

（2）实地调查包括观察法、访问法和实验法等。

5. 按市场调查的区域不同，可分为国内市场调查和国际市场调查。

（1）国内市场调查是指在本国内展开的调查。

（2）国际市场调查是指在本国及其他国家展开的调查。

总之，按不同标准，市场调查的种类很多，这说明市场调查是一个分阶段、分层次的，由浅入深的过程。

1.2　市场调查的特点和作用

1.2.1　市场调查的特点

市场调查主要具有以下特点：

1. 市场调查的内容是广泛的。

市场调查可以用于测量很简单的东西，如被调查者的身高、体重或性别、年龄、文化程度等基本情况；也可以用于测量诸如态度或爱好之类的复杂问题。当然这是有一定限定的。有些问题被调查者就可能不会回答，可能是不知道这个问题该如何回答，或是问题太敏感了不愿回答，例如与社会禁忌或忌讳有关的事情（如性行为、吸毒等）。而要得到这些方面的信息必须靠相当的专业知识、努力和智慧，通常仅靠一般的调查，要想从大部分被调查者都感到为难的问题中得到所需的信息是不可能的。

2. 市场调查是按客户的具体情况“量体裁衣”的。

在对一项调查进行设计时，首先想到的三个问题是：这项调查需要多少费用，需要多长时间，可以获取多少信息。这些问题常常无法准确地回答，需要具体问题具体分析，因为调查研究的项目不同，情况可能是不相同的。由于市场调查可以按客户的具体情况“量体裁衣”，因此可以想法将方案设计得尽可能满足客户的信息需求和经费预算。一个调查项目可以只花几千元，也可以花费几十万、几百万甚至几千万元；可以在一天之内完成，也可长至几个月；可以只提供小范围的一点点数据，也可以给出覆盖大范围的大量的信息。总之，项目的设计要与客户的需要和财力相适应。例如：对经费少的客户，可以选用比较节约的调查方法，提供较为定性的数据等等。

3. 市场调查的方法是多样的。

调查研究的方案设计是多样的，收集数据的方法可以采用面访、电话访谈或直接邮寄。调查地点可在被访者的家中、工作单位、购物场所，甚至在他们娱乐的地方。被访者可能只需花几分钟，也可能花上几乎一个小时。

4. 市场调查开展的程度是有伸缩性的。

所收集数据的多少和复杂程度是可以选择的，这取决于所需求的信息和所拥有的经费。简单的调查可以设计得只需几页记录纸和一个可装在口袋里的计算器,结果也就是几页报告。复杂的大规模的调查要采用高级的计算机和数据分析程序，用于处理、计算并生成大量精确的信息，而这在一二十年前是不太可能实现的。

5. 市场调查的结果是有效的。

因为调查往往采用抽样的方法，所以从一个相当小的样本就可以得到关于一个很大总体的信息。调查的样本量一般很少超过一千人的水平，即使调查的结果要用于推断千万人。很好的设计和组织对保证调查研究的效率十分重要，通过精心的设计和安排，上百个问题的问卷几分钟就可以答完；否则可能会花上几个小时。

6. 市场调查是有局限性的。

市场调查应该得到也常常可以得到比投入的费用高几倍价值的信息。但调查除了需要时间和费用外，还需要智力和努力，特别是在设计和实施每一步方案时对智力和努力的要求更高。对于一项调查，必须有一个人负全责。这个人虽然不需要做全部的决策和全部的工作，但他必须连续地全力以赴地领导、管理和监督方案的设计和实施过程。他对于一项调研进行的每一个步骤要有一个很具体的设想，否则早期某些步骤中的潜在问题将可能把调研进程引进死胡同，或在后期出现严重的问题。

7. 市场调查的结论不是完美无缺的。

就像任何其他工作那样，市场调查也不可避免地会有错误、误差和疏忽。对方案的缜密设计和细心实施的目的就是为了避免较大的误差和疏忽。只要对调查信息的价值没有严重损害，细小的错误应当容忍。如果在调查或结束之后发现了细小的错误，就应当考察它们对调查信息有什么影响。仅仅因为一些细小的错误就贬低或抛弃调查的结果是不合适的，应当按照错误的具体情况进行修正处理，这样可能需要在解释结果时做些修改，或是对调查发现的依赖方面作些变动。

8. 市场调查不能直接指示决定。

即使没有发现错误或疏忽，调查完全按所设计的方案进行，结果也不是完全确定的，不能指示或决定最终答案。调查结果只应被当成是另外一种证据，必须参考一般经验、普通的道理和其他信息来对它进行评价。人类的感性和判断总是必要的，对调查的结果要认真思考、理解，判断其与我们对问题的感性认识是否基本吻合；如果不相符，原因何在，必要时需作进一步的调研和分析。调查结果是重要的决策参考依据，但并不等于准确地给出了决策答案。

1.2.2 市场调查的作用

1. 有助于更好地吸收国内外先进经验和最新技术，改进企业的生产技术，提高管理水平。

当今世界，科技发展迅速，新发明、新创造、新技术和新产品层出不穷，日新月异，这种技术的进步自然会在商品市场上以产品的形式反映出来。通过市场调查，可以得到有助于我们及时地了解市场经济动态和科技信息的资料信息，为企业提供最新的市场情报和技术生产情报，以便更好地学习和吸取同行业的先进经验和最新技术，改进企业的生产技术，提高人员的技术水平，提高企业的管理水平，从而提高产品的质量，加速产品的更新换代，增强产品和企业的竞争力，保障企业的生存和发展。

2. 有助于为企业管理部门和有关负责人提供决策依据。

任何一个企业都只有在对市场情况有实际了解的情况下，才能有针对性地制定市场营销策略和企业经营发展策略。在企业管理部门和有关人员要针对某些问题进行决策时，如进行产品策略、价格策略、分销策略、广告和促销策略的制定，通常要了解的情况和考虑的问题是多方面的，主要有：本企业产品在什么市场上销售较好，有发展潜力；在哪个具体的市场上预期可销售数量是多少；如何才能扩大企业产品的销售量；如何掌握产品的销售价格；如何制定产品价格，才能保证在销售和利润两方面都能上去；怎样组织产品推销，销售费用又将是多少等等。这些问题都只有通过具体的市场调查，才可以得到具体的答复，而且只有通过市场调查得来的具体答案才能作为企业决策的依据，否则，就会形成盲目的和脱离实际的决策，而盲目则往往意味着失败和损失。

3. 有助于增强企业竞争力和生存能力。

商品市场的竞争由于现代化社会大生产的发展和技术水平的进步，而变得日益激烈化。市场情况在不断地发生变化，而促使市场发生变化的原因，不外乎产品、价格、分销、广告、推销等市场因素和有关政治、经济、文化、地理条件等市场环境因素。这两种因素往往又是相互联系和相互影响的，而且不断地发生变化。因此，企业为适应这种变化，就只有通过广泛的市场调查，及时地了解各种市场因素和市场环境因素的变化，从而有针对性地采取措施，通过对市场因素，如价格、产品结构、广告等的调整，去应付市场竞争。对于企业来说，能否及时了解市场变化情况，并适时适当地采取应变措施，是企业能否取胜的关键。

1.3 市场调查的内容和程序

1.3.1 市场调查的内容

市场调查是市场营销活动的起点，它是通过一定的科学方法对市场的了解和把握，在调查活动中收集、整理、分析市场信息，掌握市场发展变化的规律和趋势，为企业进行市场预测和决策提供可靠的数据和资料，从而帮助企业确立正确的发展战略。市场调查的内容很多，涉及市场营销活动的整个过程。有市场环境调查，包括政策环境、经济环境、社会文化环境的调查；有市场基本状况的调查，主要包括市场规范、总体需求量、市场的动向、同行业的市场分布占有率等；有销售可能性调查，包括现有和潜在用户的人数及需求量、市场需求变化趋势、本企业竞争对手的产品在市场上的占有率、扩大销售的可能性和具体途径等；还可对消费者及消费需求、企业产品、产品价格、影响销售的社会和自然因素、销售渠道等开展调查。

1. 市场环境的调查。

市场环境调查主要包括经济环境、政治环境、社会文化环境、科学环境和自然地理环境等。具体的调查内容可以是市场的购买力水平、经济结构、国家的方针政策和法律法规、风俗习惯、科学发展动态、气候等各种影响市场营销的因素。

2. 市场需求调查。

市场需求调查主要包括消费者需求量调查、消费者收入调查、消费结构调查、消费者行为调查，包括消费者为什么购买、购买什么、购买数量、购买频率、购买时间、购买方式、购买习惯、购买偏好和购买后的评价等。

3. 市场供给调查。

市场供给调查主要包括产品生产能力调查、产品实体调查等。具体为某一产品市场可以提供的产品数量、质量、功能、型号、品牌等，生产供应企业的情况等。

4. 市场营销因素调查。

市场营销因素调查主要包括产品、价格、渠道和促销的调查。产品的调查主要有了解市场上新产品开发的情况、设计的情况、消费者使用的情况、消费者的评价、产品生命周期阶段、产品的组合情况等。产品的价格调查主要有了解消费者对价格的接受情况、对价格策略的反应等。渠道调查主要包括了解渠道的结构、中间商的情况、消费者对中间商的满意情况等。促销活动调查主要包括各种促销活动的效果，如广告实施的效果、人员推销的效果、营业推广的效果和对外宣传的市场反应等。

5. 市场竞争情况调查。

市场竞争情况调查主要包括对竞争企业的调查和分析，了解同类企业的产品、价格等方面的情况，以及他们采取了什么竞争手段和策略，做到知己知彼，通过调查帮助企业确定企业的竞争策略。

1.3.2 市场调查的程序

市场调查是企业制订营销计划的基础。企业开展市场调查可以采用两种方式，一是委托专业市场调查公司来做，二是企业自己来做。企业可以设立市场研究部门，负责此项工作。市场调查工作的基本过程包括：明确调查目标、设计调查方案、制定调查工作计划、组织实地调查、调查资料的整理和分析、撰写调查报告。

1. 明确调查目标。

进行市场调查，首先要明确市场调查的目标，按照企业的不同需要，市场调查的目标有所不同。企业实施经营战略时，必须调查宏观市场环境的发展变化趋势，尤其要调查所处行业未来的发展状况；企业制定市场营销策略时，要调查市场需求状况、市场竞争状况、消费者购买行为和营销要素情况；当企业在经营中遇到了问题，这时应针对存在的问题和产生的原因进行市场调查。

2. 设计调查方案。

一个完善的市场调查方案一般包括以下几方面的内容：

（1）调查目的。

要求根据市场调查目标，在调查方案中列出本次市场调查的具体目的和要求。例如：本次市场调查的目的是了解某产品的消费者购买行为和消费偏好情况等。

（2）调查对象。

市场调查的对象一般为消费者、零售商、批发商，零售商和批发商为经销调查产品的商家，消费者一般为使用该产品的消费群体。在以消费者为调查对象时，要注意到有时某一产品的购买者和使用者不一致，如对婴儿食品的调查，其调查对象应为孩子的父母。此外还应注意到一些产品的消费对象主要针对某一特定消费群体或侧重于某一消费群体，这时调查对象应注意选择产品的主要消费群体。例如，对于化妆品，调查对象主要选择女性；对于酒类产品，其调查对象主要为男性。

（3）调查内容。

调查内容是收集资料的依据，是为实现调查目标服务的，可根据市场调查的目的确定具体的调查内容。例如，调查消费者行为时，可按消费者购买、使用、使用后评价三个方面列出调查的具体内容项目。调查内容的确定要全面、具体，条理清晰、简练，避免面面俱到，内容过多，过于繁琐，避免把与调查目的无关的内容列入其中。

（4）调查表。

调查表是市场调查的基本工具，调查表的设计质量直接影响市场调查的质量。设计调查表要注意以下几点：

第一，调查表的设计要与调查主题密切相关，重点突出，避免可有可无的问题。

第二，调查表中的问题要容易让被调查者接受，避免出现被调查者不愿回答或令被调查者难堪的问题。

第三，调查表中的问题次序要条理清楚，顺理成章，符合逻辑顺序，一般可遵循容易回答的问题放在前面，较难回答的问题放在中间，敏感性问题放在最后；封闭式问题在前，开放式问题在后。

第四，调查表的内容要简明，尽量使用简单、直接、无偏见的词汇，保证被调查者能在较短的时间内完成调查表。

（5）调查地区范围。

调查地区范围应与企业产品销售范围相一致，当在某一城市做市场调查时，调查范围应为整个城市。但由于调查样本数量有限，调查范围不可能遍及城市的每一个地方，一般可根据城市的人口分布情况，主要考虑人口特征中收入、文化程度等因素，在城市中划定若干个小范围调查区域。划分原则是使各区域内的综合情况与城市的总体情况分布一致，将总样本按比例分配到各个区域，在各个区域内实施访问调查。这样可相对缩小调查范围，减少实地访问工作量，提高调查工作效率，减少费用。

（6）样本的抽取。

调查样本要在调查对象中抽取。由于调查对象分布范围较广，应制定一个抽样方案，以保证抽取的样本能反映总体情况。样本的抽取数量可根据市场调查的准确程度的要求确定，市场调查结果准确度要求愈高，抽取样本数量应愈多，但调查费用也愈高，一般可根据市场调查结果的用途情况确定适宜的样本数量。实际市场调查中，在一个中等以上规模城市进行市场调查的样本数量，按调查项目的要求不同，可选择200～1 000个样本，样本的抽取可采用统计学中的抽样方法。具体抽样时，要注意对抽取样本的人口特征因素的控制，以保证抽取样本的人口特征分布与调查对象总体的人口特征分布相一致。

（7）资料的收集和整理方法。

市场调查中，常用的资料收集方法有调查法、观察法和实验法，一般来说，前一种方法适宜于描述性研究，后两种方法适宜于探测性研究。企业做市场调查时，采用调查法较为普遍，调查法又可分为面谈法、电话调查法、邮寄法、留置法等。这几种调查方法各有其优缺点，适用于不同的调查场合，企业可根据实际调研项目的要求来选择。资料的整理方法一般可采用统计学中的方法，利用 Excel 工作表格，可以很方便地对调查表进行统计处理，获得大量的统计数据。

3. 制定调查工作计划。

调查工作计划一般包括以下几个方面：

（1）组织领导及人员配备。

建立市场调查项目的组织领导机构，可由企业的市场部或企划部来负责调查项目的组织领导工作，针对调查项目成立市场调查小组，负责项目的具体组织实施工作。

（2）访问员的招聘及培训。

访问人员可从高校中的经济管理类专业的大学生中招聘，根据调查项目中完成全部问卷实地访问的时间来确定每个访问员 1 天可完成的问卷数量，核定需招聘访问员的人数。对访问员须进行必要的培训，培训内容包括：访问调查的基本方法和技巧，调查产品的基本情况，实地调查的工作计划，调查的要求及要注意的事项等。

（3）工作进度。

将市场调查项目整个进行过程安排一个时间表，确定各阶段的工作内容及所需时间。市场调查包括以下几个阶段：① 调查工作的准备阶段，包括调查表的设计、抽取样本、访问员的招聘及培训等；② 实地调查阶段；③ 问卷的统计处理、分析阶段；④ 撰写调查报告阶段。

（4）费用预算。

市场调查的费用预算主要有调查表设计印刷费、访问员培训费、访问员劳务费与礼品费、调查表统计处理费用等。企业应核定市场调查过程中将发生的各项费用支出，合理确定市场调查总的费用预算。

4. 组织实地调查。

市场调查的各项准备工作完成后，开始进行问卷的实地调查工作，组织实地调查要做好两方面工作：

（1）做好实地调查的组织领导工作。

实地调查是一项较为复杂繁琐的工作，要按照事先划定的调查区域确定每个区域调查样本的数量、访问员的人数、每位访问员应访问样本的数量及访问路线，每个调查区域配备一名督导人员，明确调查人员及访问人员的工作任务和工作职责，做到工作任务落实到位，明确工作目标和责任。

（2）做好实地调查的协调、控制工作。

调查组织人员要及时掌握实地调查的工作进度完成情况，协调好各个访问员之间的工作进度；要及时了解访问员在访问中遇到的问题并帮助解决，对于调查中遇到的共性问题，提出统一的解决办法。要做到每天访问调查结束后，访问员首先对填写的问卷进行自查，然后由督导员对问卷进行检查，找出存在的问题，以便在后面的调查中及时改进。

5. 调查资料的整理和分析。

实地调查结束后，即进入调查资料的整理和分析阶段，收集好已填写的调查表后，由调查人员对调查表进行逐份检查，剔除不合格的调查表，然后将合格调查表统一编号，以便于调查数据的统计。调查数据的统计可利用 Excel 电子表格软件完成，将调查数据输入计算机后，经 Excel 软件运行后，即可获得已列成表格的大量的统计数据，利用上述统计结果，就可以按照调查目的的要求，针对调查内容进行全面的分析工作。

6. 撰写调查报告。

撰写调查报告是市场调查的最后一项工作内容，市场调查工作的成果将体现在最后的调查报告中，调查报告将提交企业决策者，作为企业制定市场营销策略的依据。市场调查报告要按规范的格式撰写，一个完整的市场调查报告格式由题目、目录、概要、正文、结论、建议和附件等组成。

【重点知识梳理】

本项目主要讲述了市场调查的含义和种类，市场调查的特点和作用，市场调查的内容和程序。

1. 市场调查是指运用科学的方法，有目的有系统地搜集、记录、整理有关市场营销的信息和资料，分析市场情况，了解市场的现状及其发展趋势，为市场预测和营销决策提供客观的、正确的资料的工作过程。

2. 市场调查按不同的性质特征进行划分有不同的种类：按调查目的性的不同，可分为探测性调查、描述性调查、因果性调查和预测性调查；按调查对象的范围不同，可分为全面调查和非全面调查；按调查时间的连续性，可分为经常性调查、阶段性调查和一次性调查；按市场调查的基本方法不同，可分为文案调查和实地调查；按市场调查的区域不同，可分为国内市场调查和国际市场调查。

3. 市场调查具有以下特点：市场调查的内容是广泛的；市场调查是按客户的具体情况“量体裁衣”的；市场调查的方法是多样的；市场调查开展的程度是有伸缩性的；市场调查的结果是有效的；市场调查是有局限性的；市场调查的结论不是完美无缺的；市场调查不能直接指示决定。

4. 市场调查的内容涉及市场营销活动的整个过程，主要包括市场环境的调查、市场需求的调查、市场供给的调查、市场营销因素的调查、市场竞争情况的调查。

5. 市场调查是企业制订营销计划的基础，市场调查工作的基本过程包括明确调查目标、设计调查方案、制定调查工作计划、组织实地调查、调查资料的整理和分析、撰写调查报告。

能力自测

一、单项选择题

1. 以调查某一时期某种产品的销售量为何大幅度滑坡为目的的市场调查研究是（　　）研究。

A. 探测性　　B. 描述性

C. 因果性　　D. 预测性

2. 下列方法中不属于实地调查法的是（　　）。

A. 文案调查法　　B. 观察法

C. 访问法　　D. 实验法

3. 市场营销主体与社会公众之间进行信息相互传输、交换，体现了市场调研与预测的

(　　)。

A. 认识功能　　B. 信息功能

C. 沟通功能　　D. 反馈和调节功能

4. 随着事物在时间上的发展变化连续不断地进行调查属于(　　)。

A. 经常性调查　　B. 阶段性调查

C. 一次性调查　　D. 描述性调查

二、多项选择题

1. 按调查时间的连续性，市场调查可分为(　　)。

A. 经常性调查　　B. 阶段性调查

C. 一次性调查　　D. 实地调查

2. 按调查对象的范围不同，市场调查可分为(　　)。

A. 全面调查　　B. 阶段性调查

C. 非全面调查　　D. 探测性调查

3. 市场环境的调查包括(　　)。

A. 经济环境　　B. 政治环境

C. 社会文化环境　　D. 自然地理环境

4. 市场营销因素调查主要内容包括(　　)。

A. 产品　　B. 价格

C. 渠道　　D. 促销

5. 描述性调查通常被用于(　　)。

A. 描述相关群体的特征

B. 确定消费者或顾客对产品或劳务特征的理解和反应

C. 估计某个特殊的群体在具有某种行为特征的群体中的比重

D. 确定各种变量对市场营销问题的关联程度

三、判断题

1. 市场调查从本质上讲是一项市场信息工作。(　　)

2. 描述性调查不仅要回答什么、何时、如何等问题，还要回答为什么的问题。(　　)

3. 描述性调查仅仅回答了什么、何时、如何等问题，因果性调查则进一步回答了为什么的问题。(　　)

4. 描述性调查的结果通常说明事物的表征，并不涉及事物的本质及影响事物发展变化的内在原因。它是一种最基础、最一般的市场调查。(　　)

5. 探测性调查一般作为一个大型的市场调查项目的开端，其作用在于发现问题的端倪，但不能解释问题的本质。(　　)

6. 企业是市场调查的主要主体。(　　)

四、解答题

1. 什么是市场调查？市场调查有何特点？

2. 市场调查有哪些种类？

3. 简述市场调查的内容。

4. 市场调查的程序是有哪些？

【实训锻炼】　Excel 在市场调查与预测工作中的应用。

Excel 办公软件在市场调查与预测中具有广泛的用途。准备阶段，可以运用 Excel 软件进行调查表格的设计；实施阶段，可以运用 Excel 软件对数据资料进行收集，制作频数分布表、统计表和统计图等；分析与预测阶段，可以运用 Excel 软件计算并描述统计量，进行数据分析，计算指数并进行因素分析等。

本项目实训主要是了解 Excel 在市场调查与预测工作中都有哪些用途，为后面项目的具体应用打下基础。

项目2 市场调查的准备阶段

【学习导引】

如今，占绝对比例的大学生都有不同程度的近视，相比框架眼镜，越来越多的大学生开始选择佩戴隐形眼镜，致使隐形眼镜市场迅速扩大，即大学生对隐形眼镜的需求不断增加。A市某品牌眼镜的业务经理准备在新的年度拓展隐形眼镜市场，希望能收集到该市大学生对隐形眼镜的需求心理、消费现状、发展前景等相关资料。你能帮助业务经理制定这项市场调查的方案吗？

市场调查是一项复杂的、严肃的、技术性较强的工作，应严格地按照科学的程序来操作，因此，首先应制订一个科学的市场调查方案，并通过一定的手段加以控制，使它的质量得到保证。通过本章的学习，应达到以下目标：

【知识目标】

1. 了解市场调查方案的含义、作用和特点。
2. 理解市场调查方案编写的基本要求、市场调查方案的可行性分析。
3. 掌握市场调查方案的主要内容。
4. 了解市场调查问卷表的含义和作用。
5. 熟悉市场调查问卷设计表的基本结构、内容。
6. 掌握市场调查问卷设计表的设计原则及步骤。

【能力目标】

1. 结合实际研究问题，能够撰写市场调查方案。
2. 能够判断调查表格或调查问卷在研究问题中的适用性，并进行选择。
3. 结合实际研究问题，能够设计调查表格或问卷。

任务2　市场调查的设计

2.1　撰写市场调查方案

2.1.1　市场调查方案概述

一、市场调查方案的含义

市场调查方案是指在正式调查之前，根据市场调查的目的和要求，对调查工作的各个方面和各个阶段所作的安排和考虑。市场调查总体方案是否科学、可行，关系到整个市场调查工作的成败。

无论市场调查的范围大小程度怎样，都会涉及相互联系的两大方面。一是对调查工作的横向设计，就是要考虑调查所涉及的各个组成项目。例如，对某市服装企业的竞争能力进行调查，就应将该市所有服装企业的服装品牌、质量、价格、服务、信誉等方面作为一个整体，对这些相互区别又有密切联系的调查项目进行整体考虑，避免调查内容上出现重复和遗漏。二是对调查工作纵向方面的设计，是指调查工作所需经历的各个阶段和环节，即调查资料的搜集、调查资料的整理和分析等。只有事先做出统一考虑和安排，才能保证调查工作有秩序、有步骤地顺利进行，减少调查误差，提高调查质量。

二、市场调查方案的意义

为了圆满完成调查任务，必须事先制订出一个科学、严密、可行的工作计划和组织措施，以使所有参加调查工作的人员都依此执行。具体来讲，市场调查方案的意义有以下三点：

1. 从工作上讲，市场调查方案起着统筹兼顾、统一协调的作用，是市场调查工作有序开展的基础。由于它是对整个市场调查活动各方面、各环节的全过程策划，具有明确的调查目标、调查主题和具体的调查内容与要求，按此进行市场调查工作可取得事半功倍的效果。

2. 从认识上讲，市场调查方案是从定性认识过渡到定量认识的开始阶段。虽然市场调查所搜集的许多资料都是定量资料，但应该看到，任何调查工作都是先从对调查对象的定性认识开始的，没有定性认识就不知道应该调查什么和怎样调查，也不知道要解决什么问题和如何解决问题。例如，要研究某企业生产经营状况，就必须先对该企业生产经营活动过程的性质、特点等有详细的了解，设计出相应的调查指标以及搜集、整理调查资料的方法，然后再去实施市场调查。可见，调查方案设计正是定性认识和定量认识的连接点。

3. 从实践要求上讲，市场调查方案能够适应现代市场调查发展的需要。市场调查活动涉及面广，参与人员多，在内容要求、人员安排、时间进度、信息质量等方面必须要有明确的标准。因此，在实践中市场调查方案是指导市场调查活动的行动指南和绩效考核依据。

2.1.2 确定市场调查方案内容

市场调查方案一般应包括以下九个内容：

1. 明确调查的目的、意义。

为什么要进行这次调查？通过本次调查要达到什么目的？明确调查目的是调查设计的首要问题，只有确定了调查目的，才能确定调查的范围、内容和方法，否则就会列入一些无关紧要的调查项目，而漏掉一些重要的调查项目，无法满足调查的要求。如；通过对本校学生在校情况的调查，进一步了解在校学生的实际情况，目的是便于学校有针对性地进行管理和引导，真正做到因材施教。可见，确定调查目的，就是明确在调查中要解决哪些问题，通过调查要取得什么样的资料，取得这些资料有什么用途等问题。衡量一个调查设计是否科学的标准，主要是看方案的设计是否体现调查目的和要求，是否符合客观实际。

2. 确定调查对象和调查单位。

明确了调查目的之后，就要确定调查对象 ，这主要是为了解决向谁调查和由谁来具体提供资料的问题。调查对象就是根据调查目的、任务确定调查的范围以及所要调查的总体，它是由某些性质上相同的许多调查单位所组成的。调查单位就是所要调查的社会经济现象总体中的个体，即调查对象中的具体单位，它是调查中要调查登记的各个调查项目的承担者。例如，为了研究某市大学生生活费使用情况，就需要对全市大学生进行调查，那么，该市所有大学生都是调查对象，而每一个大学生就是调查单位。

在确定调查对象和调查单位时，应该注意以下四个问题：

第一，由于市场现象具有复杂多变的特点，因此，在许多情况下，调查对象也是比较复杂的，必须用科学的理论为指导，严格规定调查对象的含义，并指出它与其他有关现象的界限，以免造成调查登记时由于界限不清而发生的差错。例如，以城市职工为调查对象，就应明确职工的含义，划清城市职工与非城市职工、职工与居民等概念的界限。

第二，调查单位的确定取决于调查目的和对象，调查目的和对象变化了，调查单位也要随之改变。例如，要调查城市职工家庭收入，则城市职工家庭就是调查单位；当需要调查职工的基本情况时，这时的调查单位就不再是每一户城市职工家庭，而是每一位城市职工了。

第三，调查单位与填报单位是有区别的，调查单位是调查项目的承担者，而填报单位是调查中填报调查资料的单位。例如，对某地区工业企业设备进行普查，调查单位为该地区工业企业的每台设备，而填报单位是该地区每个工业企业。但在有的情况下，两者又是一致的。例如，在进行职工基本情况调查时，调查单位和填报单位都是每一位职工。在调查方案设计中，当两者不一致时，应当明确从何处取得资料并防止调查单位重复和遗漏。

第四，不同的调查方式会产生不同的调查单位。如采取普查方式，调查总体内所包括的全部单位都是调查单位；如采取重点调查方式，只有选定的少数重点单位是调查单位；如果采取典型调查方式，只有选出的有代表性的单位是调查单位；如果采取抽样调查方式，则用各种抽样方法抽出的样本单位是调查单位。

3. 确定调查内容。

确定调查内容就是要明确向被调查者收集什么资料，是为实现调查目标服务的，可根据市场调查的目的确定具体的调查内容。如调查消费者行为时，可按消费者购买、使用、购后感受三个方面列出调查的具体内容。调查内容的确定要全面、具体，条理清晰、简练，避免面面俱到、内容过于繁琐，避免把与调查目的无关的内容列入其中。

4. 设计调查表格。

调查表是市场调查的基本工具，调查表的设计质量直接影响市场调查的质量。设计调查表要注意以下几点：（1）调查表的设计要与调查主题密切相关，重点突出，避免可有可无的问题。（2）调查表中的问题要容易让被调查者接受，避免出现被调查者不愿回答或令被调查者难堪的问题。（3）调查表中的问题次序要条理清楚，顺理成章，符合逻辑顺序，一般可遵循容易回答的问题放在前面，较难回答的问题放在中间，敏感性问题放在最后；封闭式问题在前，开放式问题在后。（4）调查表的内容要简明，尽量使用简单、直接、无偏见的词汇，保证被调查者能在较短的时间内完成调查表。

5. 确定调查时间和进度安排。

调查从何时开始，到何时结束，具体时间是如何安排的？包括每次访问多少人，观察多少商场，在多少天内完成任务等。

确定调查时间是规定调查工作的开始时间和结束时间，包括从调查方案设计到提交调查报告的整个工作时间，也包括各个阶段的起始时间，其目的是使调查工作能及时开展，按时完成。在总体方案的设计或策划过程中，必须有详细的进度安排。进度安排一般包括如下几个方面：

（1）总体方案的论证、设计；

（2）抽样方案的设计，调查实施的各种具体细节的制订；

（3）问卷的设计、测试，问卷的修改和最后的定稿；

（4）问卷的印刷，调查员的挑选和培训；

（5）调查实施；

（6）调查数据的计算机录入和统计分析；

（7）调研报告的撰写。

6. 确定调查地点。

根据调查目的、调查单位、主观条件对调查区域作出安排。

7. 确定调查方法。

调查方法包括收集资料和研究资料的方法。资料的来源有一手资料、二手资料，调查方法有访问法、观察法、试验法、文案调查法等。在调查时，采用何种方式、方法不是固定和统一的，而是取决于调查对象和调查任务。在市场经济条件下，为准确、及时、全面地取得市场信息，尤其应注意多种调查方式的结合运用。

8. 调查经费的预算。

对经费的使用作出规划与安排，以保证市场调查的资金需要，同时便于进行费用支出的控制。在一个市场调研中，一般情况下前期计划准备阶段的费用安排占总预算的20%，实施调查阶段的费用安排占总预算的40%，而后期分析报告阶段的费用安排也达总预算的40%。市场调查经费预算主要包括：总体方案策划费或设计费；抽样方案设计费；调查问卷设计费（包括测试费）；调查问卷印刷费；调查实施费（包括选拔、培训调查员，试调查，交通费，调查员劳务费，管理督导人员劳务费，礼品或谢金费，复查费等等）；数据录入费（包括编码、录入、查错等）；数据统计分析费（包括上机、统计、制表、作图、购买必需品等）；调研报告撰写费；资料费、复印费、通讯联络等办公费用；专家咨询费；劳务费（公关、协作人员劳务费等）；上交管理费或税金；鉴定费、新闻发布会及出版印刷费用等。

9. 调查人员的组织。

调查人员的组织主要是指调查的组织领导、调查机构的设置、人员的选择和培训、工作步骤及其善后处理等。好的调查组织可以确保调查工作顺利完成。招聘、选拔合适的调查人员，对调查人员进行市场调查理论培训、项目培训和交谈技巧培训，建立相应的组织结构，发挥每一个人的潜能和集体效能，以低成本达到调查的目的。

在编写调查方案时，应事先对整个调查过程周密、细致地考虑各种可能出现的问题，以及相应的对策，保证调查工作的顺利进行。

2.1.3 撰写市场调查方案

调查方案是指导调查研究活动的大纲，一份完整的调查方案应按照以下流程撰写。

一、明确调查目的

调查目的是调查计划和流程的概括和说明。

这是设计调查方案的第一步，包括为什么要进行此项调查，通过调查了解哪些问题，调查结果的用途是什么。如果企业调查的目标明确具体，准备的资料完整充分，就能准确地找出企业所要解决的问题，并使调查活动有的放矢，事半功倍。

例如，某零售商店准备开展一次顾客调查，调查目的初步定为了解该商店顾客的购买行为或产品的销售情况；需要了解的问题包括顾客的基本特征、信息接收途径、来店目的和次数、购买商品种类和品牌、对价格高低的反映、希望增加的服务项目等；调查结果的用途是为零售商店选择目标市场提供决策依据。

调查目的的确定是一个从抽象到具体、从一般到特殊的过程。调查者首先应限定调查的范围，找出企业最需要了解和解决的问题；然后分析现有的与调查问题有关的资料，如企业销售记录、市场价格变化等。在此基础上明确本次调查需要重点收集的资料，最后再写出调查目标和问题的说明。例如，零售商店最近 6 个月的销售额同比下降了 20%，这种下降可能是由于竞争加剧引起，也可能是营销策略制定不当所致，如果是后者，则需要说明是哪项策略，具体原因是什么。

为加强调查的目的性，调查者可事先提出假设，即先给出调查的观点，然后寻找材料加以说明。例如，上述零售商店根据现有的材料，可提出如下假设：一是商店销售额下降是竞争对手增加、顾客分流所致，企业的营销策略无问题；二是商店销售额下降是因为产品定价太高，周围顾客购买力水平低，竞争对手不是主要因素。依据假设进行调查，是探索性调查经常采用的方法，它可以使调查抓住重点，提高效率，并带着结论去调查。

为使调查的目的更加明确和集中，企业也可以事先组织一次试调查，即依据现有的资料和假设进行试验性的访问调查。做法是调查组织者和一些有经验的调查员一起到某个地区，按判断抽样法选取部分调查对象，与他们进行面对面的交谈，然后参照面谈记录，对调查目标进行修正，并进一步明确调查问题的性质和特征。

二、确定调查项目

调查方案在明确了调查目的以后，还需要阐明调查的内容，即确定调查问题的项目，并根据该项目设计调查问卷或调查表。调查项目是获取调查资料的类别名称。调查组织者需要根据调查的目的，对调查的问题进行整理和分类，并在此基础上，规定每类问题需要收集的具体资料。例如，要调查顾客的信息接收途径，调查者就可将信息来源区分为电视、报纸杂志、网络、街头广告、单位同事、亲朋好友等。当然，仅仅做到这一步还是不够的，调查者还需要将上述项目继续细分，直到能直接进行调查的操作变量为止。

确定调查项目时需要注意：（1）调查的项目应是调查所需，并且能够通过询问获得该项目的资料。（2）调查项目之间应互相关联，项目排序和组合要符合问卷设计的要求。（3）调查项目的表达要明确和具体，必要时也可附加调查项目说明。

三、确定调查方式和方法

调查方案还要说明调查的方式和方法，包括在何处调查、找何人调查、用何种方式调查，即说明调查的地点、调查对象以及收集资料的方法。调查地点是指规定调查的地区范围，它与企业目标市场的位置、顾客的聚集程度密切相关。调查对象是将目标顾客按性别、年龄、收入、文化程度、职业等特征分类，确定被调查者应具备的条件。收集资料的方法一般是决定采用访问法、观察法、实验法，或是开调查会法。企业若决定采用访问法进行调查，则还需要进行抽样的设计。例如，在上述零售商店的顾客调查中，调查地点就可以选择在商店门口；调查对象可根据顾客年龄分类，即按老、中、青客流比例确定；调查方式可采用问卷访问的形式，即每小时发放若干份问卷，由顾客填写后收回。抽样方法一般是采用判断抽样的方式，当然，如果能得到顾客收入方面的资料，也可以按高、中、低收入进行分层抽样。

四、制定调查工作计划

调查工作计划是指为确保调查的顺利实施而拟订的具体工作安排，包括调查人员的选择和培训、调查经费预算、调查进度日程等。调查工作计划直接关系到调查作业的质量和效益。

1. 调查人员的选择和培训。

调查人员是指参加市场调查的人员，也称调查员，调查员的工作能力、认真程度、技术水平等会对调查结果产生重要影响。一般而言，调查员须具备的条件是：掌握同被访者沟通的面谈技术；具有一定的创造力和想象力；了解市场调查所要解决的问题；善于观察被访者的心理变化和行为动机；能正确阐述所要收集的资料；对此项调查具有相应的经验和知识。为保证调查结果的可靠性，在实地调查之前，应对调查员进行模拟训练，即由有经验的调查人员扮演被调查对象，由新参加的调查人员模拟实地调查，把调查过程中可能遇到的问题充分表现出来以锻炼受训者应付、处理实际问题的能力。

2. 调查经费预算。

调查费用主要有：调查费，包括设计费、资料费、抽样费、问卷费、培训费、交通费、劳务费、礼品费等；分析费，包括上机费、录入费、统计费、报告费等。调查费用因调查种类和收集资料精确度的不同而有很大差异。调查组织者应事先编制调查经费预算，制定出各项费用标准，力争以最少的费用取得最好的调查效果。

3. 调查进度日程。

调查进度日程是指调查项目期限和各阶段的工作安排，包括规定调查方案设计、问卷、抽样、人员培训、实地调查、数据录入、统计分析、报告撰写等的完成日期。为保证调查工作的顺利开展和按时完成，调查者可制定调查进度日程表，对调查任务加以具体规定和分配，并对调查进程随时进行检查和控制。

需要注意的是，当调查项目由专业的调查公司代理执行时，企业通常需要对调查公司拟订的调查计划进行审核，并提出自己的建议，在与调查公司协商并统一意见之后，再实施调查作业。

市场调查方案的撰写一般要求简短，避免冗长。要简要、概述、分类，尽量避免重复相同的概念，删除一切多余的文字，力求简练、易读、易懂。

2.1.4 市场调查方案的评价

调查方案的设计通常不是唯一的，一般需要从多个调查方案中选取最优方案；同时，所设计的调查方案也不是一次能完成的，而是需要对调查方案进行试点和修改，并进行可行性研究来完成的。因此，对调查研究工作而言，事先对调查方案进行科学的评价是非常必要的。

一、调查方案的可行性研究的方法

1. 逻辑分析法。

逻辑分析法是指从逻辑的层面对调查方案进行把关，考察其是否符合逻辑和情理。

2. 经验判断法。

经验判断法是指通过组织一些具有丰富市场调查经验的人士，对设计出来的市场调查方案进行初步研究和判断，以说明调查方案的合理性和可行性。

3. 试点调查法。

试点调查法是通过在小范围内选择部分单位进行试点调查，对调查方案进行检验，了解工作安排是否合理、是否存在薄弱环节，以说明调查方案的可行性的方法。

二、调查方案的模拟实施

调查方案的模拟实施是只对那些调查内容很重要，调查规模又很大的调查项目才采用的，并不是所有的调查方案都需要进模拟调查。模拟调查的形式很多，如客户论证会和专家评审会等形式。

三、调查方案的总体评价

调查方案的总体评价可以从不同角度来衡量。但是，一般情况下，对调查方案进行评价

应包括四个方面的内容：调查方案是否体现调查目的和要求；调查方案是否具有可操作性；调查方案是否科学和完整；调查方案能否使调查质量提高 。

2.2 设计市场调查问卷

2.2.1 问卷设计的准备工作

问卷是调查者根据调研目的和要求，设计出的由一系列问题、备选答案及说明组成的、向被调查者收集资料的一种工具，也是市场调研中收集资料和数据的一种基本方式。

问卷，亦即通常为人们熟知的采访目录或资料表，它包含一系列问题，用来获取与研究目标有关的信息。但问卷并不仅仅是用来收集答案的一张问题表，而是一种以书面形式了解被调查对象的反应和看法，并以此获得资料和信息的载体。采用问卷收集信息资料是国际上通行的调查方式，始于20世纪30年代的美国。他们将调查问卷应用于政治选举、商业推销和经济预测等方面。也是我国近几年来推行最快、应用最广的调查方式。

一、问卷的作用

问卷的作用可以概括为以下几个方面：

1. 问卷调查实施方便，时间省、效率高。

调查可采用口头询问、电话访问、邮寄问卷等方式。但是有些方式要求调查者具有较高的询问技巧，并且还要记录，这就难免出现问题回答不完整或记录不完整等情况。若采用问卷调查方式，就可以把针对调查目的和调查内容的所有问题用提问的方式在问卷中列出，并且许多问题都给出多种可能的答案，供被调查者选择，在调查人员说明意图的情况下由被调查者完成。若被调查者有一定的文化水平和语言表达能力，而调查结果却需要统一使用，在这种情况下，规范化的工作流程就十分重要，因为要必须保证每一个访问员提供的数据都是按照统一口径获得的，否则就无法区分不同样本之间的差异是客观事实，还是来自于访问员口径的不一致。为了规范调查行为，进行明确的工作流程设计是非常重要的，所有的访问员必须接受相同的培训，并且具有基本相似的个人素质。除此之外，还需要对访问时的用语和顺序进行规范，问卷便是一个这样的工具。

2. 提供答案记录工具，规范记录行为。

问卷是访问员记录被调查者回答的工具，所有被调查者的问答，都必须按照指定的符号记录在问卷的指定位置，否则后期处理人员就无法找到并进行处理。访问员必须按统一的要求进行记录，而不能随心所欲地按自己的理解进行记录。

3. 问卷调查有利于信息统计处理及定量分析。

目前的问卷几乎全部是使用计算机进行处理的，因此要将问卷信息转换成计算机能够识别的信息，就必须对数据进行编码。而问卷是一种将用户回答转化成编码的工具，有利于最后的统计工作和进行定量分析。

二、问卷的形式

由于调查者的目的、调查内容、调查方式的不同，决定了调查问卷会有不同的形式。

1. 按问卷填写方式的不同，可分为自填式问卷和代填式问卷。

（1）自填式问卷，是指通过邮寄或分发的方法，由被调查者自己填写的问卷。

（2）代填式问卷，是指由调查人员通过现场询问，根据被调查者口头回答的结果代为填写的问卷。

2. 按问卷传递方式的不同，可分为报刊问卷、邮政问卷、送发问卷、访问问卷和网上问卷。

（1）报刊问卷，是随着报刊传递分发的问卷，它鼓励报刊的读者对调查问卷做出回答，并按规定的时间将问卷通过邮局寄回报刊编辑部。

（2）邮政问卷，是调查者通过邮局向选定的被调查者寄发问卷，希望被调查者按照问卷要求进行填写，并通过邮局寄还给调查者的方式。

（3）送发问卷，是市场调查人员直接将调查问卷发送到选定的被调查者手中，待被调查者填写完毕后，再派专人收回问卷。这种方法适用于被调查者相对集中的情况。

（4）访问问卷，是由市场调查人员按照统一设计的问卷，向被调查者当面提出问题，然后再由调查者根据被调查者的口头回答来填写问卷的方式。

（5）网上问卷，是将设计好的调查问卷，通过各种网络传递给被调查者，被调查者通过点击来回答网上问卷的问题，调查者通过设计好的程序来统计网上问卷的调查结果。

三、问卷设计的程序

问卷设计是由一系列相关工作过程所构成的，为使问卷具有科学性和可行性，需要按照一定的程序进行。

1. 准备阶段。

准备阶段是根据调查问卷需要确定调查主题的范围和调查项目，将所需问卷资料一一列出，分析哪些是主要资料，哪些是次要资料，哪些是调查的必备资料，哪些是可要可不要的资料，并分析哪些资料需要通过问卷来取得，需要向谁调查等，对必要资料加以收集。同时要分析调查对象的各种特征，即分析了解各被调查对象的社会阶层、行为规范、社会环境等社会特征；文化程度、知识水平、理解能力等文化特征；需求动机、行为等心理特征；以此作为拟定问卷的基础。在此阶段，应充分征求有关各类人员的意见，以了解问卷中可能出现的问题，力求使问卷切合实际，能够充分满足各方面分析研究的需要。可以说，问卷设计的准备阶段是整个问卷设计的基础，是问卷调查能否成功的前提条件。

2. 初步设计。

在准备工作基础上，设计者就可以根据收集到的资料，按照设计原则设计问卷初稿。主要是确定问卷结构，拟定并编排问题，在初步设计中，首先要标明每项资料需要采用何种方式提问，并尽量详尽地列出各种问题，然后对问题进行检查、筛选、编排，设计每个项目。对提出的每个问题，都要充分考虑是否有必要，能否得到答案。同时，要考虑问卷是否需要编码，或需要向被调查者说明调查目的、要求、基本注意事项等。这些都是设计调查问卷时十分重要的工作，必须精心研究，反复推敲。

3. 试答和修改。

一般说来，所有设计出来的问卷都存在一些问题，因此，需要将初步设计出来的问卷，在小范围内进行试验性调查，以便弄清问卷在初稿中存在的问题，了解被调查者是否乐意回答和能够回答所有的问题，哪些语句不清、多余或遗漏，问题的顺序是否符合逻辑，回答的时间是否过长等。如果发现问题，应做必要的修改，使问卷更加完善。试调查与正式调查的目的是不一样的，它并非要获得完整的问卷，而是要求回答者对问卷各方面提出意见，以便于修改。

4. 付印。

付印就是将最后定稿的问卷，按照调查工作的需要打印复制，制成正式问卷。

调查问卷的设计是比较重要的一部分内容，包括确定调查问卷的结构、具体问题及答案的设计等。一份优良的市场调查问卷，能给调查者带来事半功倍的效果。问卷设计前应做好设计前的分析研究，就是把抽象化的内容转换为较为具体的问卷问题。设计问卷前，应清楚地了解调查数据的用途。只有了解了所调查数据的用途，才能设计出符合使用者要求的问卷。如果可能的话，还应当向被调查者咨询，以便对他们所能提供的信息及他们的相关专业水平有所了解，这样有助于对问卷的内容、问题的措辞，以及对回答选项的设置进行设计。这一过程可以采用选点试验、征求意见的形式进行，使问卷及问题的设计更符合客观实际。

问卷初稿设计出来后，还需要进行试用和修改。问卷初稿的试用和修改，是通过试点调查的结果对问卷进行再修改。在这个过程中，一方面要邀请有关专家对问卷初稿进行评审，提出修改意见；另一方面，应选择若干个调查单位进行试填来收集意见和建议。

当设计好的调查问卷初稿，已经得到各相关方面的基本认可后，市场调查人员还应该在假定的市场调查总体中，选择具有典型意义或者具有代表性的少量样本进行测试。测试的主要目的是，应答者对调查问卷内容的理解与调查目标之间是否存在偏差，尤其是应答者对问句及其答案的理解是否与设计者的目标相吻合等。

市场调查者应设计出测试应答者的基本指标，且要详细记录应答者所反映出来的问题，如误解、不连续、误导、不知道如何回答等。在此基础上对调查问卷做进一步的调整和修订，直到最后定稿。

2.2.2　问卷设计的技巧

一、问卷问句的设计技巧

1. 避免使用冗长复杂的语句。

在语义能表达清楚的前提下，句子要尽量简洁。当一个词足以表达时，绝不用两个词来表达。

2. 避免使用不易理解的词语。

在大规模的调查中，调查对象的文化背景、受教育水平、生活经验都会有很大差别，在考虑词语选择时，要注意被调查者的地区差别、文化差别、专业差别等。把握住这几个方面的差别，所选择的词语就会较适宜。

3. 题目尽量具体而不抽象。

只要可能，问题应该提到具体的、特定的事物，并要有特定的答案，应使被调查者不仅熟悉问题的概念，而且熟悉适当的回答范畴。对于有些抽象的概念，如“技术含量的高低”，回答者尽管很熟悉这一抽象的概念，但很难明确区别各种不同的技术含量。此外，笼统看法问题也比较抽象，回答者往往并无看法或从来没有想过有关问题，因而无从作答，如果能具体到对某些方面的评价，回答者就比较容易作答。

4. 避免引导性提问。

如果提出的问题不是“中立”的，而是暗示出调查者的观点和见解，力求使回答者跟着这种倾向回答，这种提问就是“引导性提问”。例如：“消费者普遍认为某某牌子的冰箱好，你的印象如何？”引导性提问会导致两个不良后果：一是被调查者不加思考就同意所引导问题中暗示的结论；二是由于引导性提问大多是引用权威或大多数人的态度，被调查者考虑到这个结论既然已经是普遍的结论，就会产生心理上的顺向反应。此外，对于一些敏感性问题，在引导性提问下，不敢表达其他想法等。因此，这种提问是调查的大忌，常常会引出与事实相反的结论。

5. 拟定问句要有明确的界限。

对于年龄、家庭人口、经济收入等调查项目，通常会产生歧义的理解，如年龄有虚岁、实岁；家庭人口有常住人口和生活费开支在一起的人口；收入是仅指工资，还是包括奖金、补贴、其他收入、实物发放折款收入在内；等等。如果调查者对此没有很明确的界定，调查结果也很难达到预期要求。

6. 控制回答问题的时间及问题的数量。

回答问卷的时间应控制在20分钟左右，问卷中既不浪费一个问题，也不遗漏一个问题。

二、问卷答案的设计技巧

问卷中问句的设计是关系到整个问卷设计的首要内容，而问句中备选答案的设计又是其中的重中之重。为了保持问句设计的质量，在设计问句答案时必须遵守以下原则：

1. 穷尽性原则。

穷尽性原则是指每个问题中所列出的备选答案应包括所有可能的回答。这是为了使所有被调查者都能在给定的备选答案中至少选择出一项适合自己回答的答案，不至于因所列出的答案中没有合适的答案可选而放弃回答。

例：您家目前的收支情况是：

① 较多节余　　② 略有节余　　③ 收支平衡

对该问题若只设计以上三个备选答案就违背了穷尽性原则。这三个答案反映的都是“顺差”的情况，而对于“逆差”的情况却没有反映。因此，必须加上第四个备选答案“入不敷出”，这时答案才穷尽了。

2. 互斥性原则。

互斥性原则是指每个问题中所有备选答案必须互不相容、互不重叠。互斥性是为了避免被调查者在选择时出现双重选择的现象。

例：您平均每月支出中，花费最多的是哪项？

① 食品 ② 服装 ③ 书籍 ④ 报刊 ⑤ 日用品
⑥ 娱乐 ⑦ 交际 ⑧ 饮料 ⑨ 其他

备选答案中食品和饮料、书籍和报刊等都不是互斥的。

三、问卷题目编排的技巧

一份调查问卷通常包括许多题目，如何安排题目的顺序也是问卷设计的一个重要问题，如果编排不当可能会影响被调查者的回答，甚至会影响到调查结果。问卷题目编排的一般原则是：

1. 题目的编排应有逻辑性。

问卷的设计从整体上看要有一个题目的排列顺序。从总体上考虑，题目可按时间顺序排列，也可按空间顺序排列；可按类别顺序排列，也可按性质顺序排列；可按内容顺序排列，也可按功能顺序排列。这种从总体上进行逻辑性安排的目的，是要避免给被调查者带来因为提问顺序的混乱而很难回答的情况。

2. 问题的安排应先易后难。

一般来讲，要将较容易回答的问题放在前面，较难回答的问题放在后面；将被调查者比较熟悉的问题放在前面，将比较生疏的问题放在后面；将一般性的问题放在前面，将敏感性或困窘性的特殊性问题放在后面。

3. 把能引起被调查者兴趣的问题放在前面。

在考虑问题排列顺序的时候，是否能引起被调查者的兴趣是保证问卷顺利填答完成的一个非常重要的原则。在设计时应将被调查者感兴趣的问题放在前面，容易引起被调查者紧张、顾虑的问题放在后面，个人资料的事实性问题放在卷尾；事实行为方面的问题先问，观念、情感、态度方面的问题后问。

四、问卷答案形式和填答说明的设计

（一）开放式问题的答案形式

针对不同类型的问题，其答案的记载方式也有所不同。对于开放式问题，其答案的记载方式比较简单，只需向被调查者提供适当的空白处，供其填写答案即可。关键的问题是，问卷设计者应该为被调查者提供多少空白，才可以称为适当。由于是自由回答，开放式问题的字数可多可少。因而，一般情况下留出多少答案空白，常常是根据对答案字数的期望值而设定，这样可以起到建议和控制应答者回答字数的效果。例如：

你对本公司改善产品售后服务水平有何建议？

____

____

（二）封闭式问题的答案形式

对于封闭式问题，其答案的记载方式是多种多样的，常用的有以下几种：

1. 划“√”，即要求被调查者在其所同意的答案上或适当的地方划“√”，有单项选择或多项选择。

2. 填空，即要求被调查者将正确的答案填写在指定的空格内。

3. 排序，即要求回答者对给出的答案按某种顺序进行排序。如：

你选用冰箱的主要条件是（将答案按重要顺序 1, 2, 3…填在括号中）

（　）价格便宜　（　）外形美观　（　）维修方便　（　）牌子有名

（　）经久耐用　（　）制冷效果　（　）耗电量低　（　）其他

4. 打分，即要求被调查者对给出的答案打分。如：

请您对以下三个促销人员的工作水平订分，满分为 100 分。

① 促销人员甲（　　）　② 促销人员乙（　　）　③ 促销人员丙（　　）

5. 问题转接，即要求被调查者根据具体情况对给出的答案进行跳跃式的回答。如

（1）您吸烟吗？

① 是（请回答第二个问题）　② 否（请回答第三个问题）

（2）您吸烟时是否在意周围环境的反应？

① 是　② 否

（3）您是否在意自己周围有人吸烟？

① 在意　② 不在意　③ 无所谓

2.2.3 问卷的整体设计

一、内容的设计

一份完整的市场调查问卷通常包括标题、问卷说明、调查主题内容、编码、被调查者基本情况、作业证明的记录等内容。

1. 问卷的标题。

问卷的标题是概括说明调查研究主题，使被调查者对所要回答什么层面的问题有一个大致的了解。例如“大学生电脑使用情况调查问卷”、“图书馆满意度调查问卷”等。而不要简单采用“调查问卷”这样的标题，它容易引起回答者不必要的怀疑而拒答。

调查问卷与文章一样，确定标题应简明扼要，易于引起回答者的兴趣。具体要求有：

（1）要能准确而概括地表达问卷的性质和内容。

（2）观点新颖，句式构成上富于吸引力和感染力。

（3）言简意赅，明确具体。

（4）注意题目不要给被调查者以不良的心理刺激。

2. 问卷说明。

问卷说明旨在向被调查者说明调查的目的、意义。有些问卷还有填表须知、交表时间、地点及其他事项说明等。问卷说明一般放在问卷开头，通过它可以使被调查者了解调查的目的，消除顾虑，并按一定的要求填写问卷。问卷说明既可采取比较简洁、开门见山的方式，也可在问卷说明中进行一定的宣传，以引起调查对象对问卷的重视。下面举两个实例加以说明。

【例 2.1】　护肤品市场的调查研究。

先生/女士：

您好！

我是 xx 公司的访问员，我们正在进行一项护肤品市场的调查，能否耽误您几分钟的时间，

向您了解一些问题？我们保证得到的信息将全部用作调研之用，并对您提供的信息严格保密。希望您配合，谢谢。

【例 2.2】　公众广告意识调查。

先生/女士：

您好！

改革开放以来，我国广告业蓬勃发展，已成为社会生活和经济活动中不可缺少的一部分，对社会经济的发展起着积极的推动作用。我们进行这次公众广告意识调查，其目的是加强社会各阶层人士与国家广告管理机关、广告用户和经营者等各方的沟通和交流，进一步加强和改善广告监督管理工作，促进广告业的健康发展。本次问卷调查并非知识性测验，只要求您根据自己的实际态度选答，不必进行讨论。根据统计法的有关规定，对您个人情况实行严格保密。希望您配合，谢谢。

3. 调查主题内容。

调查的主题内容是调查者所要了解的基本内容，也是调查问卷中最重要的部分。它主要以提问的形式提供给被调查者，这部分内容设计的好坏直接影响整个调查的价值。主题内容主要包括以下几方面：

（1）对人们的行为进行调查，包括对被调查者本人行为进行了解或通过被调查者了解他人的行为。

（2）对人们的行为后果进行调查。

（3）对人们的态度、意见、感觉、偏好等进行调查。

4. 编码。

编码是将问卷中的调查项目变成数字的工作过程，大多数市场调查问卷均需加以编码，以便分类整理，易于进行计算机处理和统计分析。所以，在问卷设计时，应确定每一个调查项目的编导和为相应的编码做准备。通常是在每一个调查项目的最左边按顺序编号。

5. 被调查者基本情况。

这是指被调查者的一些主要特征，如在消费者调查中，消费者的性别、年龄、民族、家庭人口、婚姻状况、文化程度、职业、单位、收入、所在地区等。又如，对企业调查中的企业名称、地址、所有制性质、主管部门、职工人数、商品销售额（或产品销售量）等情况。通过这些项目，便于对调出资料进行统计分组、分析。在实际调查中，列入哪些项目，列入多少项目，应根据调查目的、调查要求而定，并非多多益善。

6. 作业证明的记录。

在市场调查问卷的最后，附上调查员的姓名、访问日期、时间等，以明确调查人员完成任务的性质。如有必要，还可以写上被调查者的姓名、单位、家庭住址、电话等，以便于审核和进一步追踪调查。但对于一些涉及被调查者隐私的问卷，上述内容则不宜列入。

二、问卷形式的设计

问卷的形式如何，对调查的效果有很大影响。如在邮寄调查问卷时，问卷的形式直接关系到回收率的高低。较好的问卷表形式应注意以下几点：

1. 纸张大小。

如果调查问卷需用一张 8 开的纸张，最好采用两张 16 开的纸张来代替，因为纸张太大会给对方造成心理压力。

2. 第一印象。

调查问卷版面设计应明快、简洁、庄重、认真，选择较优质的纸张。

3. 单面印刷。

问题只印刷在问卷的单面，每个问题都必须给对方留下足够空间回答。如果第一条问题的留空就紧张，对方将不愿继续回答下去。

4. 条理清楚。

所有问题的列出必须一目了然，以方便阅读和问答。

5. 统一编号。

一般每张调查问卷都在右下方印上统一编号，也让对方感觉调查的严肃性，以收到更好的效果。

附录 1　睡眠质量调查问卷

亲爱的朋友，你好！为了了解大家的睡眠质量，希望你可以在百忙之中抽出一点时间为我们的调查工作提供一份帮助。我们由衷地感谢你的参与。

1. 你的年龄是（　　）。

A. 0～12 岁　　B. 12～25 岁　　C. 25～40 岁
D. 40～60 岁　　E. 60 岁以上

2. 你平时的睡眠是（　　）。

A. 8 小时以上　　B. 6～8 小时　　C. 6 小时以下　　D. 不足 2 小时

3. 你平时几点睡觉？（　　）

A. 20：00 之前　　B. 20：00～22：00
C. 22：00～24：00　　D. 24：00 以后

4. 你平时几点起床？（　　）

A. 6：00 之前　　B. 6：00～7：30
C. 7：30～9：00　　D. 9：00 以后

5. 你平时睡下后多长时间睡着？（　　）

A. 一沾枕头就睡着了　　B. 30 分钟左右睡着　　C. 1 小时后才能入睡

6. 你睡在哪里？（　　）

A. 直接睡地上　　B. 睡钢丝床　　C. 睡席梦思床　　D. 其他

7. 情绪波动大的时候你会失眠吗？（　　）

A. 是这样　　B. 偶尔这样　　C. 从来不这样

8. 你经常做噩梦吗？（　　）

A. 是的　　B. 偶尔　　C. 从不

9. 工作时你会犯困吗？（　　）

A. 经常这样　　B. 有时会　　C. 我精力充沛

谢谢！

附录 2　隐形眼镜在青年大学生中使用情况的调查问卷

首先感谢各位同学的协助，本调查目的在于了解隐形眼镜在青年大学生中使用的情况，耽误您宝贵时间，再次向您致谢！

请您就以下问题在您认为合适的地方打“√”。

一、基本情况调查（选择镜框眼镜的转做第二部分，选择隐形的转做第三部分）

1. 您的性别：□ 男　　□ 女

2. 您所在年级________　　度数：左__________右__________

3. 请问您现在佩戴哪一种眼镜？

□ 框架眼镜　□ 隐形眼镜

4. 您现有的眼镜价格大约是多少？

□ 100 左右　□ 120 ~ 320　□ 320 ~ 520　□ 520 以上　□ 未配

5. 您购买眼镜的经济需求，家里是否予以满足？

□ 是　□ 否　□ 其他

6. 您更换眼镜的原因__________。

□ 镜片磨损　□ 度数上升　□ 追逐时尚，赶潮流　□ 其他

7. 什么原因最影响您选择眼镜（请您排一下顺序）__________。

A. 款式　B. 舒适度　C. 颜色　D. 价格

E. 牌子　F. 耐用程度

2.3　设计市场调查表

2.3.1　调查表设计的一般问题

一份完整的调查表一般由六个部分组成。

1. 调查表的标题。

标题是对调研主题的概括性说明，能使被调查者对所要回答什么样的问题有一个大致的了解。调查表的标题应该简明扼要，易于引起回答者的关注和兴趣。

2. 调查表说明。

调查表说明旨在向被调查者说明调研的目的和意义。此外，还应包括填表须知、交表时间、交表方式及其他需要说明或注意的事项等。

调查表说明一般放在调查表的开头处，便于指导被调查者进行填写。

3. 调查表的主题内容。

调查表的主题内容是调研员所要了解的基本内容，也是调查表中最重要的部分，所以，调查表主题内容的设计和安排是否合理，直接关系到整个调研工作的质量及效用价值。调查

表的主题内容由一个个具体的问题所组成，一般可以分为以下几个方面：

（1）对人们的行为进行的调查。

（2）对人们的行为后果进行的调查。

（3）对人们的态度、意见、感觉或偏好等进行的调查。

4. 反映样本特性方面的资料。

这部分内容涉及被调查者的基本资料，包括样本的各种特性：性别、年龄、受教育程度、职业及职务、收入水平、婚姻状况、单位名称、地址及法人代表、营业面积、经营范围、职工人数、注册资金等。

总之，这部分资料代表了样本总体的特定的横断面，特性很多，收集哪些特性应主要根据调研的需要而定。

5. 编码。

编码是将调查表中的调研项目变成代码数字的工作过程。对调查表的问句及答案进行编码的主要原因是方便计算机作业，节省统计分析的时间和费用，并能扩大分析的功能。

此外，对每份调查表而言，也须进行编号。这个编号既包括样本的顺序号，也包括与抽样有关的其他信息，如区域编号、行业编号等。

6. 作业证明的记载。

在调查表的最后，往往还需附上采访员的姓名、访问日期、访问时间等，以明确采访员完成任务的性质。这部分内容主要是为了满足调研访问管理和监督员的工作需要。此外，还可对整个采访过程中需要说明，而表中又没地方反映的特殊事宜进行记录；必要时候，应记录被调查者的姓名、单位和家庭住址、电话及联系方式等，以便审核和进一步追踪调查。但是，对于一些涉及被调查个人隐私的表，上述内容则不宜列入。

2.3.2 调查表设计的原则

一份好的调查表除了要具备完整的结构、严格按照调查表设计的每一步程序的要求操作外，还需要确保能够为决策提供必要的信息，充分考虑被调查者的情况以便调查顺利实施。在调查表调查实施的过程中往往会碰到多种问题，有时是问题设计不当造成的。

1. 要提供必要的决策信息。

调研人员必须确保调查表中包含足够数量和类型的问题，以满足管理者对决策信息的要求，任何不能提供管理或决策重要信息的调查表都应被放弃或修改。对此，应该先仔细回顾一下确定的调研目标，再检查调查表，在特定问题所完成的调研目标旁写下该问题的题号，例如问题 1 用于 A 目标，问题 2 用于 B 目标等。如果有些问题没有与具体目标相联系，设计人员应当判定目标是否都完成了，如果都完成了，问题应当删去。如果检查了所有问题，发现有的目标旁没有列出问题或有些目标虽有一些问题但目标并不能完成，那么，应当在调查表中加上适当的问题以保证完成该目标。

2. 要充分考虑被调查者。

设计的调查表需要被调查者的配合才能完成数据的收集。可以考虑如下三个方面；

（1）考虑主题和受访者的类型。

调查表的设计应该充分考虑其设计与被调查对象联系起来，需要分析了解被调查对象的社会阶层、行为规范、社会环境等社会特征，知识水平、理解能力等文化特征，需求动机等心理特征。例如，尽管通常都是父母为未成年的儿童购买服装，但有研究表明，4 岁以上的儿童经常直接或间接地影响父母对服装的选择。这样，在儿童服装购买行为的调查中，对儿童进行的调查项目应当用儿童的语言表述。

（2）考虑访问的环境和调查表的长度。

调查表可能是在不同的环境条件下实施调查活动的，应答调查表会占用被调查者的时间，因此调查表不应设计得太长。如果调查表太长了，被调查者在回答后面的问题时，会非常草率或者不回答，或者由于后面的问题没有回答而不返回调查表，从而降低调查表的有效率。研究人员应该在调查表的预先测试阶段利用志愿人员充当被调查者进行预调查，以判断回答所需的时间。一般来说完成调查表花费的时间应取 5 次最短时间的平均数。调查表的应答时间约 20 分钟为宜，最好不要超过 30 分钟。如果是商场拦截类的调查表，一般在 3 分钟以内为宜，最好不要超过 5 分钟，否则被拦截者容易拒绝回答。如果提供有吸引力的刺激物（一般的刺激物有小礼品、电影票、现金或折价券等），调查表可以稍微长一些。入户访谈如果长度超过 45 分钟，也应当提供给被调查者比较有吸引力的刺激物。实际上，使用刺激物通常可以降低调查成本，因为回答率会增加，访谈过程中的中止会减少。

（3）考虑被调查者的能力和意愿。

调查表设计必须以可以理解的语言和适当的智力水平与被调查者沟通，并获得应答者的合作。因此，调查表设计者必须避免使用营销专业术语和可能引起被调查者误解的术语。

3. 数据要便于整理、分析。

成功的调查表设计除了考虑到紧密结合调查主题与方便信息收集外，还要考虑调查结果的容易得出和调查结果的说服力。这就需要考虑调查表在调查后的整理与分析工作。首先，要求调查指标是能够累加和便于累加的；其次，指标的累计与相对数的计算是有意义的；最后，能够通过数据清楚明确地说明所要调查的问题。只有这样，调查工作才能收到预期的效果。

2.3.3　调查表的整体设计

调查表设计是由一系列相关的工作过程所构成的。为使调查表具有科学性、规范性和可行性，一般可以参照以下程序进行：确定调研目的→确定所需要的信息及其收集方法→确定问题的内容→确定问题及其回答形式→确定问题的措辞→确定问题的顺序→调查表的排版和布局→预先测试和修订→调查表的定稿。

1. 确定调研目的。

在开始设计调查表时，首先需要明确要调研的问题，确立具体的调研目标，即将从文献阅读中产生的问题或者一系列模糊不清的商业问题转化成有严格定义的、可以实现的目标。对商业问题通常可以从公司的营销组合和目标市场出发，或者从可能发生的环境变化出发确定调研目的。如果调查的目的只是为了了解被调查对象的一般情况，那么调查表设计就应当围绕被调查者的各个方面的基本事实情况来进行。如果其目的不是一般的描述，而是要做出解释和说明，那么，调查表设计就要紧紧围绕研究假设和关键变量来进行，调查表中必须问为什么、不必问为什么都将严格受到研究假设的制约。只有在保证调查表的调查内容与调研目的相一致的前提下，调查表设计的下一步工作才会进行得更顺利、更有效。

2. 确定所需信息及其收集方法。

确定所需信息是调查表设计的前提工作。调查者必须在调查表设计之前就明确知道要达到调研目的所需要的信息有哪些，并决定用于分析使用这些信息的方法，比如频率分布法、统计检验法等，并按这些分析方法所要求的形式来收集资料，把握信息。明确所需要获取的信息之后，研究人员需要决定怎样收集这些信息，包括确定调查表类型和调查方式。

制约调查表选择的因素很多，研究课题不同、调查项目不同，主导制约因素也不一样。在确定调查表类型时，必须综合考虑这些制约因素，包括调研费用、时效性要求、被调查对象与调查内容等。调查的方法多种多样，采用不同类型的调查方式对调查表的设计也是有影响的。事实上，这一阶段的工作要特别注意选择调查表的类型和调查方式是否能够满足调查目的对信息准确度的要求。

3. 确定调查表问题的内容。

调查的内容也是影响调查表设计质量的一个主要因素。确定调查表的问题似乎是一个比较简单的问题，然而事实不然。对于一个从事市场调查工作的新手而言，头脑中往往有千头万绪，却又感到无从下手。这时调研人员可以从以下四个角度着手设计调查表问题：

（1）从研究的目标出发，设定问卷中的问题。

调查表问题的设计，通常是从对研究目标的分析开始的，将调研目标转换成特定的信息需求，并将这些特定的信息需求转化成用明确的文字表述出来的调查表内容。

（2）从文献阅读中产生问题。

在进行学术研究时，往往需要阅读大量的文献，从中了解正在钻研的学科方向的发展和动态，以及尚待解决的有价值的问题等，从而针对研究目标来设定问题。对于商业调查，则可以从已收集的二手资料中（例如企业以往的销售记录、相关报告等）发现和提出问题。

（3）基于对变量关系的猜想，设定调查表中的问题。

在调查表问题的设计中，一个非常重要的方面是对变量（特征）之间的相互关系的猜想。只有当你猜想到某些变量（特征）可能与另外一些变量（特征）有某种关系时，你才可能会把相关变量设置在调查表中。猜想来源于对现实世界的观察、分析与思考。对问题的思考深度决定了调查表的深度。

（4）从数据处理的角度考虑问题的设立。

设计调查表问题的另一个关键是思考角度，应从数据处理方法的角度来判断需要设立哪些问题。设计调查表的最终目的就是为获取有效信息而搜集数据，从而对数据进行整理分析，最终得出结论或是为解决问题提出建议。如果在设计调查表时不考虑数据处理的方法，常常导致许多数据难以得到有效的利用。因此，在确定问题内容这一阶段，就应该预先考虑调查完成后数据的处理方法。

从以上四个角度着手设定的调查表问题内容应当与调查目的相一致；调查表的内容应该完备有效，能为调查者提供充分的信息。调查表内容的确定应当保证数据的准确性；调查表的内容应当保证对获取信息分析的可行性；调查表内容的设计应当遵循效率的原则，在满足调查要求的前提下，确定的信息一定要精简。

4. 确定问题及其回答形式。

当罗列出调查表所应该包含的具体内容后，就要决定如何命题以及怎样确定命题的答案。在这一阶段首先要确定进行调查时所使用的问题类型以及问题回答的数据类型。

5. 确定问题的措辞。

确定了问题的类型和回答形式，接下来要考虑的是问题的具体措辞。对调研人员来说，在特定问题的措辞上总要花相当长的时间，这是一种随时间与主题不断发展的技巧。在每一个问题的措辞与安排上应该遵循以下几条原则：问题的陈述应尽量简洁，用词必须准确清楚，即措辞要尽量采用最简单的词语表达最准确的含义；避免提带有双重或多重含义的问题；最好不用反义疑问句；避免否定句；注意避免问题的从众效应和权威效应。

6. 确定问题的顺序。

在确定了问题的具体阐述方式之后，接下来就是将问题按一定顺序编排形成调查表。调查表的问题顺序不是随便编排的，调查表的每一部分的位置安排都有一定的逻辑性，有逻辑顺序的问题一定要按逻辑顺序排列。

7. 调查表的排版和布局。

调查表的设计工作基本完成之后，便要着手调查表的排版和布局。调查表排版和布局的总体要求是整齐、美观，便于阅读、作答和统计。

8. 预先测试、修订和定稿。

通过小规模访谈来修改调查表，是调查表设计的必经之路。在小规模访谈时，尽量让调查表中的问题成为封闭型的，以便于为封闭式问题寻找恰当的选项，并了解被调查者的一般反应，同时还可以多设置一些开放性问题，以便预知可能的答案。通过访谈寻找调查表中存在的错误解释、不连贯的地方、不正确的跳跃等。预先测试也应当以最终访问的相同形式进行，例如：如果访问是入户调查，预先测试应当采取入户的方式。

在预先测试完成后，对任何需要改变的地方都要切实进行修订。如果预先测试导致调查表产生较大的改动，应进行第二次测试修改。

当调查表的测试工作完成，确定没有必要再进一步修改后，可以考虑定稿。调查表定稿后就可以交付打印，正式投入使用。

附录3　××年××省创新型（试点）企业建设情况调查表

<table>
<tr><td colspan="8">××年××省创新型（试点）企业建设情况调查表</td></tr>
<tr><td>企业名称</td><td colspan="7"></td></tr>
<tr><td>通信地址</td><td colspan="4"></td><td>邮编</td><td colspan="2"></td></tr>
<tr><td>法定代表人</td><td></td><td>电话</td><td colspan="2"></td><td>传真</td><td colspan="2"></td></tr>
<tr><td>联络人</td><td></td><td>电话</td><td colspan="2"></td><td>传真</td><td colspan="2"></td></tr>
<tr><td>经济类型</td><td colspan="7">1. 国有独资企业（□有限责任公司 □股份有限公司 □其他企业）
2. 国有控股企业（□有限责任公司 □股份有限公司 □其他企业）
3. 非国有控股企业（□有限责任公司 □股份有限公司 □其他企业）</td></tr>
<tr><td rowspan="3">科技型企业类别</td><td colspan="3">高新技术企业□（认定时间：　　）</td><td rowspan="3">所属国民经济行业分类及其代码（国标××年版）</td><td colspan="2" rowspan="3">行业分类：</td><td rowspan="3">代码：</td></tr>
<tr><td colspan="3">科技型中小企业□</td></tr>
<tr><td colspan="3">民营科技企业□（认定时间：　　）</td></tr>
<tr><td rowspan="2">近三年来企业享受国家优惠政策情况</td><td colspan="3" rowspan="2"></td><td rowspan="2">拥有研发机构情况</td><td colspan="2">国家级</td><td>□</td></tr>
<tr><td colspan="2">省级</td><td>□</td></tr>
<tr><td>××年增加值（万元）</td><td></td><td colspan="2">××年主营业务收入（万元）</td><td></td><td colspan="2">××年纳税额（万元）</td><td></td></tr>
<tr><td>××年税后利润（万元）</td><td></td><td colspan="2">××年出口创汇额（万美元）</td><td></td><td colspan="2">××年研发经费支出（万元）</td><td></td></tr>
<tr><td>××年研发人员（人）</td><td></td><td colspan="2">××年新产品销售收入（万元）</td><td></td><td colspan="2">××年研发投入强度（%）</td><td></td></tr>
<tr><td rowspan="6">技术标准</td><td colspan="2">主持制订国际标准（项）</td><td colspan="3" rowspan="2">获得科技奖励数</td><td>国家级（项）</td><td></td><td></td></tr>
<tr><td colspan="2">参与制订国际标准（项）</td><td>省部级（项）</td><td></td><td></td></tr>
<tr><td colspan="2">主持制订国家标准（项）</td><td colspan="3" rowspan="2">承担科技计划项目数</td><td>国家级（项）</td><td></td><td></td></tr>
<tr><td colspan="2">参与制订国家标准（项）</td><td>省部级（项）</td><td></td><td></td></tr>
<tr><td colspan="2">主持制订行业标准（项）</td><td colspan="3" rowspan="2">牵头或参与构建产业技术创新战略联盟的情况</td><td colspan="3" rowspan="2"></td></tr>
<tr><td colspan="2">参与制订行业标准（项）</td></tr>
<tr><td colspan="8">（注：表中各项为必填，如无相应情况请填写“无”。）
填表人：
填表日期：
填表企业：</td></tr>
</table>

【重点知识梳理】

1. 市场调查的作用对于企业的营销活动越重要，就越需要有组织、有计划地进行市场调查活动。

2. 市场调查报告的撰写、调查问卷的设计等诸多问题的考虑是做好市场调查工作的前提。

3. 市场调查方案是指在正式调查之前，根据市场调查的目的和要求，对调查工作的各个方面和各个阶段所作的安排和考虑。市场调查方案一般应包括以下九个内容：明确调查目的、意义；确定调查对象和调查单位；确定调查内容；设计调查表格；确定调查时间和进度安排；确定调查地点；确定调查方法；调查经费的预算；调查人员的组织。

4. 由于调查者的目的、调查内容、调查方式的不同，决定了调查问卷会有不同的形式。按问卷填写方式的不同，可分为自填式问卷和代填式问卷；按问卷传递方式的不同，可分为报刊问卷、邮政问卷、送发问卷、访问问卷和网上问卷。

5. 一份完整的市场调查问卷通常包括标题、问卷说明、调查主体内容、编码、被调查者基本情况、作业证明的记录等内容。

6. 为使调查表具有科学性、规范性和可行性，一般可以参照以下程序进行：确定调研目的→确定所需要的信息及其收集方法→确定问题的内容→确定问题及其回答形式→确定问题的措辞→确定问题的顺序→调查表的排版和布局→预先测试和修订→调查表的定稿。

能力自测

一、单选题

1. 市场调查方案是在调查工作实施（　　）进行的。

A. 之前　　B. 过程中　　C. 之后　　D. 的同时

2. 从工作上讲，市场调研策划起着（　　）的作用。

A. 综合平衡、统一预算　　B. 统筹兼顾、统一协调

C. 统筹兼顾、扩大销路　　D. 统一协调、跟踪市场

3. 市场调研策划的首要步骤是（　　）。

A. 确定调查内容　　B. 确定调查对象

C. 确定调查项目　　D. 需求分析

4. 撰写市场调研策划书一般要求（　　）。

A. 简短、避免冗长　　B. 详细、细致

C. 内容完整　　D. 数字齐全

5. 一般情况下实施调查阶段的费用安排占总预算的（　　）。

A. 20%　　B. 50%

C. 40%　　D. 30%

6. 从认识上讲，市场调查方案是从定性认识过渡到定量认识的（　　）。

A. 过渡阶段　　B. 进入阶段　　C. 开始阶段

D. 结束阶段　　E. 完成阶段

7. 下列（　　）不是封闭式问题的答案记载方式。

A. 填空　　B. 提供空白

C. 排序　　D. 打分

8. 一般情况下，问卷的长度应控制到（　　）的回答时间？

A. 0～30 分钟　　B. 30～40 分钟

C. 40～50 分钟　　D. 50～60 分钟

9.（　　）是问卷的主体，是问卷最核心的组成部分。

A. 说明　　B. 问卷标题

C. 调查主题内容　　D. 被调查者情况

二、多选题

1. 市场调查方案是（　　）。

A. 在调查工作实施之前进行的

B. 对整个调查项目各个方面的一个通盘的考虑和安排

C. 对整个调查项目各个阶段任务的一个通盘的考虑和安排

D. 整个调查项目的一个框架或蓝图

E. 一项补充和辅助工作

2. 市场调查问卷按填写方式不同，可以分为（　　）。

A. 邮寄问卷　　B. 自填式问卷　　C. 代填式问卷

3. 调查问卷中的问题从形式上看，包括（　　）。

A. 开放式问题　　B. 封闭式问题　　C. 混合式问题

4. 根据问卷调查法传递问卷的方法不同，问卷可分为（　　）。

A. 留置问卷　　B. 邮政问卷　　C. 报刊问卷

三、判断题

1. 为了更有效地进行针对性的市场调查活动，需要根据市场调查目标的要求制订调查方案。（　　）

2. 市场调查方案的制订，需要考虑：调查项目、调查方式、信息来源、经费估算及调查进度表等方面。（　　）

3. 市场调查问卷的主要内容是关于调查主题的若干问题和答案。（　　）

4. 实施调查阶段的费用安排占总预算的 60%。（　　）

四、解答题

1. 怎样组织市场调查？

2. 市场调查方案的内容是什么？

3. 一份好的调查问卷应具备哪些条件？

4. 问卷中问题有哪几种类型？

5. 问卷设计应注意什么问题？

6. 市场调查报告的结构包括哪些内容？

7. 如何撰写市场调查报告？

五、实战题

市场调查方案及问卷的编写

1. 实战目的和要求

试为某企业某产品进行市场营销调查实践，将全班分成若干项目小组，一般 5~7 人一组。由各小组自己确定调查主题、调查对象，制订调查方案，设计调查问卷，撰写调查报告。每完成一个调查环节，应及时组织同学们进行经验交流，针对共性问题在课堂上组织讨论和专门的讲解。通过该项目的实训，使学生掌握市场调查的全过程。

2. 实战步骤：

（1）教师介绍实训的基本程序和要求；

（2）学生分组，推选组长；

（3）各组制订调查方案并进行评估；

（4）各组进行问卷设计；

（5）各组分别宣读问卷，互相点评；

（6）在点评的基础上，达成共识，完成调查问卷。

【实训锻炼】 Excel 在市场调查与预测的准备阶段中的应用。

Excel 办公软件在市场调查与预测准备阶段的主要用途是进行调查表格的设计与处理。

项目 3　市场调查的实施阶段

【学习导引】

某高职院校正在进行市场调查与预测的教学改革，为了使改革符合实际，有必要了解以前学生的基本状况，以便切合学校现状改变教学方法，提高教学效果。现在市场调查与预测这门课的任课教师已有上一届某班学生的成绩。

某班有 40 名学生，市场调查与预测成绩如下：

81	79	85	86	74	73	62	94	68
57	92	96	83	84	76	54	68	78
83	87	77	74	85	83	87	63	75
80	78	60	81	86	73	61	90	69
53	52	61	66					

从原始数据还不能够看出该班市场调查与预测的成绩情况，所以对这些数据进行整理是数据加工利用的必要环节。其要解决的问题是按照性别和成绩来进行分组，从分组的情况可以看出该班学生的成绩分布情况。

【知识目标】

1. 掌握市场调查资料收集的含义及基本要求。
2. 熟悉市场调查资料收集的方式。
3. 熟悉市场调查资料收集的方法。
4. 掌握市场调查资料整理的含义及内容。
5. 熟悉市场调查资料整理的步骤。
6. 掌握市场调查资料的审核和汇总。
7. 掌握市场调查资料整理中的统计分析方法。

【能力目标】

1. 能够根据不同的实际情况，选择和运用不同的调查方式与方法。
2. 能够根据实际情况，进行资料的分组、编制变量数列、绘制统计图表。

任务3　收集市场调查资料

3.1　市场调查资料收集的含义及基本要求

一、市场调查资料收集的含义

市场调查资料收集是指根据市场调查的任务和要求，运用科学的方法，有计划、有组织地向市场收集调查资料的工作过程。

二、市场调查资料收集的基本要求

为了保证资料收集的质量，应坚持以下原则：

1. 准确性原则。

该原则要求所收集到的资料要真实、可靠。当然，这个原则是资料收集工作的最基本要求。为达到这样的要求，收集者必须对收集到的资料反复核实，不断检验，力求把误差减小到最低限度。

2. 全面性原则。

该原则要求所搜集到的资料要广泛、全面完整。只有广泛、全面地搜集资料，才能完整地反映管理活动和决策对象发展的全貌，为决策的科学性提供保障。当然，实际所收集到的资料不可能做到绝对的全面完整，因此，如何在不完整、不完备的资料情况下做出科学的决策就是一个非常值得探讨的问题。

3. 时效性原则。

资料的利用价值取决于是否能及时地提供，即它的时效性。资料只有及时、迅速地提供给它的使用者才能有效地发挥作用。特别是决策对资料的要求是“事前”的消息和情报，而不是“马后炮”。所以，只有资料是“事前”的，对决策才是有效的。

3.2　市场调查资料收集的方式

3.2.1　全面调查

一、全面调查的含义与方式

（一）全面调查的含义

全面调查又称普查，是对调查对象的全部单位无一例外地逐个进行的调查，是一种专门组织的一次性调查。如我国国家统计局组织的人口全面调查，就是对全国的每个人都进行的调查。

全面市场调查的目的就是了解市场的一些至关重要的基本情况，对市场状况作出全面、准确的描述，从而为企业制定市场营销计划提供可靠的依据。如对某类商品的库存量、供货渠道以及消费对象的全面调查，都是为了掌握某种市场现象在一定时点上的整体情况而专门组织的一次性全面市场调查。

全面调查规模的大小取决于调查对象中所包含的个体单位的多少。全面市场调查在实际应用中有宏观、中观和微观之分。也就是说，并不一定所有的全面市场调查都是在全国范围来做，也可以在地区和部门范围内做，甚至可以在企业中做。只要是对调查对象全部单位逐个进行调查，都可以称为全面市场调查。如高校为了全面了解本校大学生的消费状况，就可以在本校内组织全面调查，对所有的学生无一例外地进行调查。

（二）全面调查的方式

全面调查有两种方式：一种方式是由上级制定调查表，由下级根据已经掌握的资料进行填报，如我国的工业全面调查；另一种方式是组织专门的调查机构，派出专门的调查人员，对调查对象进行直接登记，如我国的人口全面调查。

【小资料】

人口全面调查的特征

人口全面调查是指在国家统一规定的时间内，按照统一的方法、统一的项目、统一的调查表和统一的标准时点，对全国人口普遍地、逐户逐人地进行的一次性调查登记。人口全面调查工作包括对人口全面调查资料的搜集、数据汇总、资料评价、分析研究、编辑出版等全过程，它是当今世界各国广泛采用的搜集人口资料的一种最基本的科学方法，是提供全国基本人口数据的主要来源。

人口全面调查具有普遍性。作为全国人口全面调查来说，这个地域范围指的是一个国家的范围。例如，国务院发布的《第五次全国人口全面调查办法》中规定的地域范围是指“中华人民共和国境内”。一般在这个地域范围内常住的人，都应被调查到。人口全面调查的特征如下：

第一，调查组织的高度集中性。它是国家统一组织的，按国家法定的全面调查方案协调进行的专门性调查。

第二，全面调查对象登记的全面完整性。全面调查对象包括某一地域内的全部人口。

第三，调查登记的直接性。须按每个人的实际情况，以便取得每一全面调查对象的原始资料，并逐项填报登记。

第四，登记时点的标准性。要按照严格规定的同一标准时刻进行登记。

第五，要按照现代化的统计原理、原则和方法，制定统一的、科学的全面调查纲要和调查方法。

二、全面调查的实施要点

为了保证全面调查工作的有效性，组织全面调查时必须注意以下几点：

1. 调查项目要简明、统一。

进行全面调查时，需要调查的对象多、范围广，组织工作比较复杂，参与调查的人员也较多，所以调查项目不宜过多，应该简明具体。如我国在 1953 年进行的第一次人口全面调查，调查项目只有姓名、与户主的关系、性别、年龄、民族、地址六个项目。后来随着现代信息技术的发展，调查项目才有所增加。同时，每个项目都应该有明确的操作定义、统一的计算公式，这样便于进行准确的调查和统计分析。

2. 调查时间要统一。

组织全面调查时，必须统一规定调查资料所属的标准时点，避免调查资料出现重复或遗漏。

3. 正确确定调查期限、选择登记时间。

为了提高资料的准确性，一般应选择在调查对象变动较小或登记、填报较为方便的时间，并尽可能在各全面调查地区同时进行，力求在最短时间内完成。

4. 尽可能按一定周期进行。

全面调查工作尽可能按照一定的周期进行，并保持内容的一致，以便于对历次全面调查资料进行对比和分析，研究现象的发展趋势及其规律性。

三、全面调查的优点与局限性

1. 全面调查的优点。

全面调查的优点在于调查所得的资料具有全面性和准确性，因而，全面调查就成了了解全国、全省、全市和全县市场情况的最重要方法。

2. 全面调查的局限性。

全面调查的局限性在于：一方面，全面调查的工作量大、花费大，组织工作异常复杂，而且时效性差。另一方面，调查的内容有限，只能调查一些最基本、最一般的现象，而且很难进行深入细致的研究。

在市场调查中，全面调查的应用范围较窄，适应性较小，很少用于大范围的市场调查，只适用于某些小范围的市场调查。例如，商业批发企业对供应地区内的零售商店进行某种商品需要量的全面调查。

3.2.2　重点调查与典型调查

一、重点调查

（一）重点调查的含义

重点调查是一种为了解社会经济现象的基本情况而组织的非全面调查。它是从所要调查的全部单位中选择一部分重点单位进行调查，借以从数量上说明总体的基本情况。所谓重点单位，是指这些单位在全部总体中虽然数目不多，所占比重不大，但就调查的标志值来说却在总量中占很大的比重，对全局起决定性作用。通过对这部分重点单位的调查，可以从数量上说明整个总体在该标志总量方面的基本情况。如想了解我国棉花生产的基本情况，就可以通过对山东、江苏、湖北、河北、河南五个重点产棉区的棉花产量进行调查。再如想了解全国钢铁生产的基本情况，通过对首都钢铁公司、鞍山钢铁公司、包头钢铁公司、武汉钢铁公司、上海宝山钢铁公司、攀枝花钢铁公司等几个重点钢铁公司的调查就能掌握。可见，重点调查的优势在于调查的单位不多、花费的力量不大，却能了解到对全局有决定影响的基本情况。

（二）重点单位的选择

进行重点调查，关键的问题是要选好重点单位。

首先，重点单位的多少要根据调查任务而确定。一般来说，选出的单位应尽可能少些，而某标志值在总体中所占的比重应尽可能大些。其基本标准是所选出的重点单位的标志值必须能够反映出所研究总体的基本情况。

其次，选择重点单位时往往存在如下情况：在某一问题上是重点单位，在另一个问题上不一定是重点单位；在某一调查总体中是重点单位，在另一调查总体中不一定是重点单位；在这个时期是重点单位，在另一个时期不一定是重点单位；重点之中又有重点等。这就要求针对不同的调查需要，认真选择每一次调查的重点单位。

最后，选中的单位应是管理健全、统计基础工作较好的单位。

（三）重点调查的优缺点

重点调查的优点是花费力量较小，能及时提供必要的资料，便于各级各类部门掌握基本情况，采取措施。

但重点调查取得的数据只能反映总体的基本发展趋势，不能用以推断总体，因而也只是一种补充性的调查方法。目前主要是在一些企业集团的调查中运用。如为了掌握“三废”排放情况，就可选择冶金、电力、化工、石油、轻工和纺织等重点行业的工业进行调查。

二、典型调查

（一）典型调查的含义

典型调查也是一种非全面调查，它是从众多的调查研究对象中，有意识地选择若干个具有代表性的典型单位进行深入、周密、系统的调查研究，以达到了解总体的特征和本质的方法。进行典型调查的主要目的不在于取得社会经济现象的总体数值，而是在于了解与有关数字相关的具体情况。例如，铅笔的生产厂家想了解铅笔的需求情况，就可以在主要使用铅笔的中小学生中选择若干具有代表性的学校或班级，调查这些学校或班级的学生在一学期或一年中人均购买多少支铅笔，再根据全国中小学生数便可推算出全国每年铅笔的大致需求量。

（二）典型调查的类型

典型调查适用于调查总体同质性比较大的情形。同时，它要求研究者有较丰富的经验，在划分类别、选择典型上有较大的把握。一般来说，典型调查有两种类型：一种是一般的典型调查，即对个别典型单位的调查研究。在这种典型调查中，只需在总体中选出少数几个典型单位，通过对这几个典型单位的调查研究说明事物的一般情况或事物发展的一般规律。另一种是具有统计特征的典型调查，即将调查总体划分为若干类，再从每类中选择若干典型进行调查，以说明各类的情况。

【小资料】

典型调查的步骤

实施典型调查的主要步骤是：根据研究目的，通过多种途径了解研究对象的总体情况；从总体中初选出备选单位，加以比较，慎重选出有较大代表性的典型；进行调查，具体搜集资料；分析研究资料，得出结论。

（三）典型调查的优缺点

典型调查的优点在于调查范围小、调查单位少、灵活机动、具体深入，节省人力、财力和物力等。其不足是在实际操作中选择真正有代表性的典型单位比较困难，而且还容易受人为因素的干扰，从而可能会导致调查的结论有一定的倾向性，且典型调查的结果一般情况不能严格推及总体，只能大体反映同类事物的本质和变化趋势。

【小资料】

固定样本连续调查

1. 固定样本连续调查的含义。

固定样本连续调查也是一种非全面调查，是从调查对象的全部单位中抽取出一部分单位，组成固定样本，在一定时间内，通过对固定样本的连续调查来测定市场发展变化的趋势。如居民消费情况、储蓄情况、产品使用情况、商品购买情况和广告收拾情况等。在实践中，我国的城市居民家庭生活调查、农村居民家庭生活调查、西方国家的住房调查等都采取固定调查户（样本）进行连续调查。

固定样本连续调查的调查对象可以是消费者，也可以是销售者（零售商或批发商），还可以是生产者。消费者固定样本连续调查以居民家庭为调查对象，调查消费者需求的变化及购买行为、收入支出、消费结构等变化情况；零售商固定样本连续调查以零售商企业为调查对象，调查零售销售量、商品结构、价格水平、费用、利润等的变化情况；批发渠道、费用、批零差率、利润等的变化情况；固定样本连续调查以生产企业为调查对象，调查产品成本变化的因素和趋势，为制定价格提供可靠资料。

2. 固定样本连续调查的形式。

固定样本连续调查的方法有：在一定时间内定期与样本户进行个别面谈或问卷调查；向消费者分发购物日记簿，由消费者详细填写，然后由调查者定期回收汇总，这种方法称为消费者日记调查法。调查者定期到消费者活动场所进行直接的观察、记录，或通过机械（录音机、照相机、摄像机等）进行记录观察，这种方法称为观察调查法。

3. 固定样本连续调查的优缺点。

固定样本连续调查具有如下优点：第一，对同一对象长期连续的调查，能掌握变化动态，有利于趋势分析；第二，调查者和被调查者通过长期联系，能较好地合作，调查表回收率高；第三，固定样本的质量及代表性较高，取得的调查资料比较准确。固定样本连续调查的缺点表现在：第一，调查时间长，费用较高；第二，调查时间过长，被调查者会产生厌烦情绪敷衍了事，影响调查资料的准确性；第三，固定样本成员会因迁移等原因而脱节，影响固定样本的代表性。

3.2.3 抽样调查

一、抽样调查的含义

抽样调查是指调查者采用从调查总体中抽选出一部分单位作为样本，对样本进行调查，并用样本所得的结果来推断总体的一种调查方法。该方法的主要优点有三个：一是时间短、收效快；二是费用少；三是质量高，资料可信程度高，特别适用于不可能或没有必要组织全面调查的情形。但它也要缺点，即存在抽样误差。

二、抽样调查的分类

抽样调查分为随机抽样和非随机抽样两类。

1. 随机抽样。

随机抽样是按照随机原则抽取样本，即在总体中抽取样本单位时，完全排除了人为主观因素的影响，使每一个单位都有同等的可能性被抽到。遵守随机原则，一方面可使抽取出来的部分单位的分布情况（如不同年龄、文化程度人员的比例等）有较大的可能性接近总体的情况，从而使根据样本所做出的结论对总体研究具有充分的代表性；另一方面，遵循随机原则，有助于调查人员准确地计算抽样误差，并有效地加以控制，从而提高调查的精度。

2. 非随机抽样。

非随机抽样不遵循随机原则，它是从方便出发或根据主观的选择来抽取样本。非随机抽样无法估计和控制抽样误差，无法用样本的定量资料，只能采用统计方法来推断总体，但非随机抽样简单易行，尤其适用于做探测性研究。

三、抽样调查的特点

抽样调查的特点有以下几点：

（1）从经济上说，抽样调查节约人力、物力和财力。

（2）抽样调查更节省时间，具有较强的时效性。

（3）抽样调查具有较强的准确性。

（4）通过抽样调查，可使资料收集的深度和广度都大大提高。

尽管抽样调查具有上述优点，但它也存在着某些局限性，它通常只能提供总体的一般资料，而缺少详细的分类资料，在一定程度上难以满足对市场经济活动分析的需要。此外，当抽样数目不足时，将会影响调查结果的准确性。

四、抽样调查的适用范围

1. 对一些不可能或不必要进行全面调查的社会经济现象，最宜用抽样方式解决。例如，对有破坏性或损耗性质的商品进行质量检验；对一些具有无限总体的调查（如对森林木材积蓄量的调查）等。

2. 在经费、人力、物力和时间有限的情况下，采用抽样调查方法可节省费用，争取时效，用较少的人力、物力和时间达到满意的调查效果。

3. 运用抽样调查对全面调查进行验证。全面调查涉及面广、工作量大、花费时间和经费多，组织起来比较困难，但调查质量如何需要检查验证，这时，显然不能用全面调查方式进行。例如，工业全面调查，前后需要几年的时间才能完成，为了节省时间和费用，常用抽样调查进行检查和验证。

4. 对某种总体的假设进行验证，判断这种假设的真伪，以决定行为的取舍时，也经常采用抽样调查来测定。

五、抽样调查中常见的概念

（一）全及总体和抽样总体

全及总体简称总体，是指所要调查对象的全体。抽样总体简称样本，是从全及总体中抽选出所要直接观察的全部单位。例如，调查某学校学生的平均月生活费的收入和支出，可以按抽样调查理论从全体学生中抽取部分学生了解，那么全校学生就是全及总体，抽取的部分学生就是抽样总体。

（二）全及指标和抽样指标

1. 全及指标。

全及指标是根据全及总体各单位标志值计算的综合指标，常用的全及指标有：全及总体平均数、全及总体成数、全及总体方差和均方差。

全及总体平均数，是全及总体所研究的平均数，根据所掌握资料的情况，可有简单式和加权式的计算方法。

全及总体成数，是指一个现象有两种表现时，其中具有某种标志的单位数在全及总体中所占的比重。例如：产品可分为合格产品和不合格产品，产品总体中合格产品率或不合格产品率就是成数。

2. 抽样指标。

抽样指标是根据抽样各单位标志值计算的综合指标。常用的抽样指标有抽样平均数、抽样成数、抽样方差和均方差等。

3. 重复抽样和不重复抽样。

重复抽样又称回置抽样，是一种在全及总体中允许多次重复抽取样本单位的抽选方法，即从总体中随机抽出一个样本，再将它放回去，使它仍有被抽到的可能性，而在整个抽样过程中，总体单位数保持不变，被抽中的样本单位的概率也是完全相同的。

不重复抽样又称不回置抽样，即先被抽选的单位不再放回全及总体中，一经抽出，就不会再有第二次被抽中的机会了。在抽样过程中，样本总是逐渐减少。

4. 总体分布和样本分布。

总体分布是指全及总体中的各个指标值经过分组所形成的变量数列，而样本分布是指所有可能的样本指标经过分组而形成的变量数列。一般来讲，当总体分布为正态分布时，样本分布也是正态分布；但总体不是正态分布时，样本是否为正态分布主要取决于样本的数量大小，抽样调查的基本要求就是使样本分布尽可能地接近于总体分布。

5. 抽样框和抽样单元。

抽样框是指供抽样所用的所有的调查单位的详细名单。例如，要从 10 000 名职工中抽出 200 名组成一个样本，则 10 000 名职工的名册就是抽样框。

抽样框一般可以采用现成的名单，如户口、企业名录和企事业单位职工的名册等，在没有现成的名单的情况下可由调查人员自己编制。应该注意的是，在利用现有的名单作为抽样框时，要先对该名单进行检查，避免有重复、遗漏的情况发生，以提高样本对总体的代表性。

六、随机抽样调查

（一）随机抽样调查的概念

随机抽样技术又称为概率抽样技术，是根据一个已知的概率来抽取样本单位。也就是说，哪个单位被抽中与否不取决于研究人员的主观意愿，而是取决于客观的机会，即概率。因此哪个单位被抽中与否完全是随机的。

如果总体中每个单位被抽入样本的机会相同，称为等概率抽样；如果总体中每个单位被抽入样本的机会不同，称为不等概率抽样。无论等概率还是不等概率抽样，抽取时都是通过一定的随机化程序来实现。概率抽样不仅要求对目标总体有一个精确的定义，而且要求对抽样框有一个全面的详述。概率抽样的最大特点是抽样成本较高，对抽样设计人员的专业技术要求也较高。

（二）随机抽样调查的优缺点

1. 随机抽样调查的优点。

（1）随机抽样是从总体中按照随机原则抽取一部分单位进行的调查。它的调查范围和工作量比较小，又排除了人为的干扰，因此既能省时、省力、省费用，又能较快地取得调查的结果，同时，抽取的样本可以大致的代表总体。

（2）随机抽样技术能够计算调查结果的可靠程度。可通过概率推算其与实际值的差异，即抽样误差（又称代表性误差），将误差控制在一定范围内。

2. 随机抽样调查的不足。

（1）对所有调查样本都给予平等看待，难以体现重点。

（2）抽样范围比较广，所需时间长，参加调查的人员和费用多。

（3）需要具有一定专业技术的专业人员进行抽样和资料分析。一般调查人员难以胜任。

（三）随机抽样调查的类型

常用的等概率随机抽样组织形式有简单随机抽样、分层抽样、等距抽样、整群抽样和多阶段抽样。

1. 简单随机抽样。

简单随机抽样也称为纯随机抽样，它对总体不作任何处理，不进行分类也不进行排序，而是按照随机原则直接从总体 N 中抽取 n 个单位组成样本。纯随机抽样的具体取样方法主要有以下三种：

（1）直接抽取法。

直接抽取法是指从调查对象中直接抽选样本。例如，从仓库存放的某种产品中随机抽取若干件进行质量检查。

（2）抽签法。

抽签法是指先给总体各单位编上序号，然后将号码写在纸片上，将其混合均匀后从中抽选，抽到哪个单位就调查哪个单位，直至抽够预先规定的数量为止。抽签法简单易行，但只适用于总体单位不是很多的情况。

（3）随机数表法。

随机数表又称乱表法，是指含有一系列组别的随机数字的表格。

使用随机数表时，首先要将调查总体中所有的单位加以编号，根据编号的位数确定选用随机数表中若干位数字；然后在随机数表中任意选定一行或一列的数字作为开始数，接着可以按自上而下，或自左而右，或隔一定间隔（隔行或隔列）顺序取数，凡属于编号范围内的数字号码所对应的单位就作为样本单位。如果是不重复抽样，则遇到重复的数字时应舍弃，直到抽够预定的数量为止。

2. 分层随机抽样。

分层随机抽样又称为分类随机抽样、类型抽样，是把调查总体按其属性不同分为若干层次（或类型），然后在各层（或类型）中随机抽取样本。例如，调查人口，可按年龄、收入、职业和居住位置等标志划分不同的阶层，然后再按要求在各个阶层中进行随机抽样。

分层随机抽样在市场调查中采用得较多。分层时要注意各层之间有明显的差异，每个单位应该被分配到一层，并且只能分配到一层，不能遗漏任何单位；同一层内的单位应该尽可能同质，不同层的单位应该尽可能异质；分出的层数不宜太多，根据经验，建议不超过六层，否则任何精确度上的收益会被增加的分层和抽样成本所抵消。分层抽样的主要目的是在不增加成本的同时增加精确度。对总体划分各层（类）后，确定各层（类）的抽样单位数。分层随机抽样又分为等比例分层抽样和分层最佳抽样。

（1）等比例分层抽样。

等比例分层抽样是按各层（或各类型）中单位数占总体单位数量的比例分配各层样本数量的一种分层抽样技术。

【例 3.1】 某地共有居民 20 000 户，按经济收入高低进行分类，其中高收入的居民为 4 000 户，占总体的 20%；中收入为 12 000 户，占总体的 60%；低收入为 4 000 户，占总体的 20%。要从中抽取 200 户进行家庭购买力调查，按等比例分层抽样技术计算各层应抽取的样本单位数。

解 按等比例分层抽样技术计算各层应抽取的样本单位数分别为

高收入层的样本单位数目 = $200 \times 20\% = 40$（户）；

中收入层的样本单位数目 = $200 \times 60\% = 120$（户）；

低收入层的样本单位数目 = $200 \times 20\% = 40$（户）。

这种抽样方法简便易行，分配合理，计算简单，适用于各层（或各类型）之间差异不大的分层抽样调查。如果各层（或各类型）之间差异过大，则应采用分层最佳抽样法。

（2）分层最佳抽样。

分层最佳抽样又称为非比例抽样，它不是按各层单位数占总体单位数的比例分配样本，而是根据其他因素（各层平均数或各层标准差的大小、抽取样本工作量大小和费用大小等）调整各层的样本单位数。如按分层标准差大小调整各层样本单位数，其计算公式为：

$$n_i = n\frac{N_i S_i}{\sum N_i S_i} \tag{3.1}$$

式中，n_i 为第 i 层应抽出的样本数目；n 为样本总数目；N_i 为第 i 层的调查单位数；S_i 第 i 层调查单位的样本标准差。

【例 3.2】 仍以上述居民收入与购买力之间的关系为例。假定各层样本标准差的高收入为 300 元，中收入为 200 元，低收入为 100 元，以分层最佳抽样法确定各层应抽取的样本单位数。

总体单位数 $N = 20\,000$，共需抽取的样本单位数 $n = 200$。总体分成三层：$N_1 = 4\,000$，$N_2 = 12\,000$，$N_3 = 4\,000$；各层的标准差分别为：$S_1 = 300,\ S_2 = 200,\ S_3 = 100$。按照公式计算各层应抽取的单位数分别为：60、120、20 户。

通过上述计算可以看出，用非比例抽样法与比例抽样法抽取的单位数，各层次之间是不同的，特别是高收入与低收入之间的样本标准差较大，所以高收入层所抽取的样本数增加 20 户（40 户→60 户），低收入层减少 20 户（40 户→20 户），中收入层不变。由于购买力同家庭经济收入关系很大，因而要增加高收入层的样本数，就要相应地减少低收入层的样本数，这样才能使所抽选的样本更具有代表性。

3. 等距抽样。

（1）等距抽样的概念。

等距抽样又称机械抽样，就是先将全及总体各单位按一定标志排列起来，然后按照固定的顺序和一定的间隔来抽取样本单位。

（2）等距抽样的步骤：

① 排列所依的标准有两种：一种是按与调查项目无关的标志排队。例如，在住户调查时，选择住户可以按住户所在街区的门牌号码排队，然后每隔若干个号码抽选一户进行调查；另一种是按与调查项目有关的标志排队。例如，住户调查时，可按住户平均月收入排队，再进行抽选。

② 在排队的基础上，还要计算抽选距离（间隔），抽选距离 = N/n。

③ 确定抽选距离之后，可以采用简单随机抽样方式，从第一段距离中抽取第一个单位；为简化工作并防止出现某种系统性偏差，也可以从距离的 1/2 处抽取第一个单位，并按抽选距离继续抽选剩余单位，直到抽完为止。

【例 3.3】 从 600 名大学生中抽选 50 名大学生进行调查。

解 可以利用学校现有的名册顺序按编号排队，从 1 号编至 600 号，则有

$$抽选距离 = N/n = 600/50 = 12（人）$$

用简单随机抽样方式，抽取第一个样本单位，如果抽到的是 8 号，那么依次抽出的是 20 号、32 号、44 号……

（3）等距抽样的优缺点。

① 优点：等距抽样与简单随机抽样比较，可使中选单位比较均匀地分布在全及总体中，

尤其当被研究对象的标志值的变异程度较大，而在实际工作中又不可能抽选更多的样本单位时，这种方法更为有效。因此，等距抽样是市场调查中应用最广的一种抽样方式。

② 缺点：等距抽样也有一定的局限性，具体表现在以下两个方面：

第一，运用等距抽样的前提是要有全及总体中每个单位的有关资料，特别是按有关标志排队时，往往要有较为详细具体的资料，这是一项既复杂又细致的工作。

第二，当抽样间隔和被调查对象本身的节奏性相重合时，就会影响调查的精度。如对某商场每周的商品销售量情况进行抽样调查，若抽取的第一个样本是周末，抽样间隔为 7 天，那么抽取的样本单位都是周末。而往往周末商品销售量最大，这样就会发生系统性偏差，从而影响等距抽样的代表性。

4. 整群抽样。

在实际工作中，为了便于调查，节省人力和时间，往往是一批一批（一群一群）地抽取样本，每抽一批（一群）时，就把其中所有单位全部加以登记，以此来推断总体的一般情况，这种抽样方式称为整群抽样。例如，对工业产品进行质量调查时，每隔 5 个小时，抽取 1 个小时的产品进行检查。

划分群时，每群的单位数可以相等，也可以不等；在每一群中的具体抽选方式，既可以采用随机的方式，也可以采用等距抽样的方式，但不管采用什么方式，都只能使用不重复的抽样方法。

整群抽样的优点是组织工作比较方便，确定一组就可以抽出许多单位进行观察。但是，正是因为以群体为单位进行抽选，抽选单位比较集中，明显地影响了样本分布的均衡性。因此，整群抽样与其他产业相比，在抽样单位数目相同的条件下抽样误差较大，代表性较低。在抽样调查实践中，采用整群抽样一般都需要比其他抽样抽选更多的单位，以降低抽样误差，提高抽样结果的准确度。

当然，整群抽样的可靠度主要还是取决于群与群之间差异的大小，当各群间差异较小时，整群抽样的调查结果就比较准确。因此，在大规模的市场调查中，当群体内各单位间的误差较大，而各群之间的差异较小时，最适宜采用整群抽样方式。

5. 多阶段抽样。

当总体的容量很大，特别是总体的分布范围很广时，无论采用上述哪种抽样方法，都很难一次性直接抽到最终的样本。在这种情况下，研究者一般采用多阶段抽样的方法。

多阶段抽样的方法是把抽取样本单位的过程分为若干个阶段进行，即先从总体中抽取若干一级单位，再从抽中的一级单位中抽取若干二级单位，接着从抽中的二级单位里抽取三级单位。以此类推，直到最后抽取样本基本单位。样本基本单位是该项调查的最小单位，是调查项目的基本承担者。我国的农业产量抽样调查，一般采用五级抽样：第一步从全部的省中抽县（全国的所有县都有被抽中的可能），第二步从抽中的县中抽乡，第三步从抽中的乡中抽村，第四步从抽中的村中抽地块，最后一步从抽中的地块中抽小面积实测单位。也就是说，在不同的抽样阶段中，抽样单位和抽样框都是不同的，下面举例说明多阶段抽样方法。

【例 3.4】 假设要调查某市中学生的消费情况，总体为该市全体中学生，样本规模为 400 人。

我们可以把抽样过程分为下述几个阶段进行：

首先，在城区这一层次上进行抽样。假设该市有七个城区，我们可采用简单随机抽样的方法从中抽取两个城区。

其次，在学校这一层次上进行抽样。即从所抽中的两个城区内的几十所中学中，采用简单随机抽样（或等距抽样）的方法各抽取5所中学，这样共抽取10所中学。

再次，在班级这一层次上进行抽样。即从所抽中的学校中，以班级为单位进行抽样。假定每所学校有15个班，我们从中抽取4个班，这样10所学校共抽取40个班。

最后，在学生这一层次上抽样。此时的抽样对象是学生，即从每个抽中的班中随机抽取10名学生。也就是说，这40个班中共抽到学生400人，将他们合起来即构成调查的样本。

在上述四个阶段中，每一次的抽样单位和抽样框都不相同，它们分别是：① 城区和该市七个城区的名单；② 中学和所抽城区全部中学的名单；③ 班级和所抽学校全部班级的名单；④ 学生和所抽班级全部学生的名单。而整个抽样过程也可看成是两个基本步骤的反复运用，即建立抽样框和抽取样本。

【小资料】

多阶段抽样与整群抽样、分层抽样的区别

整群抽样虽然类似于多阶段抽样，但这两者之间是有区别的（区别在第二阶段）。以两阶段抽样为例，整群抽样是从总体中随机地抽取部分群体，然后，对抽中的群体进行全面调查；而两阶段抽样是第一阶段抽取部分群体，然后，在第二阶段对抽中的群体进行抽样调查。两阶段抽样和分层抽样虽然都需要对总体进行分组，但两者之间也有区别（区别在第一阶段）：分层抽样首先抽取了全部的群体，然后在各群体中抽取部分单位进行调查；而两阶段抽样则是在第一阶段随机的抽取部分群体，然后再从中选的群体中抽取部分单位作为第二阶段的样本进行调查。所以，两阶段抽样在组织技术上可视作整群抽样和分层抽样的结合。

【小资料】

抽样误差的确定

1. 抽样平均误差的确定。

（1）抽样误差是指随机抽样调查中发生的代表性误差，即平均差，通常用符号U表示。因为抽样调查是以样本代表总体，以样本综合指标推断总体综合指标，所以平均误差是不可避免的。但这种误差一般不包括技术性误差，即调查过程中的工作误差。

（2）影响抽样误差大小的因素有：① 总体单位之间的标志变异程度。总体单位之间标志变异程度大，抽样误差大，反之则小，所以抽样误差大小同总体标准差大小成正比例关系。② 样本单位的数目多少与抽样误差大小有关。样本单位数目越多，抽样误差越小；样本单位数目越少，抽样误差越大，所以抽样误差的大小同样本单位数成反比例的关系。③ 抽样方法的不同，抽样误差大小也不相同。一般来说，简单随机抽样比分层、分群抽样误差大，重复抽样比不重复抽样误差大。

（3）重复抽样是指样本抽出后再放回去，有可能被第二次抽中；而不重复抽样是样本抽出后不再放回，每个单位只能抽中一次。实践中大多数采用不重复抽样。

① 平均数重复抽样误差的计算公式为

$$\mu_{\bar{x}} = \sqrt{\frac{\sigma_{\bar{x}}^2}{n}} = \frac{\sigma_{\bar{x}}}{\sqrt{n}} \tag{3.2}$$

② 平均数不重复抽样误差的计算公式为

$$\mu_{\bar{x}} = \sqrt{\frac{\sigma_{\bar{x}}^2}{n}\left(1-\frac{n}{N}\right)} \tag{3.3}$$

式中，$\mu_{\bar{x}}$ 表示平均数的抽样平均误差；$\sigma_{\bar{x}}$ 表示全及总体平均数标准差；n 表示样本容量；N 表示全及总体数目。

2. 抽样极限误差。

抽样平均误差可以用来测定抽样指标对总体指标的可能离差。根据概率原理，给定一定的概率可以保证抽样误差不超过某一给定范围，这个给定的范围就叫做极限抽样误差。

中心极限定理已证明，概率度 t 和概率 p 成函数关系，即

$$p = F(t)$$

即 t 每取一个值，都有唯一确定的 p 值与之相对应。在实际工作中，为了使用的方便，将不同的 t 值与其相应的概率 p 预先算好，编成概率表，供调查时使用。几个常用的概率度和概率之间的关系如表 3.1 所示。

表 3.1　概率度和概率函数关系表

概率度 t	把握程度 $F(t)$	允许误差
1.00	0.682 7	1.00
1.50	0.866 4	1.50
1.96	0.950 0	1.96
2.00	0.954 5	2.00
2.50	0.987 6	2.50
3.00	0.999 4	3.00
4.00	0.999 999	4.00
5.00	1	5.00

七、非随机抽样类型

（一）非随机抽样的概念

非随机抽样又称非概率抽样，是研究人员有意识的选择样本单位，且样本单位的抽取不是随机的。

随机抽样的主要优点是可以从样本去推论总体。然而，在有些情况下，严格的随机抽样往往难以进行；而在另一些情况下，研究者的主要目的只是想初步了解一下调查对象的有关情况，以便为建立研究假设或进行大规模的正式调查做些探索性工作。此时，人们往往会放

弃虽然科学、但却比较麻烦的各种随机抽样方法，而采用虽不能推论总体，但简单方便的非随机抽样方法。

（二）非随机抽样的优缺点

1. 非随机抽样的优点：

（1）非随机抽样技术按一定的主观标准抽选样本，可以充分利用已知资料，选择较为典型的样本，使样本更好地代表总体。

（2）可以缩小抽样范围，节约调查时间、调查人员和调查费用。

2. 非随机抽样技术的缺点：

使用非随机抽样技术进行调查，主要的不足是无法判断其误差和检查结果的准确性。这是因为，用非随机抽样技术进行调查的总体中，每一个样本被抽取的概率不一样，概率值的大小不清楚，无法借助概率来计算推算值与实际值的差异并得出其误差。可靠程度只能由调查人员主观评定。由于主观标准不当或主观判断失误均会增加抽样误差，出现差错难以核实。

（三）非随机抽样的类型

1. 任意抽样。

任意抽样又称为便利抽样，是根据调查者的方便与否来抽取样本的一种抽样方法。“街头拦人法”和“空间抽样法”是任意抽样的两种最常见的方法。

（1）“街头拦人法”。

“街头拦人法”是指在街上或路口任意找某个行人，将其作为被调查者，进行调查。例如，在街头向行人询问其对某一社会热点问题的看法，请行人填写某种问卷等。

（2）“空间抽样法”。

“空间抽样法”是指对某一聚集的人群，从空间的不同方向和方位对他们进行抽样调查。例如，在商场内向某一群顾客询问其对商场服务质量的意见；在教室里向前两排的学生询问其学习情况等。

任意抽样简便易行，能及时取得所需的信息资料，省时、省力、节约经费，但抽样偏差较大，一般用于非正式的探测调查，只有在调查总体各单位之间的差异不大时，抽取的样本才具有较高的代表性。

2. 判断抽样。

判断抽样又称为目的抽样，是指抽取样本时，由调查人员依据对实际情况的了解、经验、主观分析和判断，人为确定样本单位，或由某些有见解的专家选定样本的抽样方法。这种抽样方法所得的样本对总体的代表性，完全取决于研究者对总体的了解程度以及分析和判断能力。

判断抽样时，根据调查目的的不同，样本单位的确定通常有几种情况：第一种是选择“平均型”样本，即在调查总体中选择能代表平均水平的样本，其目的是了解总体平均水平的大体位置；第二种是选择“众数型”样本，即在调查总体中选择能够反映大多数单位情况的个体为样本；第三种是选择“特殊型”样本，比如选择很好（高）的或很差（低）的典型单位为样本，目的是分析研究造成这种异常的原因。

判断抽样简便快捷、节省费用，符合调查目的和特殊需要。但由于样本选择是主观的，所以样本的质量取决于调查人员的经验、专业知识和对情况的了解，而且不支持对一个特定总体的直接推论。

3. 配额抽样。

配额抽样是非随机抽样中最流行的一种，它是指首先将总体中的所有单位按一定的标志分为若干类（组），然后在每一类（组）中用便利抽样或判断抽样的方法选取样本单位。与分层抽样不同的是，配额抽样不遵循随机原则，而是主观地确定对象分配比例。

配额抽样按照分配样本数目时控制特征是否相互牵制，可分为独立控制配额抽样和相互控制配额抽样两大类。

（1）独立控制配额抽样。

独立控制配额抽样是指对调查对象只规定具有一种控制特征的样本抽取数目，并规定配额的抽样方法。具体应用如下：在一个城市中欲采用配额抽样抽取一个$n=180$的样本。调查对象的控制有年龄、性别和收入，配额是按照单个特征分配的，如表3.2、表3.3、表3.4所示。

表3.2　按年龄控制特征配额分配表　单位：人

年　龄	人　数
20～30岁	30
30～40岁	50
40～50岁	60
50岁以上	40
合　计	180

表3.3　按性别控制特征配额分配表　单位：人

性　别	人　数
男	90
女	90
合　计	180

表3.4　按收入控制特征配额分配表　单位：人

收　入	人　数
高	36
中	90
低	54
合　计	180

从上面三个表中可以看出，虽然有年龄、性别和收入三个控制特征，但每个特征是独立控制配额抽取样本数目的，不要求相互受到牵制，也不规定三个控制特征之间有任何关系。

如在年龄组 20～30 岁中有 30 人，这 30 人中没有规定男、女各多少人，高收入、中收入及低收入又有多少，这就是独立控制配额抽样的特点。

独立控制配额具有简单易行、费用少等优点，但是选择样本容易偏向某一类型而忽视其他类型的缺点。不过，这个缺点可通过相互控制配额抽样来弥补。

（2）相互控制配额抽样。

相互控制配额抽样是对调查对象规定两种或两种以上控制特征的样本抽取数目，并规定配额的抽样方法。具体操作方法是借助于相互控制配额抽样表来完成抽样分配。例如，前例 180 人的样本要具有三种控制特征：年龄、性别和收入，如表 3.5 所示。根据相互控制配额抽样表，市场调查人员可以清楚地知道自己应该抽取若干个控制特征的样本数。例如，20～30 岁的被调查者应有 30 人，其中高收入的男性和女性各抽 3 人，中收入的男、女各抽 4 人，低收入的男、女各抽 8 人。

表 3.5 相互控制配额抽样表 单位：人

收入	高		中		低		合计
年龄 \ 性别	男	女	男	女	男	女	
20～30 岁	3	3	4	4	8	8	30
30～40 岁	5	5	7	7	13	13	50
40～50 岁	7	7	9	9	14	14	60
50 岁以上	3	3	7	7	10	10	40
小计	18	18	27	27	45	45	180
合计	36		54		90		

控制配额抽样方法的工作步骤有以下几个：

第一步：确定控制特征。调查人员可事先根据调查的目的和客观情况，确定调查对象的控制特征，作为总体分类的划分标准。如年龄、性别、收入和文化程度等。

第二步：根据控制特征对总体分层，计算各层占调查总体的比例，确定各层之间的比例关系。例如，以家庭人口和月收入为控制特征，制定相互控制配额比例表。

第三步：确定每层的样本数。首先确定样本总数，然后根据每层占总体的比例确定每层应抽取的数目。

第四步：配额分配，确定调查单位。在各层抽取样本数确定之后，调查人员就可以在指定的样本配额限度内任意选择样本单位。

配额抽样方法简单易行，可以保证总体的各个类别都能包括在所抽样之中，因此配额抽样的样本具有较高的代表性。但也应注意到这种方法具有一定的假设性，即假定具有某种相同特征的调查对象，其行为、态度与反应都基本一致，因此，对同一层内的调查对象，是否采取随机抽样就无关紧要了。由于抽样误差不大，只要问卷设计合理、分析方法正确，所得的结果同样值得信赖。这种假设性是否得以成立，在很大程度上取决于调查者的知识、水平和经验。

【小资料】

配额抽样与分层抽样、判断抽样的异同

1. 配额抽样与分层抽样的异同。运用配额抽样进行抽样，要按照一定的标准，分配样本数额，并在规定数额内由调查人员任意抽选样本。这种方法与分层抽样有相似的地方，都是事先对总体中所有单位按其属性、特征（这些属性、特征我们称之为“控制特征”）分类、分层，但两者有本质区别，两者的抽样目的和方法均不同。配额抽样之所以分层分类，其目的在于要抽选出一个总体的“模拟物”，其方法是通过主观的分析判断来确定和选择组成这种模拟物的成员。分层抽样进行分层时，一方面是要提高各层间的异质性和同层中的同质性，另一方面也为了照顾某些比例较小的层次，使得所抽样本的代表性进一步提高，误差进一步缩小。而其抽样方法则完全是依据随机原则，排除主观因素，客观的、等概率的从各层中进行抽样，这与配额抽样中那种“按事先规定的条件，有目的地去寻找”的做法完全不同。

2. 配额抽样与判断抽样的异同。配额抽样是在规定数额内由调研人员任意抽选样本，这与判断抽样有调研人员人为确定样本是有区别的：首先，抽取样本的方式不同。配额抽样是分别从总体的各个控制特征的层次中抽取若干个样本单位组成样本，而判断抽样是从总体的某一层次中抽取若干个符合条件的典型样本。其次，抽样要求不同。配额抽样注重“量”的分配，而判断抽样注重“质”的分配。最后，抽样方法不同。配额抽样方法复杂精密，判断抽样方法简单易行。

4. 滚雪球抽样。

滚雪球抽样是一种特殊的抽样方法。它先从几个合适的个体开始，然后通过他们得到更多的个体。

在市场调查中，当我们遇到无法了解总体状况的情形时，可以采用这种方法，即先从那个总体中少数合适的成员入手，访谈后向他们询问还知道哪些符合条件的成员。然后再去找那些成员调查，并同时要求他们推荐后面的被访者。像这样的过程可以一轮接一轮地进行下去，就像滚雪球似的，从小到大，所调查的成员越来越多。即使在选择最初的被访者时使用了随机抽样，最终的样本还是一个非随机抽样样本。与随机的方式相比，被推荐的人将具有与推荐的人更为相似的心理特征。

滚雪球抽样的一个主要目的是估计在总体中非常稀少的某些特征，它的主要优点是显著地增加了总体中找到具有某种特征的个体的可能性，同时误差和成本相对较低。

【例 3.5】 全国电视机市场调查抽样设计。

抽样设计是项目调查、管理和实施的关键，是调查项目成功与否的关键，此次调查采用分层、多阶段、不等概率、系统随机抽样，样本容量为 10 800 个居民户。样本设计的具体思路如下：

（1）分层。

先将全国各省、自治区、直辖市按其地理位置和经济发展程度分成沿海、内地和边远三类，以地区及省、自治区、直辖市为层，各层分别独立抽样。由于每层的总户数是确知的，因此各层权重可知。这在由样本观察推算总体目标时是必需的。采取这样的分层技术，一是为了获得更高的精度，二是为了组织调查和汇总数据方便，三是能够同时得到分地区以及分省、自治区、直辖市的结果。

（2）多阶段。

在各层分别独立抽样时，每层的基本单位数仍然很庞大，且分布面很广，很难用单阶段抽样产生一个完整的样本。一般采用四阶段抽样方法：首先在每层内先抽市（区）或县；在每个抽样中的市、县中抽街道或乡；在每个抽样中的街道或乡中抽居民（或村民）委员会；最后抽调查户。其中每一阶段抽样又根据条件规定了具体的抽样细则。这样，在实践过程中，每阶段只需局部的有关市（县）或街道（乡）等的抽样框，同时又能使所得样本相对集中，便于实际调查。

（3）不等概率抽样。

在第二和第三阶段上采用不等概率抽样，这是基于这样的街道（乡）、居民（村民）委员会等抽样单元规模大小不一，为使每个住户都有大致相等的被抽中机会，在市（县）抽街道（乡）时，按与各街道（乡）所含户数基本成比例的不等概率抽取街道（乡）。这样，户数多的街道（乡）被抽中的概率就大。

（4）系统随机抽样。

在第四阶段上采用系统随机抽样。这一方法的突出优点，首先是便于实施，节省时间，不易出差错。其次，样本在总体中分布的更均匀。

总之，上述严格的抽样方法尽可能地排除了各种人为的干扰，保证获得的样本具有足够的代表性，从而尽可能地提高抽样概率。

3.3 市场调查资料收集的方法

市场调查资料收集方法的分类如图 3.1 所示。

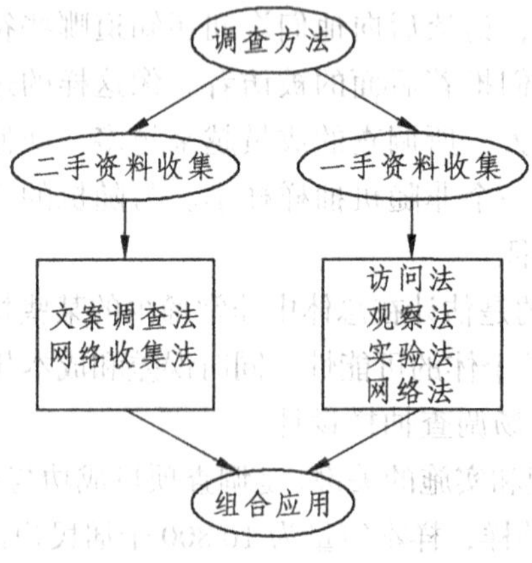

图 3.1 市场调查资料收集方法分类

3.3.1 文案调查法

一、文案调查法的概念

所谓文案调查法，就是通过查询已经成形的，或经过一定整理加工的二手资料来获取信息的市场调查方法。文案调查的过程，是二手资料获取和分析的过程。由于在国内的传统习惯中把经过案头工作的资料，往往要整理成一卷卷的分类文档，所以二手资料的调查也被称为案卷调查。此外，由于案卷调查主要是在室内的桌面上开展查询和分析的，因此二手资料的调查也经常被称为案头调查。为方便起见，本书把二手资料调查、案头调查、案卷调查等名词统称为文案调查法。文案调查的对象，就是各种历史或实现的统计资料。市场信息的来源或是第二手资料，或是第一手资料（即实地调查资料）。二手资料，是指在某处已经存在并已为某种目的而收集起来的信息。随着社会信息化程度越来越高，“秀才不出门，能知天下事”的谚语已成为现实。

一般来说，文案调查法具有文献特征、已存在性、时效性和易获性的特征。

二、文案调查的基本要求

我们说，调查人员应该选择能提供最好信息的机构，这并不意味着调查人员对某一调查课题仅找一个信息源。只要可能，都要用两种或两种以上的信息源交叉核实资料，以免错误解释。为此，文案调查必须符合以下要求：

1. 针对性。要根据调查研究的目的，有针对性的重点收集与调查课题有关的第一手资料，包括背景资料、主体资料和相关资料。既要注意收集内容的针对性，又要主要针对资料的来源进行定向收集。要注意资料的适用性和够用性，防止无用垃圾信息的产生。

2. 时间性。二手资料的时效性较差，如果资料反映的情况变化了，资料就失去了利用的价值。为此，应注意用最快的速度及时收集、分析和利用各种最新的数据和资料，及时更新数据库，以缩短二手资料的时滞性，提高资料的时间价值。

3. 全面性。文案调查应通过各种信息渠道，利用各种机会，采取各种方式广开信息源，大量收集与调查课题有关联的有价值的信息，力求二手资料收集的广泛性和全面性。即广泛和全面地收集与调查课题有关的背景资料、主体资料和相关资料，以满足市场调查和决策的信息需求。

4. 系统性。为了提高二手资料的利用价值，在收集和整理时应力求资料的系统性、层次性和系列化。同一数据资料最好能够同时开发出属性数列、变量数列、空间数列、时间数列、相关数列和平衡数列的信息资源，定性资料最好能够划分为不同的类别或序列。

5. 准确性。二手资料往往是为其他目的而由他人收集整理的，调查者收集和利用这些二手资料时，应注意评价数据和资料的适用性和准确性。

三、文案调查的渠道

现代社会中文案调查的资料是极其丰富的，但是许多人仍抱怨得不到所需要的文案资料。其实在信息时代，据专家的不完全统计，现在全世界每天正式发表的论文，如果要一个人全部看完（假设他全部能看懂），大约需要 1 100 年。因此，不是没有信息，而是你不知道自己到底需要什么信息，或者是没学会去哪里收集信息而已。文案调查的资料来源渠道，一般有以下几种。

（一）企业内部资料

企业内部资料的收集，主要是收集企业经济活动的各种记录。主要包括以下四种。

1. 业务资料。业务资料包括与企业经营业务活动有关的各种资料。如订货单、进货单、发货单、合同文本、发票、销售记录、业务员访问报告等。通过对这些资料的了解和分析，可以掌握企业生产、经营商品的供应情况，分地区、分用户的需求变化情况等。

2. 统计资料。统计资料主要包括各类统计报表，企业生产、销售、库存等各种数据资料、各类统计分析资料等。企业统计资料是定量研究企业经营活动数量特征及规律的重要依据，也是企业进行预测和决策的基础。

3. 财务资料。财务资料是由企业财务部门提供的各种财务、会计核算和分析资料，包括生产成本、销售成本、各种商品价格及经营利润等。财务资料反映了企业活劳动和物化劳动占用和消耗情况，及所取得的经济效益。通过对这些资料的研究，可以确定企业的发展背景，考核企业经济效益。

4. 企业积累的其他资料。其他资料如各类简报、各种调查报告、经验总结、顾客意见和建议、同业卷宗及有关照片和录像等。这些资料，都对市场研究有一定的参考作用。例如，根据顾客对企业经营状况、商品质量和售后服务的意见，就可以对如何改进加以研究。

（二）企业外部资料

外部资料是指公共机构提供的已出版或未出版的资料。这些公共机构可以是官方的，也可以是民间机构的。它们提供资料的目的，有的是作为政府的一项工作，有的是为了赢利，也有的是为了自身的长远利益。一个好的市场调查部门一定要熟悉这些公共机构，熟悉在这些机构里的工作人员，熟悉他们所能提供的资料种类。常见的有：

1. 国家统计机关公布的统计资料，包括工业普查资料、统计资料汇编、商业地图等。

2. 行业协会发布的行业资料。它们是同行业企业资料的宝贵来源。

3. 出版部门提供的书籍、文献、报纸杂志。具体有：工商企业名录、商业评论、统计丛书、产业研究等；许多报刊为了吸引读者，也常常刊登一些市场行情和分析报道等。

4. 银行的经济调查、商业评论期刊。国外许多大银行，如巴克利银行、花旗银行等都发行专业期刊，这些期刊往往有最完善的报道。

5. 专业组织的调查报告。随着我国经济改革的深化，消费者组织、质量监督机构、股票交易所等专业组织，也会发表有关统计资料和分析报告。

6. 研究机构的调查报告。许多研究机构和从事市场调查的组织，除了为各单位委托人完成研究工作外，为提高知名度，也经常发表一些市场报告和行业研究论文。

7. 利用检索工具。企业外部资料的收集，相对于内部资料的收集要困难一些。在收集企业外部信息时，系统地使用索引、文摘、指南和其他的检索工具是非常重要的。文摘与索引的差别是文摘提供了文献的基本内容，而索引则只是提供了关于文献的外部特征，例如作者、文献名、出版商、出版时间等。名录则提供了有关工商企业、机构等的某些情况，如名称、地址、经营活动范围、联系方式等。

8. 在线数据库。存放在世界各地的服务器上的文章与报告的数据库，可用计算机与调制解调器搜索。借助于国际互联网，现在可以很便捷地进入某些数据库，市场调查所需的很多商业性信息，在这里都有现成的。但是，目前不论按公开价还是按用量收费都很高。这样的信息源，用户需要预先签约并要学习怎样进行高效节约的搜索，对新签约用户可提供免费或低价的培训。与国际互联网相比，搜索在线数据库的花费较昂贵，这是因为数据库供方收集的有价值的报告，即使逐页都是现成可用的，其标价也很高。

9. 图书馆里保存大量的商情资料。图书馆除了提供贸易统计数据和有关市场的基本经济资料外，还有各种产品、买方机构等更具体的资料。

10. 网络信息。因特网现由于具备了查询方便、剪裁方便、存储方便、传输方便、使用方便、无国界地域之分等特点，现已成为非常重要的文案调查渠道之一。

【小资料】

文案调查的方式

在文案调查中，对于企业内部资料的收集相对比较容易，调查费用低，调查的各种障碍少，能够准确地把握信息资料的来源和收集过程。因此，文案调查时应尽量利用企业的内部资料。

对于企业外部资料的收集，可以依不同情况，采取不同的方式：

1. 具有宣传广告性质的许多资料，如产品目录、使用说明书、图册、会议资料等，是企、事业单位为扩大影响、推销产品、争取客户而免费面向社会提供的，可以无偿取得；而对于需要采取经济手段获得的资料，只能通过有偿方式获得，有偿方式取得的资料构成了调查成本，因此，要对其可能产生的各种效益加以考虑。

2. 对于公开出版、发行的资料，一般可通过订购、邮购、交换和索取等方式直接获得，而对于对使用对象有一定限制或具有保密性质的资料，则需要通过见解的方式获取。随着国内外市场竞争的日益加剧，获取竞争对手的事业秘密已成为市场调查的一个重要内容。

四、文案调查的方式和方法

（一）文案调查的方式

文案调查主要有有偿收集和无偿收集两种方式：

1. 有偿收集方式。有偿收集方式是指通过经济手段获得文献资料，即通过一定的正式渠道实行有偿征集和转让。这种方式实际上是实现信息、情报等的商业化，它能比较有效、及时地获得高质量的情报信息。既然是有偿，花钱买情报信息，就要考虑获得情报信息的费用与带来的经济效益。所以，有偿收集更讲究情报信息的针对性、可靠性、及时性和准确性。有偿收集的形式有采购、交换、复制三种。采购形式包括现购、邮购、委托代购等。国内公开发行的书刊文献是向邮局或新华书店采购，内部发行物一般是直接订购。交换主要是通过业务和隶属关系的联系和相互协商的办法，不同企业和部门各自为了从对方获得所需要的情报，通过交换的形式来实现。这种形式的特点是专业性强、传递迅速。无法通过采购和交换形式获得的情报资料，如发行量极少的资料、历史性的绝版资料、难得的原版资料、过期报刊等，只能采用复制形式。

2. 无偿收集方式。无偿收集方式，是指不需要支付费用即可获得的文献资料。如有些企业为了推销新产品或进行技术推广时，免费赠送产品目录、产品样本、说明书等资料，而企业可以根据自己需要，通过书信索取、询问、现场搜集、接受赠阅等获得这些资料。目前，随着市场、产品、技术竞争的积累化，以无偿收集方式获得有效情报的难度加大，即使获得的资料，也常常是粗略而又简单的介绍，参考价值有限，也许只能给企业带来一定的启发或提供某些线索。一般交流会、洽谈会、展销会、参观访问等场合是无偿索取资料的有利时机，企业要善于利用。

（二）文案调查的方法

一般来说，文案调查的方法可以归纳为两种：公开的和秘密的。在我国，收集历史和现实统计资料的主要方法是公开的。这里主要介绍几种公开收集文献资料的方法。

1. 文献资料筛选法。文献资料筛选法是指从各类文献资料中，分析和筛选出与企业生产经营有关的信息和情报的一种方法。采用文献筛选法搜集情报资料，常常是根据市场调查课题的目的和要求，有针对性地去查找有关文献资料。它的特点是，所得情报资料记录方便、传播广泛、积累系统，便于长期保存和直接利用。它是企业获取技术、经济情报的最基本、最主要的来源。

2. 报刊剪辑分析法。报刊剪辑分析法是指调查人员平时从各种报刊上所刊登的文章、报道中，分析和收集情报信息的一种方法。信息社会最突出的特点是，信息量大和信息流快。市场情况的瞬息万变在日常新闻报道中都有所体现，只要我们用心观察、收集和分析便可从各种报刊上获得与企业生产经营有关的情报信息，以扩大视野，灵通耳目。在信息社会里，企业间的竞争，实质上是信息的竞争。只要企业善于利用公开发行的报刊和杂志，就可以获得对企业有用的信息，收到意想不到的经济效果。同时，还应充分利用广播、电视、网络、手机等现代通讯宣传渠道。

3. 情报联络网法。情报联络网法是指企业在全国范围内或国外有限地区内设立情报联络网，使情报资料收集工作的触角伸到四面八方的一种方法。一个企业情报网的建立，自然要受到企业资金和人力上的制约，可以采取在重点地区设立固定情报资料收集点，由企业派专门人员或由驻地人员兼职。一般地区可以同行业、部门以及有关的情报中心挂钩，定期互通情报，以获得各自所需要的资料。这样，在联络网内各地区的有关市场供求趋势、消费者购买行为、价格情况、经济活动研究成果、科技最新发明创造乃至政治形势等情报，都可以及时地通过情报联络网传输给企业。一般情况下，中小企业和乡镇企业以及个体企业无力建立自己独立的情报网，可以借助于其他部门的情报网。例如，各地有信息开发公司、咨询服务中心等，大都有自己的信息渠道和情报网，拥有大量信息，企业可以利用它们获取所需信息。它的特点是：涉及范围广、获得的情报信息量大、综合性强，各种不同企业均可采用。

4. 国际互联网法。对市场调查人员来说，国际互联网有两个重要信息源：公司，组织机构，个人创设的推销或宣传他们的产品、服务或观点的网站；对于某特殊主题感兴趣的人们组成的用户群组。运用搜索引擎搜集关于某一主题或某个公司的信息很容易，只需要一个适当字符串就可找到全部要查询的东西。流行的搜索引擎，如 Google、Baidu、Yahoo 等。

【小资料】

资料储存和管理要点

1. 储存方法。应先根据实际情况编好基本资料的目录，按因地制宜、先易后难、逐步完善的原则有计划、有重点地收集积累资料，使市场资料的收集和储存做到经常化、制度化。

2. 储存工具。应根据资料性质和企业的现有条件选择储存工具，对资料加以妥善保管。一般所用的工具有：资料袋、文件夹、录音机、录像机和计算机等。

3. 储存地点。储存地点应根据资料的重要程度加以选择，通常有防火、防毁和防盗等措施，以保证资料的安全。

4. 储存时间。要注意资料的时效性，要定期检查分析，对过时资料要果断销毁，以提高储存资料的质量。

五、文案调查的局限性

文案调查的局限性，主要表现在以下几个方面：

1. 雷同性。主要表现在某一主题的文案调查资料，可能由不同的组织者负责采集、整理和编辑，在开展过程中不可避免地会出现不同部门的交叉问题，导致交叉结果的表现主题相似，内容却有差异，不知道该引用哪一种资料；或者不同的传媒报道某一信息时出处不同，信息内容基本一致，但有些重要信息的说法不同等。如果遇到了文案调查资料有雷同，且误差较大时，就需要进一步查询文案调查资料的详细出处和其他背景信息，或者查询第三、第四种可信度高且出处清晰的资料，予以验证后才能使用。

2. 更新速度慢。这主要是由于许多政府统筹收集的信息，是自上而下制定好收集标准和要求后，以发文或其他形式传达到下层的分立机构。当机构层次众多、各层同级数量众多这种情形存在时，就会出现层层传递，汇总的速度大大放慢，进而导致文案调查从开始收集到后期资料制作的时间被大大延长。

3. 开放程度低。表现在：一是获取文案调查的限制太多。如果要查询进出口方面的资料，只需进入海关统计年鉴中查询即可。若要进一步了解当期已经公开的详尽内容，就可能被要求出示必要的证件（或推荐信），或者说明必要的理由，或者要求直接去问海关总局等。即使类似的情况不会出现，但由于近期资料尚未汇总完毕等原因，也可能成为不能获得查询结果的一大障碍。二是对文案调查的整理应用能力和宣传程度有待加强。这往往会使调查者放弃对资料的收集，或者放弃不用，导致文案调查的开发者无法评估文案调查的价值，难以判断如何更新文案调查才会更加符合市场调查的需要。

3.3.2 访问调查法

一、访问调查法的概念与特点

访问调查法是指将所拟调查的事项，以当面、电话或书面方式向被调查者提出询问，以获得所需资料的调查方法。它是最常用的市场调查方法，也是一种特殊的人际关系。

访问调查法的特点，在于整个访问过程是调查者与被调查者相互影响、相互作用的过程，也是人际沟通的过程。

二、访问调查法的类型

访问调查有多种具体的形式，可以从不同角度对其进行划分。

1. 按照访问方式不同，可分为直接访问和间接访问。

直接访问是指被调查者和调查者进行面对面的交谈；间接访问是指访问者通过电话或书面问卷工具对被调查者进行的访问。

2. 按照访问内容不同，可分为标准化访问和非标准化访问。

标准化访问是指由调查者按照事先拟好的调查表的具体项目，有顺序地依次发问，让被调查者作答；非标准化访问，是指调查者按照一个大概提纲与被调查者自由交谈，了解情况。

3. 根据调查人员与被调查者接触方式的不同，具体分为个别面访、邮寄调查、电话调查、留置调查等几种形式。下面将一一介绍。

三、常用访问调查方法

（一）个别面访法

个别面访法，又称面谈调查法，是指访问者通过面对面地询问和观察被访问者而获取市场信息的方法。它是市场调查中最通用和最灵活的一种调查方法。访问中要事先设计好问卷或调查提纲，调查者可以依问题顺序提问，也可以围绕调查问题自由交谈。在谈话中要注意做好记录，以便事后整理分析。个别访问法因其调查内容、范围及费用等不同，又可具体分为焦点小组访问法、入户访问法、拦截式访问法及深层访问法（见图 3.2）。

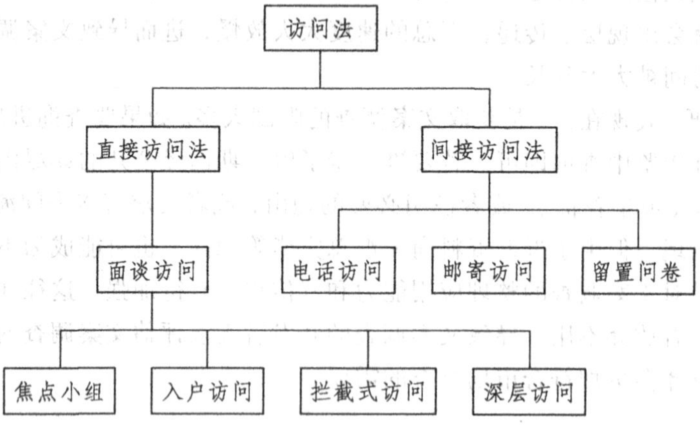

图 3.2　个别面方法的分类图

1. 焦点小组访问法。

焦点小组访问法是指有选择地邀请一部分受访者（通常 6 ~ 12 人），以小组的形式，在有经验的主持人的主持下，针对一系列相关问题自由发言，展开讨论，从而获得所需信息的方法。

焦点小组访问法具有如下优点：① 沟通性强、真实性高。主持人与受访者面对面讨论，进行双向沟通，可以激发受访者思考，获得有价值的信息。② 灵活性强、效率高。多人进行面对面沟通，调查与讨论相结合，并可对调查提纲进行及时修改和补充，以获得更广泛深入的资料。

同样，它也存在着不足：① 对主持人要求较高，而挑选理想的主持人较困难。② 小组成员选择不当，会严重影响调查结果的准确性和客观性。③ 小组成员中可能会出现领头羊的角色，导致访问过程中少数人统治，出现群体思维。④ 所获信息的不规则性，使后期资料的分析增加了困难。小组访问会使涉及隐私及保密的问题很难进行讨论。

焦点小组访问法可用于了解消费者对某些产品的认知、偏好及行为，对现有产品改进及用途的想法，对广告创意的评价，对某一焦点问题的看法，以及消费者对具体市场营销计划的初步反映等。

2. 入户访问法。

入户访问法是指到受访者家中进行访问的一种方法，它使受访者在一个自己熟悉、舒适、安全的环境中轻松地接受访谈。

入户访问法具有如下优点：① 受访者较有代表性。市场调查人员通常事先做过分析，以确定符合条件的受访者。② 直接性、灵活性、可观察性及准确性。在调查中，调查人员可根据现实环境，灵活地把握提问方式及谈话内容，启发受访者思考，以获得所需信息。同时，调查人员还应密切观察受访者表情及语言变化，以判断信息的可靠性。通过调查人员对问题的充分解释，可把问题不回答情况、答复误差降到最低限度。③ 具有激励的效果。入户访问是一对一地单独访问，受访者容易获得心理暗示，感觉自己受到了重视，得到激励，积极参与调查活动。

入户访问存在的不足：① 成本高、时间长。② 某些群体的访问成功率低。现在的生活节奏越来越快，而且对隐私的保护明显加强。因此，入户访问的难度加大，遭到某些群体的拒绝率变高。③ 受调查人员影响较大，实施质量监控困难。

入户访问法是目前在国内使用最广泛的方法，几乎涉及市场调查的各个范围，如消费者研究、产品研究、市场细分和市场定位等，最适用于被调查者特征明显、地理位置较集中的情况。

3. 深层访问法。

深层访问法是指事先不拟定标准程序，直接的、一对一的访问，访问者与受访者之间就某个专题进行全面深入的交流，从而获得一些深层信息的方法。在访问过程中，受访者可以自由发表自己的意见，而不关注信息是否对访问者有用。因此，深层访问对访问者素质提出了较高要求，如有不慎，很可能导致偏题或离题现象的发生，使访问失败。深层访问类似于记者提问，如“面对面”、“…有约”等栏目。

深层访问法具有如下优点：① 真实性高、可靠性强。受访者可自由表达自己的观点，回答问题不受干扰，提供更真实的信息。一对一交流，可对受访者进行详细观察，增加信息的可靠性。② 便于对一些保密、敏感问题进行调查。可深入挖掘受访者对某一问题的潜在动机、态度和情感。③ 具有激励性。一对一访问，使对方感到自己是关注的焦点，自己的感受和想法是重要的，从而使受访者更乐于表达自己的观点、态度和想法。

深层访问法存在的不足：① 成本高、时间长，在实际使用中受到极大限制。②由于通常是访问者与受访者两人进行交谈，无法产生多人之间观点的相互刺激和碰撞，创新性较少。

③ 访问者素质对调查结果影响很大，并且访问记录比较散乱，结果和数据整理、分析较困难。

4. 拦截式访问法。

拦截式访问法是指在确定的时间、地点，当场拦截可能的目标顾客进行现场访问的一种方法。一般要求被调查者回答几个问题或填答一份调查问卷。访问内容不能太长、太复杂，尽量不要涉及隐私。拦截式访问避免了入户困难的问题，较多的时间用于访问，较少用于寻找受访者。受访者往往自动出现，从而节省了大量的时间和费用。

拦截式访问法存在的不足：① 拒绝率高。由于拦截式访问是现场确定受访者，因此，受访者没有准备或时间不足，从而拒绝访问。② 对现场环境很难进行有效控制。③ 样本与总体可能存在较大偏差。拦截的随意性可能导致样本代表性差，这与调查人员的素质有较大关系，并带有偶然性。④ 访问时间短，调查人员总是处于匆忙状态，对受访者的回答缺乏有效验证。

拦截式访问法常用于需要快速完成的小样本的探索性研究，如某种新上市商品的反映、某类产品的使用情况；还用于需要进行实物显示的，或特别要求有现场控制的探索性研究，或进行试验的因果关系研究，如广告效果测试、新产品试用实验等。

（二）电话访问

电话访问是指通过电话的方式与被调查者进行交流，从而获得所需信息的一种调查方法。

电话调查具有以下优点：① 成本低、时间短。通过电话方式，节约了大量交通费、培训费和公关费等。② 可能访问到不易接触的调查对象。有些调查对象不易接触，如工作繁忙、不接纳面访等，但短暂的电话访问可能接受。③ 在某些问题上能得到更为坦诚的回答。由于双方不是面对面交流，彼此也不认识，对于一些保密、敏感问题的回答，顾虑性小。因此，比面访回答更为坦诚。④ 所获得信息易于整理分析。电话访问多按已拟定好的标准问卷询问，因此，资料的统一性较高，便于整理分析。⑤ 时效性强。电话访问整个过程花费时间较短，资料搜集速度快，因而时效性强。⑥ 易于监督控制。电话访问的语音、语气及用字等是否正确，可有专人进行监督控制。

电话访问存在的不足：① 样本总体欠完整。电话访问根据电话用户名单作为抽样基础，但并非所有的消费者家中都有电话。② 访问成功率较低。这在电话使用初期尤为明显，骚扰电话使人们不胜其烦，因此，拒绝访问率高。随着来电显示功能的广泛使用，拒访率有所下降，但成功率还是不高。③ 受时间限制，调查内容难以深入。电话访问对时间有较高要求，因而不能访问时间过长，以免引起受访者的反感。

目前，我国电话调查一般应用于热点问题或突发性问题的快速调查，对消费者使用产品的意见调查，以及对某些特殊问题、群体的调查，还适用于已拥有相当的信息，需进一步验证的情况等。

（三）邮寄访问

邮寄访问是指将问卷邮寄将给被调查者，请他们填好后再寄回，从而获得所需信息的一种调查方法。

邮寄访问具有以下优点：① 成本低、保密性强。一般只支付来回邮费，不需要调查人员的直接参与，省去了人员培训、监控及差旅费用等。通过邮寄访问，接触的人少，因而保密性强。② 调查区域广，问卷可全球邮寄。③ 无调查人员的偏差。调查员不直接参与调查活动，不接触受访者，因而避免人员影响。④ 调查问卷可以较长。邮寄访问通常给受访者的时间较充足，受访者可自由选择回答时间，受时间限制较小。

邮件访问存在的不足：① 回收率低、时效性差。由于受访者地址的变动，导致问卷被退回。同时，相当一部分人不愿花时间填写问卷及邮寄，认为跟自己关系不大或没关系，缺乏兴趣。因此，采取邮寄访问时，应多次进行电话跟踪提醒受访者，并附返回邮票及信封，还可以适当采取物质刺激。邮寄访问花费时间长，因而时效性差。② 回答问卷的质量难以控制。受访者对某些问题的理解可能存在偏差，漏答、错答可能性极大，回答内容的真实性也难以保证。③ 调查对象的限制。调查问卷是以书面形式出现，调查对象须有较高文化水平。④ 问卷的质量要求高，范围受限制。范围太广可能造成调查对象回答困难，太窄则可能丧失调查意义。调查问卷也难以在调查过程中，对存在的问题进行修改，这些问题都需要高质量的调查问卷来避免。

一般来说，在调查时效性要求不高，调查对象的个人信息较清楚，而调查经费较紧张，人员配备不足，内容又较多或涉及敏感性话题时，采用邮寄调查是比较合适的。如调查消费者日常消费习惯、消费观念和对某产品的满意度等。

面谈访问、电话访问、邮寄访问的比较见表 3.6。

表 3.6 几种访问法比较

比较因素	访问方法		
	面谈访问	电话访问	邮寄访问
方法适用面	宽	中	窄
花费时间	中	短	长
对样本的控制	强	中	弱
所获资料数量	多	少	中
资料的真实性（问题敏感）	强（弱）	中（中）	弱（强）
应答率	高	中	低
花费成本	高	低	中
问题的范围	宽	中	窄
沟通性	强	中	弱
对环境控制条件的要求	高	中	低

（四）留置问卷访问

留置问卷访问是指将调查问卷当面交给被调查者，说明此次调查目的及填写注意事项后，留下问卷请被调查者自行填写，调查者在规定期限再亲自收回的一种调查方法。留置问卷访问是介于面访访问和邮寄服务之间的一种调查方法。

留置问卷访问具有如下优点：① 回收率及可信度较高。调查人员亲自送交及收回问卷，可有效提高问卷的回收率。由于调查对象有充足的时间来回答问卷，同时不受调查人员影响，可信度较高。② 可增加调查问题的复杂性和难度。调查人员在送交和收回问卷时，都可以即时向被调查者解释问卷内容，从而提高回答的准确性。

留置问卷访问存在的不足：① 受区域范围限制。由于需要当面送交及收回问卷，因此，调查对象范围不能太广。② 费用较大。所需调查人员随调查范围及调查对象的增加而增加，需对人员进行一定培训，培训费、差旅费、员工薪酬等费用较大。

留置问卷访问适用于调查对象特征较明显、地理位置集中，还适用于一些交通不十分便利的地区性市场调查，如某企业为确定地区细分市场，而对消费者偏好、习惯，进行市场定位调查等。

3.3.3 观察法

一、观察法的含义及特征

观察法是指观察人员根据事先确定的调查内容，在特定的环境凭借自身或工具，在不干扰被观察者的情况下，对被观察者的一系列活动进行有目的地观察、跟踪记录，从而获得所需信息的一种调查方法。通常情况下，在观察法中观察者与被观察者不发生接触。信息的获得可以是正在发生的人们的行为过程，也可以是人们活动结束后所遗留下来的行为痕迹。

观察法往往使被观察者并未意识到正在被观察。更形象地说，就是一种隐蔽条件下对被观察者特定活动的现场拍摄。因而这种方法具有以下特征。

1. 计划周密，目的明确。观察法所观察的内容是经过周密考虑的，是观察者根据特定需要，有目的、有计划地收集市场资料，研究市场问题的过程。

2. 自然、客观、全面。观察记录的是当时正在发生的、处于自然状态下的市场现象，并且一般被观察者并未意识到正在被观察，未受到观察者干扰，因而具有自然、客观的特点。观察者要求观察人员在充分利用自己感觉器官进行有目的的观察时，还要尽量运用科学的观察器械，对被观察者进行系统、全面的观察。

3. 避免观察人员主观偏见，观察法可以重复查证。通常观察者不与被观察者接触，被观察者的活动不受人为干扰，因而观察者只需将观察到的内容如实记录，不受主观影响。观察法的观察内容应是频繁发生的，对于偶尔发生的现象，很难搜集、掌握反映其内在规律的信息，是不适合使用观察法的。

二、观察法的实施流程及优缺点

（一）观察法实施须具备的条件

1. 调查人员搜集的信息是可以观察的。调查者对被调查者的观察必须符合法律、道德的要求，对被调查者不会造成影响或可忽略的较小影响。如观察人们的购买行为，对品牌、价格的选择等。

2. 所要观察的行为必须是频繁发生的。重复发生的行为，利用资料的搜集、分析，得出较客观、准确的结论。对于偶尔发生的现象，很难搜集、需掌握反映其内在规律的信息，是不适合使用观察法的。

3. 所要观察的行为应是短期行为。观察法的目的是通过大量行为的研究，找出其行为发生的内在动机。如果观察的行为是长期的，那么使用观察法将花费大量的时间，而在调研所需时间有限的情况下，观察法就不使用了。

（二）观察法的优缺点

1. 观察法具备以下三个方面的优点：

（1）记录客观，资料可靠。在观察法中，通常被观察者未意识到正在被观察，被观察者的活动处于正常自然的状态，从而可以客观的搜集、记录观察现场实况，搜集第一手资料，调查资料真实可靠、准确性高，调查结果更接近实际。

（2）避免观察双方主观干扰。观察法基本上是观察者的单方面活动，不依赖语言交流，不会受到被观察者意愿和回答能力等有关方面的困扰；可以避免许多由于访问员及访问法中的问题结构产生的误差因素,有利于排除语言交流或人际交往中可能发生的种种误会和干扰。

（3）无须获得被观察者的合作。可以搜集到访问法所不易得到的资料，如可观察到不易接触的人群等。观察法简便、易行、灵活性强，可随时随地进行观察。

2. 观察法有以下三个方面的缺点：

（1）表面性和偶然性是观察法的最大缺点。只能观察到公开的行为，一些私下的行为难以观察，而且被观察者的公开行为并不能代表未来的行为。观察法也难以了解到人们的动机、态度、想法和情感。

（2）观察法限制性比较大。观察法常受到时间、空间和经费的限制，常需要大量观察者到现场做长时间观察。观察时间比较被动，需要在现场耐心等待合适的被观察者出现，而且两次观察之间可能存在时间闲置。调查时间长，费用支出较大，使观察法适用于较小范围的微观市场调查。而且，观察法对环境难以控制。

（3）对观察者素质要求较高。观察法要求观察者具备敏锐的观察力、良好的记忆力、应变能力强等素质，否则，会影响调查效果，使观察不够深入、全面等。

三、观察法的类型及应用

观察法从不同角度划分具有多种类型，我们应根据调查的目标要求选择一种合适的观察方式。

1. 按照观察结果的标准化程度，划分为结构性观察和非结构性观察。

（1）结构性观察。结构性观察是指对观察项目、程序和步骤事先做严密的规定，采用标准化方法进行观察记录，从而使观察结果达到标准化的要求。也就是说，整个观察活动按标准化进行，一般适用于调查目的明确、资料要求精确度较高的调查活动，如对商品资料和商品库存的观察，对商品陈列、橱窗位置等的观察。

（2）非结构性观察。非结构性观察是指观察项目、程序和步骤事先不做严密的规定，也不采用标准化方法进行观察记录，可见机行动，灵活处理。一般适用于探索性的调查或更深入的专题调查，如对顾客行为的观察、营业员和顾客双方态度的观察等。

2. 按照观察人员参与活动深浅不同，划分为完全参与观察、不完全参与观察和非参与观察。

（1）完全参与观察。

完全参与观察是指观察者隐瞒自己的真实身份，长时间参与到被观察者的群体活动中，亲临其境对被观察者进行观察，获取所需信息。观察者需要注意避免被观察者发现导致行为失真，也要避免被同化而导致主观偏见的发生。

（2）不完全参与观察。

不完全参与观察是指观察者公开自己的观察身份，参与到被观察者的群体活动中，并取得被观察者的信任，从而对被观察者进行观察并获取资料。由于被观察者意识到正在被观察，因而往往会掩饰一些不利行为，使调查结果不全面或失真。

（3）非参与观察。

非参与观察是指观察者以局外人身份进行观察，不参与被观察者活动，被观察者也意识不到正在被观察，观察者只是记录自己看到的事实情况。这种观察往往只能看到表面现象，无法深入了解其行为背后的真实原因。

3. 按照对观察现场环境控制不同，划分为自然环境观察和设计环境观察。

（1）自然环境观察。

自然环境观察是指观察者对观察环境不做任何改变，对处于自然环境状态下的被观察者行为进行的观察。如对集贸市场农副产品的上市量、成交量和成交价格等情况进行的观察。

（2）设计环境观察。

设计环境观察是指观察者对观察环境做适当改变，以观察哪些环境因素会影响被观察者的行为。如商店设置导购小姐以方便顾客迅速找到自己的选购商品。例如，要调查公司员工对客户的服务态度和服务质量，调研员可以以客户身份去购物，观察员工的言谈举止，并有意识地百般挑剔、制造麻烦、惹事找茬，以观察员工的反应，获得调研人员想要了解的情况。在新产品的模拟购买中，调研人员对购买者的观察也是一种典型的设计环境观察。自然环境观察是在自然状况下进行的调查，所有参与的人和物都不受控制，跟往常一样，如调研人员在自然状况下，观察公司员工接待顾客、提供服务的过程。

4. 按照观察所采用的工具不同，划分为人员观察和机械观察。

（1）人员观察。

人员观察是指派出观察员到观察现场实施观察任务。这种方法对观察员的素质要求较高，如选择不当，将会严重影响调查结果。人员观察具有灵活性，可按观察目标的变化灵活调整观察角度，还可对发现的新问题及时予以关注，但对信息的记录可能带有一定的主观色彩。例如，一家皮鞋厂派几名调研员分别到几家商场的皮鞋柜，直接查看顾客对哪些款式的皮鞋最喜欢，试穿最多的是什么款式、什么颜色，不同年龄层在款式选择上的差异等，并统计顾客的购买成交率。

（2）机械观察。

机械观察是指采用各种观察器械完成对具体观察目标的观察任务。机械观察更隐蔽，无主观偏见，能长期、稳定工作，使繁杂的信息保管和处理工作得以简化，但缺少人员观察的灵活性。例如，在商场的入口处和商场其他部位安装观察仪器，记录在一定时间内经过的人流量、高峰期和低谷期，以及消费者的线路、目光、行走、表情和购买等行为，用于调整商场的营业时间、进货量和货架摆放等，并确定商品需求的趋向。

交通流量计数器就是一种以机器为基础进行观察的最普通、最流行的形式。将这种机器放置在特定的路段用来测定交通流量、汽车流量、行人数，可以为店址选择、户外广告位置确定提供依据。

5. 按照所选观察时机不同，划分为即时观察和痕迹观察。

（1）即时观察。

即时观察是指对观察者的一系列活动进行现场观察，以便使搜集的信息真实可靠，而不是人为捏造。为了证明事实确实存在，提高调查所得资料的说服力，这种方法需要观察者把握好恰当的观察时间，如果错失良机，会使所获资料失去利用价值，甚至产生误导作用。例如，日本某皮鞋制造商生产的皮鞋，各个方面不尽如人意，销路不畅。于是，他就每天到飞机场附近给外国旅行者擦皮鞋。在擦皮鞋的过程中，他仔细观察皮鞋的品牌、质量、皮革质量、性质以及皮鞋的缝制技术，很快，他掌握了外国名牌皮鞋的制作技术和标准，改进了公司的产品质量，最终使该皮鞋公司的产品成为日本市场的畅销品。

（2）痕迹观察。

痕迹观察是指对人们活动后或事物发展中所留下的痕迹进行收集、观察和分析，通过科学合理的推断以获得所需要信息的方法。更形象地说，类似于侦探破案。痕迹观察对观察人员的素质要求更高，它更加依赖于观察人员的观察能力和判断能力，观察结果的主观性更大。因此，对观察人员的选择更需慎重，否则，观察结果将可能偏离事实，从而使观察结果进入误区，误导企业决策。

【例 3.6】 观察调查法。

一次，一个美国家庭住进了一位“不幸”的日本人。奇怪的是，这位“落难者”每天都在做笔记，记录美国人居家生活的各种细节，包括吃什么食物、看什么电视节目等。一个月后，日本人走了。不久丰田公司推出了针对当今美国家庭需要而设计的价廉物美的旅行车，大受欢迎。举一个例子就能说明此事。美国男士（特别是年轻人）喜爱喝玻璃瓶装饮料而非纸盒的饮料，日本设计师就专门在车内设计了能冷藏并能安全放置玻璃瓶的柜子。直到此时，丰田公司才在报上刊登了他们对美国家庭的研究报告，并向那户人家致歉，同时表示感谢。

3.3.4 实验法

一、实验法的含义及特征

实验法是指调查人员从影响调查对象的诸多因素中，有目的的选出一个或几个因素，在其他情况不变的条件下，改变所选因素以观察市场调查对象的变化情况，从而确定其存在的因果关系，了解市场现象的本质特征和发展规律。简单地用数学方法来说，就是改变自变量 X，观察因变量 Y 的变动情况，从而确定两者之间的相关关系。

实验法的最大特点就是把调查对象置于非自然状态下开展市场调查。实验法的核心问题是将实验变量（自变量和因变量）从诸多因素的作用中分离出来并给予鉴定。实验法的目的是为了查明实验对象的因果关系。此外，实验法还具有以下特征：首先，可对比性。必须将实验结果与实验对象的相关资料情况进行对照、比较、分析，以找出事物之间的因果关系。

其次，可控制性。调研人员必须有效地控制所选择的自变量，并测量这些自变量对因变量的影响。最后，同一性。对于反复进行的同一实验，实验条件必须相同，这样才能保证多次实验结果的同一性、准确性，从而保证推广与实践。

二、实验法的优缺点

1. 实验法的优点：

（1）客观性及科学性强。实验法是一种真实的或模拟事实环境下的具体的、科学的调查方法，因而具有很强的真实性和客观性，结果具有较大的推广实用性。

（2）可控性及主动性强。实验法通过实验活动提供市场发展变化的资料，不是被动等待某类市场现象的发生，而是积极主动地去揭示或确立市场现象的相关关系。它不但可以说明是什么，而且可以说明为什么，还具有可重复性，因而其结论具有较强说服力。

（3）可提高调查的精确度。实验法可排除人们主观估计的偏差，调研人员可有效控制实验环境，进行反复试验，使调研的结果更为精确。

（4）适用面广、通用性强。实验法可用于绝大部分的调查活动，在访问法和观察法的调查过程中，都可以适当加入实验法，以获得更有说服力的资料。同时，实验法的几个常用方法相当简单实用，因而其通用性较强。

2. 实验法的缺点：

（1）市场中的可变因素难以掌握，实验结果不易相互比较，往往带有一种特殊性。

（2）有一定的限制性。只能分析事物的因果关系，不能对过去情况进行分析，同时预测未来情况。

（3）风险较大，样本获取复杂，需对多种情况进行分析。费用高，实物作业上较困难。

（4）保密性差。现场实验或市场测试暴露了在真实市场中要进行的某个营销计划或营销计划的某些关键部分，使其竞争对手在大规模市场推广之前考虑出对策，竞争对手还可能会有意干扰现场实验的结果。

三、实验法的几种常用方法

实验法可分为正式实验和非正式试验。

（一）正式实验

正式实验调研是能够进行实验误差分析的调研，一般具有比较规范的实验手段和设备，实验结果有比较充分的数据，对数据进行的误差分析能够满足要求等。正式市场调研要求严、时间长、费用高，结果较明确。

（二）非正式实验

非正式实验调研只需要了解调研后的结果和现象，不需要进行各种误差分析，如果对实验的数据要求不是很严格，做非正式实验调研即可。在一般的市场调查中因非正式试验的简便易操作、花费时间短等特性而常常采用此法。非正式试验分为以下三种类型。

1. 实验前后无控制对比实验。

这是最简便的实验调查方法，但必须注意排除因时间不同而可能发生的其他非实验变量的影响，如图 3.3 所示：

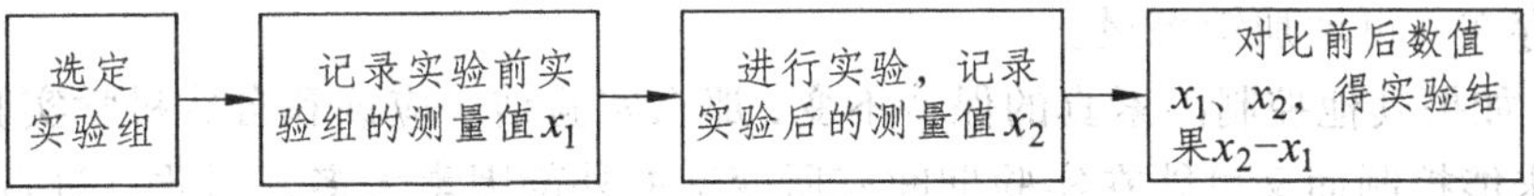

图 3.3

如某可乐公司打算提高汽水价格，并希望不影响市场销售额，于是在某特定市场进行了为期一个月的实验。实验前月销售额为 $x_1=10$ 万元，实验后月销售额变为 $x_2=8$ 万元。由此表明，该公司提价后，销售额下降了 2 万元。如果经分析发现无其他因素影响，便可做出保持原价的决定。

2. 实验前有控制对比实验。

控制组指非实验单位，是与实验组作对照比较的单位，而实验组指实验单位。实验组同控制组对比实验，就是以试验单位的实验结果同非实验单位的情况进行比较而获得市场信息的一种实验调查方法，如图 3.4 所示。通过图示我们具体分析一下“$(x_2-x_1)-(y_2-y_1)$”这一实验变量效果的基本含义。在实验组的变动结果“x_2-x_1”中，包含着实验变量（考察因素）和外来因素（非考察因素）两方面的影响。而在控制组的变动结果“y_2-y_1”中，只包含着外来因素影响的结果。因此，实验效果等于 $(x_2-x_1)-(y_2-y_1)$，实际上是排除掉外来因素的影响，而只考察实验变量的实际效果。

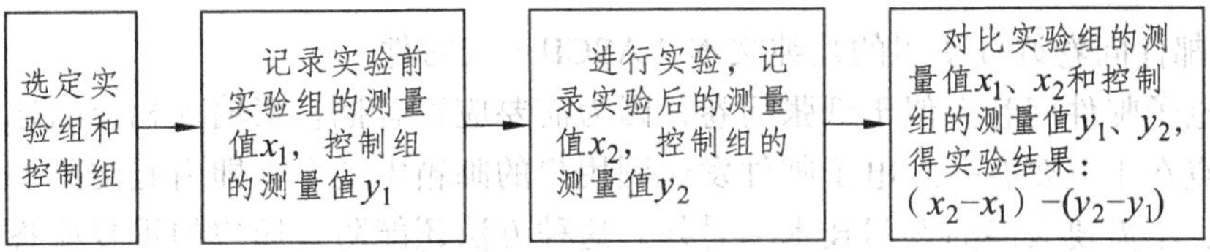

图 3.4

例如，某企业想了解适用促销员对其产品销售量是否有影响，于是选定 A, B 两家商店进行为期一个月的实验，两店规模、经营管理等方面应大体相似，将 A 作为实验组，B 作为控制组。实验前 A, B 的月销售额测量值：$x_1=140$ 袋，$y_1=145$ 袋；实验后 A, B 的月销售额测量值：$x_2=200$ 袋，$y_2=150$ 袋。实验效果等于 $(x_2-x_1)-(y_2-y_1)=55$ 袋，表明有促销员存在，可扩大销售额。

3. 实验后有控制对比试验。

采用这种实验调研法的优点是实验组与控制组在同一时间内进行现场销售对比，不需要按时间顺序分为实验前后，这样可以排除由于实验时间不同而可能出现的外来因素的影响，有助于提高实验的准确性。但是应用这一方法在选择控制组合实验组时，必须注意两者之间要有可比性，即主客观条件要基本相同或相似，如图 3.5 所示。

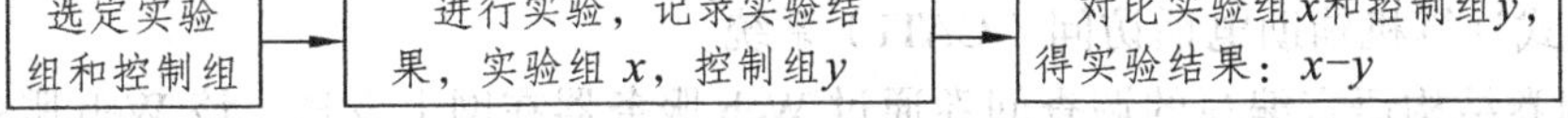

图 3.5

例如，某企业想了解适用促销员对其产品销售量是否有影响，于是选定 A, B 两家商店进行为期一个月的实验，两店规模、经营管理等方面应大体相似，将 A 作为实验组，B 作为控制组。一个月后 A, B 两店的测量值为 $x_a = 200$ 袋，$y_b = 150$ 袋。实验效果为 $x_a - y_b = 50$ 袋，表明有促销员存在，可增加销售量。

实验中，如果其他控制因素真的保持不变，那么实验结果应该和自然科学实验一样准确，但是市场上未能控制而又可能在实验期间有所变动的外部因素太多，因此，进行实验的设计时，要特别考虑如何尽可能地减少实验误差。

3.3.5 网上调查法

一、网上调查法概念

网上调查法也叫网络调查法，是指企业利用互联网了解和掌握市场信息的方式。与传统的调查方法相比，在组织实施、信息采集、调查效果方面具有明显的优势。

二、网上原始资料的搜集方法

（一）网上问卷调查法

互联网给问卷调查提供了一种全新的工具，网上问卷调查方法根据不同的编程类型分为以下几种：

1. 电子邮件问卷调查使用的是纯文本（ASCII）或附件。

纯文本电子邮件问卷类似于纸张问卷，因为需要应答者把答案输入相应的地方。这种问卷调查的优点在于只要有一封电子邮件发送到用户的邮箱中就会立即引起注意；这种调查相对容易一些，不需要太多的专门技术。另外，这种方法还能防止用户的重复应答，除非应答者有几个不同的电子邮件地址。

这种方法的缺点是把调查问卷限制于平淡的文本，除非电子邮件系统支持超文本标注语言，否则它不能包含让用户填写的表格和量表；调查问卷反馈之前，没办法检查应答错误。因此，没有机会请求数据的再次输入——除非应答者自己寄一封电子邮件要求再填一次问卷。如何使用专门的软件把数据直接输入数据库，漏答的问题和毁坏的文本需要代价高昂的手工编码，否则，需要把所有的调查问卷打印出来并将结果手工编码。

有这么多的电子邮件软件可供互联网用户选择，这引起了 ASCII 码调查问卷的另一个问题——应答者看到的问卷可能不是发送的原件，格式、空格和换行也许会被歪曲，对填写问卷造成困难。

最后，需要指出的是，电子邮件问卷调查的问题和答案很可能被应答者修改或删除。如果只发送以文本为基础的电子邮件调查问卷，调查者应该事先征得应答者的同意，因为有些互联网用户不喜欢看到多余的电子邮件问卷（垃圾邮件），并且可能会回复报复性的信息。

2. 转换式计算机辅助电话访问（CATI）系统。

CATI 问卷结构语言编写的调查问卷通过 Web 服务器在网上发送，该 Web 服务器与接收和储存应答者答案的数据库相连接。转换式计算机辅助电话访问系统的优点是拥有良好的样本及定额管理系统，也可建立复杂的跳过模式；不像电子邮件问卷，转换式计算机辅助电话访问系统能够马上进行数据确认，并且立即要求非法输入的数据重新输入；在某些情况下，甚至可以监控问卷调查数据收集的过程。但另一方面，CATI 原来是为电话访问者在计算机屏幕上输入数据设计的，所以，应答者屏幕的格式在某些方面受到限制。另外，CATI 的语言不能展示图片和声音材料，所以没有把互联网的综合功能发挥到最大。CATI 提供商的技术和调查者 CATI 系统的不兼容也会带来一些问题。最后，CATI 的购买和使用也比较昂贵。

3. 互联网公共网关接口（CGI）。

使用 CGI 的程序是直接用超文本标注语言编写的，超文本标注语言是 Web 上广泛使用的程序语言。CGI 几乎拥有 CATI 的所有优点，但它必须有经过严格培训的程序员编写脚本和排除故障，专业要求强、花费大。

4. 互联网问卷调查系统。

互联网问卷调查系统是专门为构造和传输网上调查问卷而设计的软件。本质上来说，此系统将计算机辅助电话访问的问卷调查管理工具和公共网关接口程序结合在一起，将问卷设计者、服务器、数据库和为非编程人员设计的数据库传输程序综合成一个整体。它对专业编程要求不高、成本低。它可能是最先进和最适合互联网的，因此它综合了 CATI 系统的管理优势以及 CGI 和 ASP 这类 HTML 程序的灵活性。

在网上进行问卷调查时要遵循网络规范，无论何时都要对互联网用户坦率、不打扰和尊重，这将保证你能跨过第一道障碍——受访者的删除键。你要保证并尊重网上那个用户的个人隐私，不发垃圾邮件，尽量提供一些与应答者相关而且有用的激励物。

（二）通过新闻组和邮件名录进行调查

新闻组和邮件名录形成了虚拟社区，那里的人由于共同的兴趣而聚集在网上，因此可以说，新闻组代表了网民中独特的心理群体，这使新闻组和邮件名录成为了市场营销数据宝贵的资料来源。通过访问新闻组或邮件名录，调查者可以不打扰地收集到消费者感觉和经验的宝贵资料。

在新闻组和邮寄名录里进行任何形式的调查时，要记住两件事：第一，要有礼貌；第二，确保自己的回复和帖子对虚拟社区有价值，而不是毫无目的地闲聊。张贴商业信息、宣传广告或邀请参加问卷调查的邀请函时要格外小心地遵循网络规范。

考虑到现在网上有大量新闻组，所以大多数情况下现存的新闻组和邮件名录将会帮助你找到想要的资料。有时，网上没有适合你调查目的的新闻组和讨论组名录，你需要自己创建新闻组。

在新闻组里开展调查时，要阅读新闻组的常见问题和浏览一周要闻，因此首先必须了解该新闻组是干什么的。张贴在新闻组里的问卷调查应该有一些适当的刺激，即使你是新闻组的一位重要贡献者，这些刺激也能起作用。

为了使新闻组和邮件名录成为调查研究、交流和娱乐方面的互联网工具，每个人都要扮演重要角色。如果你打算把新闻组和邮件名录作为市场调查的长期来源，那么好的网络规范就是维护你在新闻组中长期信誉的重要因素，它还能保证新闻组作为调查工具的长期价值。你的调查努力将会拥有遵循网络规范方面的良好声誉，并且在定期为新闻组做贡献的情况下得到很好的回报。

（三）通过在线专题小组调查

随着互联网的普及，越来越多的公司开始在网上组织专题小组讨论。如通过即时聊天室，参与者之间可以进行交流，尽管这种交流是以文字而不是以声音的形式进行的。随着互联网同声电视会议的发展，这种状况在不久的将来是一定会改变的。每个专题小组必须有一个主持人来控制整个讨论过程，并且调查人员要通过电子邮件或网上问卷调查对所有参与者加以筛选，如图 3.6 所示。

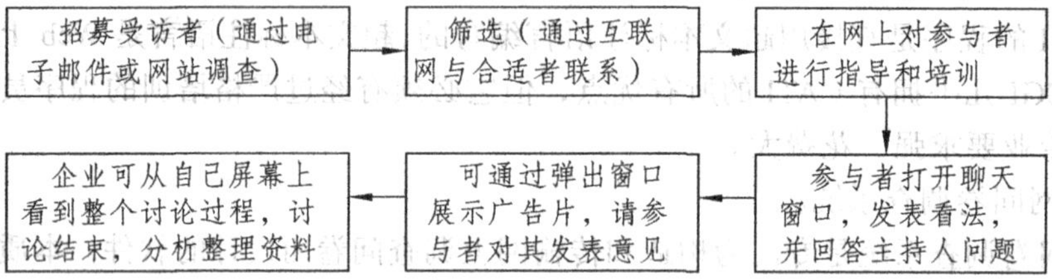

图 3.6

在线专题小组与传统的专题小组相比，具有成本低、效率高、小组成员多元化的优势，但同时又存在着样本筛选难度大、技术和环境的局限性以及不能直接感受产品等不足，因而采用何种调查方法，还需企业根据自身条件确定。

任务 4　整理市场调查资料

4.1　市场调查资料的审核

4.1.1　审核的意义与原则

一、资料审核的意义

资料的审核是指着手整理调查资料之前，对各种资料进行审查与核实的工作过程，主要是仔细推究和详尽考察调查资料是否真实可靠和合乎要求，目的在于保证资料的客观性、准确性和完整性，为资料的整理打下坚实的基础。

审核应贯穿资料收集和整理的整个过程，大多数情况下，资料收集的同时就应进行审核，应该是边收集边审核；当资料收集汇总完成后，为了保证资料整理和汇总的正确，也必须对每项资料进行严格的审核，因为如果资料中存在错误，整理加工后就不易被发现和修正，容易据此得出错误的结论，失去调查研究的科学性。因此，在资料集中后，一般还要做系统的审核。

二、资料审核的原则

资料审核的原则具体有以下几个方面：

1. 真实性原则。

对收集到的资料要根据实践经验和常识进行辨别，看其是否真实可靠地反映了市场现象的客观情况。一旦发现有疑问，就要根据事实进行核实，排除其中的虚假成分，保证资料的真实性。

2. 准确性原则。

对调查得来的资料要进行逻辑检查，检查资料中有无不合理和相互矛盾的地方。例如，某项调查表内填写的销售额是10万元，销售利润是17万元，这显然是不合逻辑的，对这类资料要认真审核处理。对收集来的各种图表应重新计算复核，运用历史资料时更要注意审查文献的可靠程度。

3. 完整性原则。

要检查调查资料是不是按照提纲或统计表格的要求收集齐全。如果资料残缺不全，就会降低甚至失去研究价值。另外，还要检查发现的新线索、新问题是否也都做了调查。

4. 合格性原则。

合格性原则是指审查资料是否符合原设计的要求。如果对调查项目理解错误，计算公式不正确，计量单位不标准，或者回答不完整，不符合要求，甚至答非所问等，都应列入不合格调查资料之内。

4.1.2　资料的审核

一、原始资料的审核

原始资料主要是通过观察调查法、实验调查法和询问调查法获得的。一般来说，可以对照事实重新审核。

1. 对观察调查法所得资料的审核。

（1）要检查观察资料是不是严格遵循调查提纲获得的。

（2）如果资料能用多种方法收集，则应把通过观察调查法获取的资料和通过其他方法获取的资料进行比较，发现问题要及时核实。

（3）对于较重要的问题要审核观察时间的长短。一般来说，长时间的观察比短时间的观察更容易排除某些人为的虚假成分，获得可靠的资料。不过，这个时间量以多少为好，要视具体情况而定。

（4）当观察调查是以小组为单位进行时，调查人员要随时将观察资料同小组其他调查人员所获得的资料进行比较。一般来说，集体观察并经过讨论的资料客观性、准确性较高。

2. 对实验调查法所得资料的审核。

（1）实验的各种环境条件是否具有一般的典型代表性。

（2）测定某一因素对实验对象的影响作用时，其他因素是否得以控制。

（3）实验组的选定及其所参照的控制组的确定是否具有科学性。

（4）实验进行的次数或者选定的样本是否足以说明问题，实验数据是否正确无误。

3. 对询问调查法所得资料的审核。

（1）询问的问题是否符合调查目的，是否恰当。

（2）被调查者的意见是否受了某些人的影响而未能得到充分的表述。
（3）收回的问卷或调查表有多大的代表性。
（4）问卷中的问题是否作了回答，有无矛盾。

二、现成资料的审核

1. 应搞清文献的作者、出版者的背景。
2. 注意文献编写的时间。
3. 审核资料是否伪造，是否真实。
4. 对照调查目的，看资料的统计口径是否符合需要，统计资料是否需要重新定义和分组。

4.2 市场调查资料的整理

4.2.1 整理的意义和原则

一、资料整理的意义

资料整理是指根据研究目的和要求，运用列表、作图等方法，对调查资料进行科学的加工、归纳和简缩，使之系统化、条理化，成为反映总体特征的综合资料的工作过程。

如果说调查是认识的感性阶段，分析是认识的理性阶段，那么，整理就是从调查阶段过渡到分析阶段，由感性认识上升到理性认识的一个必经的中间环节。

资料整理工作对资料的质量有很大影响，从而也关系到分析工作的质量以及分析结论的可靠性，因而它是市场调查研究的一个重要步骤。一份真实、完整、系统的资料，往往具有长久的研究价值。

二、整理资料遵循的原则

1. 条理化原则。

资料的整理，首先要对资料进行分类、归纳，使大量繁杂的资料条理化，从而为进一步的分析创造条件。所以，分类与分组不仅便于资料的存取、利用，而且可以加深对客观规律的认识。

2. 系统化原则。

资料的整理还要从整体上考察现有资料满足研究目的的程度如何，有没有必要吸收或补充其他资料。系统化原则是从整体、综合的角度考虑资料整理问题的，而条理化原则则是从对事物分类、归纳着手考虑的。

4.2.2 分类或分组

分类或分组都是根据研究对象（调查总体）的某些特征将其区分为性质不同的类别或不同的组。也就是说，分类或分组是按照一定标志把调查总体区分为性质不同的组成部分。所谓标志是调查单位所具有的属性或特征的名称。通常情况下，分类与分组统称为分组，分类是分组的一部分。分类是指按品质标志把总体区分为性质不同的类别，而分组则泛指按一定标志（可以是品质标志，也可以是数量标志）把总体区分为性质不同的组。

调查资料的分类或分组，绝不是一个简单的纯技术性问题，它往往对调查结论产生巨大的甚至决定性的影响。

一、分类或分组的含义

调查资料的分类，就是按照品质标志把调查得到的资料划分为性质不同的类别，也就是将相异的资料区别开来，将相同或相近的资料合为一体的过程。分类是否正确，取决于分类标准是否科学。分类标准的确定，必须以科学理论为指导，以客观事实为依据。

就调查过程而言，调查资料的分类有两种，即前分类和后分类。前分类，就是在设计调查提纲、调查表或调查问卷时，就按照事物或现象的类别设计调查项目的类别，然后再按类收集资料、整理资料。这样，分类工作在调查前就完成了。后分类，是指在调查资料收集起来之后，再根据资料的性质、内容或特征，将它们分别集合成类。如文案调查收集的现成资料、座谈会的记录、问卷调查中开放式问题的回答等，这些一般无法事先作出明确的分类，只有在收集资料之后再做分类工作。

无论是前分类还是后分类，都必须掌握两条基本原则，即互斥性和完备性。所谓互斥性，就是同一条资料只能归于一类，而不能既属于这一类，又属于那一类，以致在不同的类别中重复出现。所谓完备性，就是每一条资料都要有所归属，分类的结果必须把全部资料包括进去，没有遗漏。分类的结果如果违背了这两条原则，就不能算是科学的分类。

二、分类或分组的步骤

对调查资料进行分组的一般步骤如下：

（一）选择分组标志

分组的关键在于选择和确定分组标志。分组标志是指作为分组依据的标志。分组标志一经选定，必然突出调查总体在此标志下的性质差异，而将其他标志下的差异掩盖起来。分组标志选择的恰当与否，会直接影响资料分析的科学性。

分组标志有两类，即品质标志和数量标志。

按品质标志分组，就是选择反映事物属性差异的标志作为分组标志。通常把这种分组称为分类。如消费者按性别分组，商品按主要用途分类，商店按经济类型分类等。按品质标志分组形成的反映调查单位分布状况的数列叫做品质数列。

按数量标志分组，就是选择反映事物数量差异的标志作为分组标志。消费者按年龄分组，商店按销售额分组等。按数量标志分组所形成的反映调查单位分布状况的数列叫做变量数列。

要选择正确的分组标志，必须遵循以下原则：

1. 从研究目的出发选择分组标志。研究目的的不同，选择的分组标志也应该不同。

2. 从反映现象本质的需要去选择分组标志。在市场现象的众多特征中，应选择反映本质特征的标志作为分组标志。例如，要研究某单位的生产经营情况，其经营规模、职工人数、上交税金、盈利能力、业务收入等都可以成为调查标志；如果要了解某学校学生的身体健康情况，当然应选择健康状况作为分组标志。

另外根据具体的历史条件去选择分组标志。市场现象的特征是随时间、地点和条件而变化的，因此要研究新问题，适应新情况，采用的分组标志必须随历史条件的变化而变化。例如，研究企业职工的政治状态时，在强调阶级斗争的年代，家庭成分是作为一个十分重要的标志来使用的，而现在一般不用或很少使用这一标志来进行分组，而是选用企业职工的政治信仰等标志来进行分组。

3. 分组同分类一样，也必须坚持互斥性和完备性，以保证资料既不重复出现，又不遗漏。进行统计分组时，要根据统计分组的目的，从众多的标志中选择最能反映现象本质特征的标志作为分组标志，并进行统计分组。例如，要说明改革开放以来我国居民家庭生活水平提高的情况，可供选择的分组标志有：居民家庭人口数、就业人口数、赡养人口数、家庭工资收入总额、家庭成员人均工资额、家庭收入总额、家庭成员人均收入额等。当然，最能体现我国居民家庭生活水平高低的标志应当是家庭成员人均收入额。

应该指出的是，这里提到的正确选择分组标志的原则，对分类（实际是分组的一部分）来说，也是必须遵守的。

（二）编制分布数列

统计资料经过按某一标志分组后，依一定的分组顺序，列出各组的总体单位数，形成一个反映总体单位在各组间分配情况的统计数列，叫分配数列，也称次数分布或次数分配。分布在各组的总体单位数叫次数，又称频数；各组次数与总次数之比叫比率，又称频率。分布数列是调查资料整理结果的一种重要的表现形式，反映了调查单位的分布状况和分布特征，也是进行统计分析的一种重要手段。分布数列包括两个要素：调查总体按某一标志所分的组和各组的调查单位数。

1. 分配数列的分类。

（1）根据分组标志的性质不同，分布数列可以分为品质数列和变量数列两种形式。

① 品质数列，是按品质标志分组所形成的分布数列，它由分组的名称和次数两个要素构成。对于品质数列，如果分组标志选择得当，分组标准定得合理，那么事物性质的差异表现得就比较清楚，总体中各组的划分就较容易解决，从而能准确地反映总体的分布特征。

② 变量数列，是按数量标志分组形成的分布数列。变量数列按照变量类型的不同，可分为离散变量和连续变量。离散变量是指可以按一定顺序一一列举其整数的变量值，且两个相邻整数变量值之间不可能存在其他变量值的变量，如企业数、设备数、学生人数等；连续变量是指其变量值不能一一列举，任何相邻整数变量值之间存在无限多个变量值的变量，如职工的月收入额、人口的年龄、学生的学习成绩等。

（2）变量数列按其变量值变动范围的大小，可以分为单项式变量数列和组距式变量数列两种。

① 单项式变量数列又称单项数列或单变量数列，它是以每个变量值为一组而编制的变量数列。一般来说，当离散变量的变量值的变动范围不大，总体单位数也不多时，可考虑编制单项数列，如表 4.1 所示。

表 4.1　某地区某年妇女生育孩次分布

生育孩次数	比重（%）
0	20
1	75
2	3
3	1.2
4	0.7
5	0.1
合　计	100

② 组距式变量数列又称组距数列，它是以一定范围内的变量值为一组而编制的变量数列。一般地，在编制变量数列时，恰遇离散变量且其变量值的变动范围较大，总体单位又多时，如果编制单项数列，则会造成组数太多，使各组的总体单位数相应较少，不利于反映总体分布的规律性，此时编制组距数列较为恰当。此外，由连续变量编制变量数列时，由于连续变量的变量值不能一一列举，编制单项数列会造成总体单位的遗漏，因而只能编制组距数列。组距数列如表 4.2 所示。

表 4.2　某班学生《市场调查与预测》考试成绩表

学生考试成绩（分）	人数（人）	频率（%）
60 以下	2	4
60～70	10	20
70～80	18	36
80～90	15	30
90 以上	5	10
合　计	50	100

组距的计算公式为：

$$组距 = 每组的最大值 - 该组的最小值$$

组距数列中每组的最大值又名上限，最小值又名下限，故上述组距的公式一般表述为：

$$组距 = 上限 - 下限$$

在编制组距数列时，各组的组距可以相等，也可以不相等。各组组距相等的变量数列叫等距变量数列，简称等距数列，如表 4.2 就是等距数列；各组组距不相等的变量数列叫异距变量数列，简称异距数列，如表 4.3 所示。

表 4.3 某公司某月职工工资统计表

职工按月工资额分组（元）	职工人数（人）
500 以下	10
500～1 000	40
1000～2 000	80
2000～5 000	15
5000～20 000	4
20 000 元以上	1
合 计	150

2. 编制变量数列的一般步骤如下：

（1）确定组数。组数的确定，应从实际出发。当数量标志的变动范围很小，而且标志值的项数不多时，可直接将每个标志值列为一组，形成单项数列；当数量标志的变动范围很大，而且标志值的项数又很多时，可将一些邻近的标志值合并为一组，以减少组的数量，形成组距数列。

（2）确定组限。组限是组与组之间的分界值。组限有上限与下限两种。上限是每组中的最大值，下限是每组中的最小值。组限的表示方法有两种，即重叠组限（又叫连续组限）和不重叠组限（又叫不连续组限）。一般情况下，离散型变量在编制组距数列时，相邻两组的上、下限可以不重合，即采用不重叠组限（见表 4.4）。

表 4.4 某市企业基本情况

企业按职工人数分组	企业数	频 数
100 以下		
101～500		
501～2 000		
2 001～10 000		
10 001 以上		

在实际工作中，离散变量编制的组距数列，对组限的表示方法并未做明确的要求，因此，上例也可用重叠组限来表示，如表 4.5 所示。

表 4.5 某市企业基本情况

企业按职工人数分组	企业数	频 数
100 以下		
100～500		
500～2 000		
2 000～10 000		
10 000 以上		

连续变量编制组距数列时，为避免出现部分标志值在汇总中被遗漏的情况，一般要求相邻两组的组限重叠，即连续变量在编制组距数列时组限的表示方法只能采用重叠组限的方法。例如，企业按产值增加值分组（单位：万元）：

采用重叠组限的方式编制变量数列进行分组汇总整理时，通常把处于前后两组上下限相重合的总体单位，统一划归后一组，即下限所在组，即遵循“上限不在内原则”。

在组距数列中，凡出现“……以上”或“……以下”字样的组，一般是第一组和最后一组，叫开口组。开口组是组限不全的组，有开口组的数列称为开口式组距数列。例如表 4.4 与表 4.5。反之，第一组有下限，最后一组有上限，即组限齐全的组称为闭口组。这样的组距数列称为闭口式组距数列。

组中值是组距数列中各组的上限和下限的中点数值。在组距数列中，其组内变量值位于上下限之间，能说明下限或上限的变动距离，却不能反映组内各单位变量值的具体分配情况。在编制组距变量数列时，为满足统计研究的需要，必须假设各单位变量值在组内是均匀分布的，这样，就可以用组中值作为该组内各单位不同的变量值的一个代表值。

组中值的计算公式为：

$$组中值=(上限+下限)/2$$

在开口组中：

$$组中值=下限+邻组组距/2，\quad 组中值=上限-邻组组距/2$$

组中值只是各组平均值的代表值，并非各组平均值，它对组内平均值代表性的高低取决于其组内标志值均匀分布的程度。故凡用组中值计算的结果一般只是近似值。组中值在组距数列中具有重要作用，是研究总体单位某标志集中趋势或离散趋势程度不可缺少的重要计算数据。

（3）确定组距。组距就是各组的上限与下限的差距。

三、汇　总

所谓汇总，就是根据研究的目的，对分组后的各种数据资料进行计数、加总和计算，列入有关的表格之中，以集中、系统地反映调查总体的特征和内部构成情况。

汇总技术主要有手工汇总和电子计算机汇总。

1. 手工汇总。

手工汇总就是用算盘或小型计算器进行的汇总，它是我国使用较多的汇总技术。主要有以下几种方法：化记法、折叠法、记录法和卡片法。

2. 计算机汇总。

计算机处理问卷调查表一般分为以下六个步骤。

（1）数据处理的设计准备。这一阶段的工作主要是设计问卷调查表、调查项目和汇总表。

（2）问卷调查表的审核。主要是对已收回的调查表进行检查审核，以确定问卷调查表的有效或无效。

（3）数据资料的编码。即将有效问卷调查表中的所有答案转换成数字代码，以便于计算机进行处理。

（4）计算机处理程序的编制。主要是根据调查的目的和要求，编制计算机处理程序。若选用现有的应用软件，则这一步骤可省去。

（5）数据录入。即将已经编码的数据资料输入计算机，以便保存和处理。

（6）数据处理和处理结果的输出。这一步骤主要由计算机完成，即运行计算机处理程序，对已录入计算机的数据进行处理，最后将处理结果打印出来或送外存储器长期保存。

四、制表和绘图

（一）制　表

经过汇总整理后的统计资料，应按照规定要求填列在一定的表格内。统计表就是用纵横交叉的线条来表现统计资料的表格。统计表能够将大量统计数字资料加以综合组织安排，使资料更加系统化、标准化，更加紧凑、简明、醒目和有条理，便于人们阅读、对照比较和说明问题，从而更加容易发现现象之间的规律性。利用统计表还便于资料的汇总和审查，便于计算和分析。因此，统计表是统计分析的重要工具。

1. 统计表的结构和种类。

（1）结构。

从形式上看，统计表由四个部分组成，即总标题、横栏标题、纵栏标题、数字资料，如表4.6所示。

表4.6　2012年某市商业企业销售总额构成情况

按经济类型分	销售总额（万元）	比重（%）
国有经济	3 260 367	79.9
集体经济	571 698	14.0
其　他	247 870	6.1
合　计	40 799 935	100.0

总标题为整个统计表的名称，用来简明扼要地说明全表的主要内容，一般列在表的上端中部；横行标题是表中各横行的名称，在统计表中通常用来表示各组的名称，它代表统计表所要说明的对象，一般列在表的左方；纵栏标题是表中各纵栏的名称，在统计表中通常用来表示统计指标的名称，一般列在表的上方；数字资料列在各横行标题与各纵栏标题交叉处，即统计表的右下方。统计表中任何一个数字的含义都由横行标题和纵栏标题共同说明。

从表的内容看，统计表包括主词和宾词两部分。主词是统计表所要说明的对象，也就是统计表所要反映的总体或总体的各个分组；宾词是说明总体的各个指标。一般情况下，主词排列在统计表的左方，即列于横行；宾词排列在表的上方，即列于纵栏。

（2）分类。

统计表按照主词是否分组和分组的程度不同分为简单表、分组表和复合表三类。

① 简单表。

统计表的主词未经任何分组的表，称为简单表。它的特点是反映的内容只按顺序或按逻辑排列，并有合计数，一般在对原始资料进行初步整理时采用这种形式。简单表的主词可以按总体单位简单排列，也可以按时间先后顺序简单排列。按总体单位简单排列的简单表如表4.7所示。

表4.7 某系某年级英语成绩统计表

年 级	英语平均成绩	名 次
一年级	85	1
二年级	84	2
三年级	80	3
四年级	78	4
合 计	81	

按时间先后顺序简单排列的简单表如表4.8所示。

表4.8 某公司上半年利润增长情况

月 份	计划利润（万元）	实际利润（万元）	计划完成（%）
1	200	220	110
2	200	240	120
3	200	250	125
4	200	260	130
5	200	270	135
6	200	280	140
合 计	1 200	1 520	126.67

② 分组表。

分组表，即统计表的主词按某一个标志进行分组的统计表。其主词可按品质标志分组，也可按数量标志分组，如表4.9所示。

表4.9 近年来四川省各产业生产总值统计表

产 业	2008年	2009年	2010年	2011年
第一产业	945.60	981.70	1 027.60	1 128.60
第二产业	1 580.50	1 756.90	1 982.40	2 266.10
第三产业	1 484.20	1 683.20	1 865.10	2 061.60
合 计	4 010.30	4 421.80	4 875.10	5 456.30

③ 复合表。

复合表，即统计表的主词按两个或两个以上标志进行重叠分组的统计表。复合表能把更多的标志结合起来，可更深入地分析现象的特征和规律性，如表4.10所示。

表 4.10 某地区某年企业销售收入和职工人数统计表

项 目	销售收入（万元）	职工人数（人）
国有企业	22 550	68 650
大型企业	9 750	13 600
中型企业	8 500	45 000
小型企业	4 300	10 050
集体企业	17 300	22 400
大型企业	7 300	7 500
中型企业	5 400	10 400
小型企业	4 600	4 500
合 计	39 850	91 050

2. 统计表的编制规则。

（1）统计表的各种标题，特别是总标题，要简明确切，概括地反映出表的基本内容，表明统计资料所属的地点和时间。

（2）统计表中的横行标题各行、纵栏标题各栏一般按先局部后整体的原则排列，即先排列各个项目，后排列总体；当没有必要列出所有项目时，可先列总体，后列其中一部分项目。

（3）如果统计表的栏数较多，通常应加以编号。主词栏和计量单位各栏，一般用甲、乙、丙等文字编号；宾词栏各统计指标一般用 1，2，3 等数字编号。

（4）统计表中的数字要对准位数，填写整齐，当某项无数字时，用规定符号表示：如有的规定用“—”表示；当缺乏某资料时，有的规定用符号“…”表示。尤其对于用电子计算机汇总的统计表，填写的符号都有特殊的要求，必须按具体规定填写计量单位栏。若整个统计表只用一种计量单位时，可省去计量单位栏，将计量单位写在统计表的右上方。

（5）统计表的上、下横线一般用粗线条封口，左右两端不封口，即统计表采用“开口表”格式。

（二）绘 图

1. 统计图的种类。

统计图的种类主要包括条形图或者柱形图、饼形图、曲线图和象形图等。

2. 统计图的作用。

统计图的作用有：表明事物总体结构；表明统计指标不同条件下的对比关系；反映事物发展变化的过程和趋势；说明总体单位按某一标志的分布情况；显示现象之间的相互依存关系。

【重点知识梳理】

1. 市场调查资料收集是指根据市场调查的任务和要求，运用科学的方法，有计划、有组织地向市场收集调查资料的工作过程。

2. 市场调查资料收集的方式包括全面调查、重点调查、典型调查、抽样调查。

3. 全面调查又称普查，是对调查对象的全部单位无一例外地逐个进行的调查，是一种专门组织的一次性的调查。

4. 重点调查是一种为了解社会经济现象的基本情况而组织的非全面调查。它是从所要调查的全部单位中选择一部分重点单位进行调查，借以从数量上说明总体的基本情况。所谓重点单位，是指这些单位在全部总体中虽然数目不多，所占比重不大，但就调查的标志值来说却在总量中占很大的比重，对全局起决定性作用。

5. 典型调查也是一种非全面调查，它是从众多的调查研究对象中，有意识地选择若干个具有代表性的典型单位进行深入、周密、系统的调查研究，以达到了解总体的特征和本质的方法。

6. 抽样调查是指调查者采用从调查总体中抽选出一部分单位作为样本，对样本进行调查，并用样本所得的结果来推断总体的一种调查方法。

7. 重复抽样又称回置抽样，是一种在全及总体中允许多次重复抽取样本单位的抽选方法，即从总体中随机抽出一个样本，再将它放回去，使它仍有被抽到的可能性。在整个抽样过程中，总体单位数保持不变，被抽中的样本单位的概率也是完全相同的。不重复抽样又称不回置抽样，即先被抽选的单位不再放回全及总体中，一经抽出，就不会再有第二次被抽中的机会了。在抽样过程中，样本总是逐渐减少。

8. 市场调查资料收集的方法包括文案调查法、访问调查法、观察法、实验法、网上调查法。

9. 资料的审核是指在着手整理调查资料之前，对各种资料进行审查与核实的工作过程，主要是仔细推究和详尽考察调查资料是否真实可靠和合乎要求，目的在于保证资料的客观性、准确性和完整性，为资料的整理打下坚实的基础。

10. 资料整理是指根据研究目的和要求，运用列表、作图等方法，对调查资料进行科学的加工、归纳和简缩，使之系统化、条理化，成为反映总体特征的综合资料的工作过程。

11. 对调查资料进行分组的一般步骤是：选择分组标志、编制分布数列。

12. 根据分组标志的性质不同，分布数列可以分为品质数列和变量数列两种形式。

13. 变量数列按其变量值变动范围的大小，还可分为单项式变量数列和组距式变量数列两种。

14. 单项式变量数列又称单项数列或单变量数列，它是以每个变量值为一组而编制成的变量数列。组距式变量数列又称组距数列，它是以在一定范围内的变量值为一组而编制的变量数列。

15. 统计表是用纵横交叉的线条来表现统计资料的表格。统计表能够将大量统计数字资料加以综合组织安排，使资料更加系统化、标准化，更加紧凑、简明、醒目和有条理，便于人们阅读、对照比较和说明问题，从而更加容易发现现象之间的规律性。利用统计表还便于资料的汇总和审查，便于计算和分析。

能力自测

一、单项选择题

1. 在访问法中，哪种方法获得信息量最大（ ）。

A. 面谈调查　B. 邮寄调查　C. 电话调查　D. 留置调查

2. 对于企业来讲，要消耗大量人力、物力和财力，不符合经济效益要求的调查形式是（ ）。

A. 概率抽样　B. 非概率抽样　C. 典型调查　D. 市场普查

3. 下列有关信息，可通过实验调查法获得的是（ ）。

A. 国民收入的变动对消费的影响

B. 物价指数的变动对消费行为的影响

C. 股价对房价的影响

D. 改变包装对消费行为的影响

4. 在访问调查法中，获得的信息量最小的方法是（ ）。

A. 面谈调查　B. 邮寄调查　C. 电话调查　D. 留置调查

5. “你穿什么牌号的旅游鞋？为什么？它的优点是什么？”这种个人面谈方式称为（ ）。

A. 倾向偏差询问　B. 强制选择　C. 非强制选择　D. 自由回答

6. 变量数列中，组距和组数的关系是（ ）。

A. 组距的大小和组数的多少成正比

B. 组距的大小和组数的多少成反比

C. 组数愈多，组距愈大

D. 组数愈少，组距愈小

7. 统计分组的结果表现为（ ）。

A. 组内同质性，组间同质性

B. 组内同质性，组间差异性

C. 组内差异性，组间差异性

D. 组内差异性，组间同质性

8. 制造业企业按生产能力分组和按资金利税率分组（ ）。

A. 都是按品质标志分组

B. 都是按数量标志分组

C. 前者按品质标志分，后者按数量标志分

D. 前者按数量标志分，后者按品质标志分

9. 某组距式分组，其起始组是开口组，上限为 50，又知相邻组的组距为 40，则起始组的组距可以视为（ ）。

A. 50　B. 40　C. 90　D. 10

二、多项选择题

1. 下列哪些是社会调查使用的方法（ ）。

A. 观察法　B. 统计分析法　C. 因果分析法　D. 测量法

2. 关于社会调查活动与调查方法，下列哪些说法是正确的（　　）。

A. 在古代中国调查活动最早产生于秦代

B. 科学系统的社会调查方法是随着近代资本主义产生而形成和发展起来的

C. 近代社会调查的一个重要特点是以实证主义为指导的

D. 社会调查数量方法最为兴盛的时期是 20 世纪前 20 年

3. 普遍调查的特点（　　）。

A. 全面性　B. 准确性　C. 普遍性　D. 及时性

4. 下列抽样方法中属于概率抽样的是（　　）。

A. 随机抽样　B. 偶遇抽样　C. 系统抽样　D. 整群抽样

5. 2 000 名工人中直接抽取 200 名工人进行调查，则单个工人是（　　）。

A. 总体　B. 样本　C. 抽样元素　D. 抽样单位　E. 抽样框

6. 我国历次人口普查是（　　）。

A. 非全面调查　B. 全面调查　C. 一次性调查　D. 专门调查

7. 统计分组的作用是（　　）。

A. 区分事物的类型　B. 揭示现象内部结构

C. 分析现象之间的依存关系　D. 表现事物的规模

8. 下列的分组属于按品质标志分组的有（　　）。

A. 从业人员按年龄分组　B. 从业人员按城乡分组

C. 从业人员按性别分组　D. 从业人员按部门行业分组

9. 对于离散型变量数列（　　）。

A. 只能编制组距式数列

B. 只能编制单项式数列

C. 对于变量值项数少的可编制单项式数列

D. 对于变量值项数多的可编制组距式数列

三、判断题

1. 进行描述性调查，方法要尽量简单，时间要短，着重发现问题是关键。（　　）

2. 调查内容较少，项目简单可采用面谈访问或留置问卷方式进行调查。（　　）

3. 从理论上讲，由于整群抽样的调查单位相对集中，因而调查结果的准确性较差。（　　）

4. 实验法在市场调查中可信度较高，没有限制，费用较低。（　　）

5. 市场调查实践中，常用的典型调查、重点调查其实质属于配额抽样法的具体应用。（　　）

6. 内容项目较多，比较复杂，需要深入探求的调查内容，则以面谈访问或留置问卷的调查方式进行调查为好。（　　）

7. 在实验法市场调查中，x_1 代表实验组的事前测量值，x_2 为事后测量值，y_1, y_2 分别为控制组事前、事后测量值，则外来变数的影响是 $(x_2-x_1)-(y_2-y_1)$。（　　）

8. 统计信息资料整理为统计分析提供了前提。（　　）

9. 统计表可以简明直观地反映统计搜集所获得的数据资料。（　　）

10. 统计信息整理是整个统计工作的第二阶段，其质量的高低直接影响统计分析的结果。（　　）

四、解答题

1. 企业如果在城市对自己的渠道成员的信誉进行全面调查，应如何组织？
2. 重点调查与典型调查的区别是什么？
3. 固定样本连续调查的注意事项有哪些？
4. 什么是访问法？它具有哪些类型？它们之间的区别是什么？
5. 试说明观察法的适用范围，以及如何确保观察法的有效性。
6. 实验有效性的完整定义应该包含哪些内容？可以通过哪些方法来提高实验的有效性？
7. 试比较访问法与网上调查法的区别，分析网上调查法是否可取代传统调查法。
8. 什么是统计分组？统计分组的原则及作用是什么？统计分组的关键问题是什么？
9. 什么是分配数列、品质数列和变量数列？如何编制变量数列？
10. 什么是统计表？编制统计表的原则有哪些？

五、计算分析题

1. 某班有 40 名学生，学生《市场调查与预测》的成绩如下：

80	76	84	83	74	73	62	45	43
57	49	95	83	55	76	59	68	78
83	83	77	74	85	84	87	63	71
80	78	60	79	86	73	61	87	69
53	50	61	66					

要求：（1）编制组距式（等组距）变量数列；

（2）计算每组的组中值和频率；

（3）分别用向上累计法和向下累计法计算每组的频数和频率。

2. 某公司所属各分厂的劳动生产率与平均工资列表如下：

分　厂	劳动生产率（千克/人·月）	月平均工资（元/人）
一分厂	90.1	1 100
二分厂	98.6	1 300
三分厂	100.8	1 550
四分厂	112.6	2 000
五分厂	89.1	1 000
六分厂	83.5	800
七分厂	105.3	1 700

试按劳动生产率分组，编制表明劳动生产率和平均工资关系的分析分组表。

【实训锻炼】 Excel 在市场调查与预测的实施阶段中的应用。

Excel 在市场调查与预测的实施阶段中的主要用途有数据的收集、数据的排序、抽样、分类汇总、制作频数分布表、创建统计图和表。

项目4　市场调查的分析与预测阶段

【学习导引】

市场供应较为充足　保持房价稳定有基础
——国家统计局城市司高级统计师刘建伟解读1月份房价数据

2013年2月22日，国家统计局发布了2013年1月份70个大中城市住宅销售价格统计数据。数据显示，虽然新建商品住宅环比上涨城市个数比去年12月略有减少，但同比上涨的城市个数比去年12月有所增加。二手住宅环比和同比上涨的城市个数比去年12月均有所增加。为此，国家统计局城市司高级统计师刘建伟对1月份70个大中城市住宅销售价格统计数据进行了解读。

一、70个大中城市房价有涨有落，呈现分化状态。1月份，70个大中城市新建商品住宅环比上涨的城市个数为53个，占比为75.7%；二手住宅环比上涨的城市个数为51个，占比为72.9%。总体上看，四分之三左右的城市新建商品和二手住宅环比价格均有所上涨，四分之一左右的城市新建商品和二手住宅环比价格则持平或有所下降。不同城市房价变化呈分化状态，部分热点城市和中心城市交易量持续放大，房价上涨较多。1月份，北京、上海、广州和深圳等一线城市环比涨幅有所扩大，环比涨幅分别为2.1%、1.3%、2.0%和2.2%，比去年12月份分别扩大1.1、0.6、0.8和1.1个百分点。四个一线城市二手住宅销售价格环比涨幅分别为1.0%、0.8%、0.4%和0.5%，其中，北京环比涨幅与上月持平，上海涨幅比上月扩大0.4个百分点，广州和深圳的涨幅都比上月缩小了0.1个百分点。与此同时，在二、三线城市中，桂林市新建商品住宅环比销售价格连续三个月下降，海口、南宁和无锡等城市则连续两个月下降。从一些报道看，一些尚未在统计之列的三、四线房价下降的城市更多。

二、多种因素影响1月份房价上涨。据分析，影响1月份房价上涨的原因主要有两个方面：一是大部分开发商前期采用以价换量销售策略取得了效果，现阶段优惠促销力度削弱甚至取消。二是各种房价信息频频见诸各类媒体，一些专家、学者对房价的走势说法不一，潜在购房者预期不明，担心房价进一步上涨，导致首次置业的刚性需求和改善性置业的升级需求的购房人群入市意愿较强，拉动了性价比较高的住宅价格上涨。日前，国务院常务会议研究部署继续做好房地产市场调控工作，确定了完善稳定房价工作责任制、坚决抑制投机投资性购房、增加普通商品住房及用地供应、加快保障性安居工程规划建设、加强市场监管等政策措施，要求进一步完善住房供应体系，健全房地产市场运行和监管机制，加快形成引导房地产市场健康发展的长效机制。随着这些政策措施的迅速推进和有效实施，影响去年四季度以来房价上涨的压力将会减弱，房价尚不具备全面大幅反弹的基础。

三、市场供应较为充足，未来房价走势有望趋稳。据了解，2013年城镇保障性安居工程将基本建成近 500 万套、新开工 600 多万套，城市和国有工矿（含煤矿）、国有林区、垦区棚户区改造以及非成片棚户区危房改造还将新增大量的新建住宅。统计资料还显示，截至 2012 年年底，全国住宅待售面积为 2.36 亿平方米，同比增长 30.6%。若按照 2012 年全年销售 9.85 亿平方米，月均销售 0.8 亿平方米的规模估算，库存的 2.36 亿平方米待售面积可销售近 3 个月。因此，住宅市场供求总体是平衡的，房价走势趋于稳定是有基础的。

资料来源：国家统计局。

思考：以上资料采用了什么分析方法？各种数据是如何计算出来的？采用了何种预测方法？预测的可信度如何？通过本项目的学习，我们能解决这些问题。

【知识目标】

1. 了解市场调查分析的含义与类型。
2. 熟悉市场调查的定性分析方法。
3. 掌握市场调查的定量分析方法。
4. 熟悉市场预测的含义与种类。
5. 了解市场预测的原理与程序。
6. 掌握市场预测中的定性与定量预测法。

【能力目标】

1. 能够运用市场调查分析方法对整理后的资料进行定性与定量分析。
2. 能够运用市场预测方法对经济现象的发展趋势进行预测。

任务 5 市场调查资料的分析

5.1 市场调查资料分析的含义与类型

5.1.1 市场调查资料分析的概念

市场调查资料的分析是指利用一系列统计分析方法对已经过分组、汇总整理的市场调查资料进行定性与定量结合分析，描述资料的性质和特点，进而反映各种资料之间的关系，找出事物发展变化的本质规律。

5.1.2 市场调查分析的类型

在实际工作中，市场调查分析方法主要有两种：一是定性分析法，二是定量分析法。

1. 定性分析法。

定性分析法是对研究对象进行“质”的方面的分析。具体来说是运用归纳和演绎、分析与综合以及抽象与概括等方法，对获得的各种资料进行思维加工，从而去粗取精、去伪存真、由此及彼、由表及里，达到认识事物本质、揭示内在规律的目的。

2. 定量分析法。

定量分析法是对研究对象进行“量”的方面的分析。具体来说就是从事物的数量特征方面入手，运用一定的数据处理技术进行数量关系与数量变化分析，从而挖掘出数量中所包含的事物本身的特征及规律性的分析方法。其功能在于揭示和描述社会现象的相互作用和发展趋势。

市场调查的两种分析方法相互补充，同等重要，在市场调查中都具有广泛的实用价值。定性分析是定量分析的基本前提，没有定性的定量是一种盲目的、毫无价值的定量；定量分析使定性分析更加科学、准确，它可以促使定性分析得出广泛而深入的结论。我们在进行市场调查分析实际操作时必须将两者有机地结合起来，这样才能对所调查的问题进行一个比较系统的分析，才能得出一个比较正确的结论，才能使结果令人信服。

5.2　市场调查的定性分析方法

定性分析方法主要有三种：对比分析法、演绎推理法、归纳推理法。

5.2.1　对比分析法

对比分析法又叫比较分析法，是指将不同的事物和现象进行对比，找出其异同点，从而分清事物和现象的特征及其相互联系的方法。

在市场调查分析中，就是需要把两个或两类问题的调查资料进行对比，确定它们之间的异同点，或对反映同一事物的调查资料进行历史比较，以揭示其发展变化趋势和特点。市场调查的对象之间并不是孤立存在的，而是或多或少的存在着一定的联系，并且相互影响，而对比分析有助于找出所调查事物的本质属性。

在运用对比分析法时一定要注意以下几点：一是对比可以在同类对象间进行，也可以在异类对象间进行；二是要分析对象之间的可比性；三是对比应该是多层次的。

例如，2012 年，东部地区商品房销售面积 53 224 万平方米，比上年增长 5.7%，增速比 1～11 月份提高 0.7 个百分点；销售额 38 413 亿元，增长 12.9%，增速提高 2.7 个百分点。中部地区商品房销售面积 30 140 万平方米，增长 2%，增速回落 1.8 个百分点；销售额 13 020 亿元，增长 8.5%，增速回落 2.8 个百分点。西部地区商品房销售面积 27 940 万平方米，下降 5.3%，降幅扩大 1.8 个百分点；销售额 13 023 亿元，增长 3.7%，增速回落 0.5 个百分点。

5.2.2　演绎推理法

演绎推理法是指人们以一定的反映客观规律的理论认识为依据，从服从该认识的已知部分推知事物的未知部分的思维方法。演绎推理法是由一般前提推出个别结论的认识方法，是认识“隐性”知识的方法。

【例 5.1】　在某住宅小区的居民中，大多数中老年教员都办了人寿保险，所有买了四居室以上住房的居民都办了财产保险。而所有办了人寿保险的都没办理财产保险。如果上述断定是真的，以下哪项关于该小区居民的断定必定是真的？（　　）

① 有中老年教员买了四居室以上的住房。

② 有中老年教员没办理财产保险。

③ 买了四居室以上住房的居民都没办理人寿保险。

A. ①、②和③。

B. 仅①和②。

C. 仅②和③。

D. 仅①和③。

E. 仅②。

解析　大多数中老年教员办了人寿保险，而所有办了人寿保险的居民都没办理财产保险，所以大多数中老年教员没办财产保险，这是②。买了四居室以上住房的居民都办了财产保险，而所有办了人寿保险的居民都没办理财产保险，所以，买了四居室以上住房的居民都没办理人寿保险（否则矛盾了），这是③。中老年教员和四居室以上住房之间没有建立因果联系，推不出①来。故选 C。

5.2.3　归纳推理法

一、归纳推理法的概念

归纳推理法是指人们以一系列经验事物或知识素材为依据，寻找出其服从的基本规律或共同规律，并假设同类事物中的其他事物也服从这些规律，从而将这些规律作为预测其他事物的基本原理的一种认知方法。归纳推理法是从个别事实概括出一般原理的一种形式逻辑的科学思维方式。

【例 5.2】　某大学的 30 名学生准备实施一项旨在提高约会技巧的计划。在参加这项计划前一个月，他们平均已经有过一次约会。30 名学生被分成两组：第一组与 6 名不同的志愿者进行 6 次“实习性”约会，并从约会对象得到对其外表和行为的看法的反馈；第二组仅为对照组。在进行实习性约会前，每一组都要分别填写社交忧惧调查表，并对其社交的技巧评定分数。进行实习性约会后，第一组需要再次填写调查表。结果表明：第一组较之对照组表现出更少社交忧惧，在社交场合更多自信，以及更易进行约会。显然，实际进行约会，能够提高我们社会交际的水平。以下哪项如果为真，最可能质疑上述推断（　　）。

① 这种训练计划能否普遍开展，专家们对此有不同的看法。

② 参加这项训练计划的学生并非随机抽取的，但是所有报名的学生并不知道实验计划将要包括的内容。

③ 对照组在事后一直抱怨他们并不知道计划已经开始，因此，他们所填写的调查表因对未来有期待而填得比较忧惧。

④ 填写社交忧惧调查表时，学生需要对约会的情况进行一定的回忆，男学生普遍对约会对象评价较为客观，而女学生则显得比较感性。

⑤ 约会对象是志愿者，他们在事先并不了解计划的全过程，也不认识约会的实验对象。

解析 对照组在事后一直抱怨他们并不知道计划已经开始，因此，他们所填写的调查表因对未来有期待而填得比较忧惧。这种“不平等”削弱了题干中的结论，因为两组调查对象所处环境和所给条件不同，当然会有很大影响。

① 这种训练计划能否普遍开展，专家们对此有不同的看法，与题目无关。

② 参加这项训练计划的学生并非随机抽取的，但是所有报名的学生并不知道实验计划将要包括的内容。既然学生并不知道实验计划将要包括的内容，那么他们的答案就不会受影响，是比较客观而真实的。而且两组学生都不知道，又不是只有参照组不知道。

③ 填写社交忧惧调查表时，学生需要对约会的情况进行一定的回忆，男学生普遍对约会对象评价较为客观，而女学生则显得比较感性。此选项无影响，因为两组调查对象都有男生和女生，两组条件是相同的。

④ 约会对象是志愿者，他们在事先并不了解计划的全过程，也不认识约会的实验对象。

二、演绎推理法与归纳推理法的联系和区别

演绎推理法和归纳推理法常常是相互作用、相互补充。演绎推理法中的前提是从归纳推理法中得出的。

1. 演绎推理法与归纳推理法的联系：

（1）归纳推理与演绎推理，在人们的认识过程中是紧密联系着的，两者互相依赖、互为补充。演绎推理的一般性知识，大前提来自于归纳推理的概括和总结，从这个意义上说，没有归纳推理也就没有演绎推理。

（2）归纳推理也离不开演绎推理。归纳过程的分析、综合过程所利用的工具（概念、范畴）是归纳过程本身所不能解决和提供的，这只有借助于理论思维，依靠人们先前积累的一般性理论知识的指导，而这本身就是一种演绎活动。而且，单靠归纳推理是不能证明必然性的，因此，在归纳推理的过程中，人们常常需要运用演绎推理对某些归纳的前提或者结论加以论证。从这个意义上也可以说，没有演绎推理也就不可能有归纳推理。正如恩格斯指出的：“归纳和演绎，正如分析和综合一样，是必然相互联系着的”。

2. 演绎推理法与归纳推理法的区别：

（1）思维的起点不同：归纳推理是从特殊性到一般的认识过程；演绎推理是从一般到特殊性的认识过程。

（2）前提与结论联系的性质不同：归纳推理的结论一般超出了前提所断定的范围（完全归纳推理除外），其前提和结论之间的联系不是必然的，而只具有或然性；演绎推理的结论和前提之间的联系是必然的，其结论不超出前提所断定的范围。一个演绎推理只要前提真实并且推理形式正确，那么其结论就必然真实。

5.3 市场调查的定量分析方法

本书讲解的主要是统计分析中的定量方法，主要包括指标分析、指数分析、相关分析与回归分析方法。

5.3.1 指标分析法

按照是否考虑时间因素，可以将指标分为静态分析指标和动态分析指标两种。

一、静态指标

（一）总量指标

1. 总量指标的概念。

总量指标又称绝对指标或者统计绝对数，它是反映社会经济现象在一定的时间和空间条件下的总规模、总水平的指标。例如，2012 年我国国内生产总值 471 564 亿元，2011 年年末我国大陆人口总数 134 735 万人，2011 年全年出生人口 1 604 万人，2011 年全年死亡人口 960 万人等。

总量指标也可以表现为不同时间、不同空间条件下同类社会经济现象总量间的差额，即总量指标之间的差额也是总量指标。如：2012 年全国就业人员比上年增加了 284 万，其中城镇就业人员增加了 1 188 万人。这里的差额表现为正值时，总量指标作为增加量；差额为负值时，总量指标作为减少量。

2. 总量指标的作用。

总量指标是社会经济统计中最基本的指标，是计算相对指标和平均指标的基础，其作用主要表现在以下几方面：

（1）总量指标是认识客观现象总体的起点。

总量指标能反映国情、国力的基本情况，是反映一个地区、一个部门或一个单位的人力、物力、财力的基本数据。人们要想了解一个国家或一个地区的国民经济和社会发展状况，首先就要准确地掌握客观现象在一定时间、地点条件下的发展规模或水平，然后才能更深入地认识社会。例如，为了科学地指导我国国民经济和社会的协调发展，就必须通过总量指标正确地反映社会生产的基本条件和国民经济各部门的工作成果，即反映中国土地面积、人口和劳动资源、自然资源、国民财富、钢产量、工业总产值、粮食产量、农业总产值、国民收入额以及教育文化等方面的发展状况。而这些基础数据正是全面认识一个国家或者地区社会经济现象的起点。

（2）总量指标是实行宏观调控和科学管理的主要依据，是制定政策和检验政策、制订计划和检验计划的基本数据。

无论是国家的宏观调控还是企业的微观管理，都要以反映客观现象的总量指标作为重要参考依据。一个国家或地区为更有效地指导经济建设，保持国民经济协调发展，就必须了解和分析各部门之间的经济关系。它虽然可以用相对数、平均数来反映，但归根结底还是需要掌握各部门在各个不同时间的总量指标。

（3）总量指标是计算其他统计指标的基础。

总量指标是统计汇总整理后，首先得到的能说明具体社会经济总量的综合性数字，是最基本的统计指标。相对指标和平均指标一般都是由两个有联系的总量指标相对比而计算出来的，它们是总量指标的派生指标。总量指标计算是否科学、合理、准确，将会直接影响相对指标和平均指标的准确性。

3. 总量指标的种类。

（1）总量指标按其反映的内容不同可分为总体单位总量指标和总体标志总量指标。

总体单位总量又称为总体单位数，是反映总体或总体各组单位的总量指标。它是总体内所有单位的合计数，主要用来说明总体本身规模的大小。

总体标志总量是反映总体或总体各组标志值总和的总量指标。它是总体各单位某一标志值的总和，主要用来说明总体各单位某一标志值总量的大小。如调查了解全国工业企业的生产经营状况，全国工业企业数就是总体单位总量，全国工业企业的职工人数、工资总额、工业增加值和利税总额等，都是总体标志总量。

总体单位总量和总体标志总量不是固定不变的，而是随着研究目的和研究对象的变化而变化。如调查了解全国工业企业职工的工资水平，那么，全国工业企业的职工人数就不再是总体标志总量，而成了总体单位总量。

（2）总量指标按其反映的时间状况不同分为时期指标和时点指标。

时期指标是反映现象在某一段时期内发展过程的总量指标，它是一个流量指标。如人口出生数、商品销售额、产品产量、产品产值等。

时点指标是反映现象在某一时点上所处状况的总量指标，它是一个存量指标。如年末人口数、季末设备台数、月末商品库存数等。

为了正确区分时期指标与时点指标，必须弄清它们之间的区别：

① 时期指标的各期数值可以相加，表示现象在更长时期内发生的总量；时点指标的数值不能相加，因为相加的数值没有实际意义。

② 时期指标数值的大小和时间的长短有直接关系，在一般情况下时期越长数值越大，反之则越小；时点指标数值的大小与时点间的间隔长短无直接关系。如年产值必定大于年内某月产值，某产品年末库存量不一定大于该年内某月末的库存量。

③ 时期指标的数值一般通过连续登记取得；时点指标的数值则通过间断登记取得。例如，一年的总产值是由一年中的每天产值连续登记汇总得到的，而人口数是调查某一时点时登记取得的。

（二）相对指标

1. 相对指标的概念。

相对指标又称相对数，是把两个有联系的指标数值进行对比来反映社会经济现象间的数量特征和数量关系的综合指标。如人口的性别比例、资金利润率、人均粮食产量、物价指数等都是相对指标。在实际中只有把有联系的指标加以对比，才能更好地对现象的发展变化作出准确的判断。

2. 相对指标的作用。

在社会经济生活、国民经济管理和统计分析中，相对指标的应用非常广泛，具有极其重要的作用：

（1）相对指标通过数量之间的对比，可以表明事物相关程度、发展程度和联系程度，它可以弥补总量指标的不足，使人们清楚地了解现象的相对水平和普遍程度。例如，某企业2011年实现总产值5亿元，2012年实现总产值5.5亿元，则2012年总产值增长了10%。

（2）相对指标把现象间的差异抽象化，使原来无法直接对比的指标转变为可直接对比关系。

如不同的企业由于生产规模条件不同，直接用总产值、利润比较评价意义不大，但如果采用一些相对指标，如资金利润率、资金产值率等进行比较，便可对企业生产经营成果做出合理评价。

（3）相对指标能说明总体的结构特征，为深入分析事物的性质提供依据。例如，计算一个国家的第一、二、三产业的比例，可以说明该地区社会经济现代化程度。

3. 相对指标的表现形式。

相对指标的表现形式主要有两种：一种是无名数，另一种是有名数。

无名数是一种抽象化的数值，主要有系数、倍数、成数、百分数、千分数等。系数和倍数是把对比的基数抽象化为 1 计算出来的相对数。当对比的两个数相差不大时常用系数表示；当分子比分母数值大很多时常用倍数表示。成数又称十分数，是将对比的基数抽象化为 10 计算出来的相对数，即十分之几。百分数是将对比的基数抽象化为 100 计算出来的相对数，其符号为%。千分数是将对比的基数抽象化为 1 000 计算出来的相对数，其符号为‰。两个数值对比，分子数值比分母数值小得多的时候，宜用千分数表示。

有名数是将相对指标中的分子与分母的计量单位同时使用，用以表明客观事物的密度、强度和普遍程度等。由于是用双重计量单位表示，因此有名数又叫复名数。例如，人口密度单位为“人/平方公里”，商业网点密度用“个/千人”表示。

4. 相对指标的种类及其计算方法。

相对指标按其研究目的和现象特点不同可划分为结构相对指标、比例相对指标、比较相对指标、强度相对指标、计划完成程度相对指标和动态相对指标六大类。

（1）结构相对指标。

结构相对指标又称比重或频率，是在对总体进行分组的基础上，以各组（或部分）的单位数与总体单位总数对比，或以各组（或部分）的标志总量与总体的标志总量对比求得的比重，来反映总体内部结构的一种综合指标。一般用百分数、成数或系数表示，可以用公式表述如下：

$$\text{结构相对指标}=\frac{\text{总体某组或部分的数值}}{\text{总体全部数值}}\times 100\% \tag{5.1}$$

公式中的分子、分母数值必须为同一总体的总量指标或者单位总量。由于对比的基础是同一总体数值，所以各部分（或组）所占比重之和应当等于 100% 或 1。

在社会经济统计分析中，广泛应用结构相对数，以便反映总体各组成部分的构成及变动情况，认识事物的规律性。它的主要作用可以概括为以下几个方面：

① 可以说明在一定的时间、地点和条件下，总体内部的结构特征。

例如，从表 5.1 中的资料可以看出，2011 年我国国内生产总值构成的特点。

表 5.1　2011 年我国国内生产总值构成情况　　单位：%

项　目	占总数的百分比
国内生产总值	100
第一产业	10.0
第二产业	46.6
第三产业	43.4

资料来源：《中国统计年鉴 2012》。

② 不同时期结构相对指标的变化，可以反映事物性质的发展趋势，分析经济结构的演变规律。

例如，从表 5.2 中的资料可以看出，2006—2011 年我国第一产业总值占国内生产总值比重的情况。

表 5.2　2006—2011 年我国第一产业总值占国内生产总值比重表

单位：%

年　份	占总数的百分比
2006	11.1
2007	10.8
2008	10.7
2009	10.3
2010	10.1
2011	10.0

资料来源：《中国统计年鉴 2012》。

从表 5.2 可以看出，我国第一产业总值占国内生产总值的比重出现逐年下降的趋势，表明了产业演变的规律。

③ 根据各构成部分所占比重的大小以及是否合理，可以反映所研究现象总体的质量和生产经营管理工作的质量以及人、财、物的利用情况。

例如，文盲率、入学率、青年受高等教育人口比率等可从文化教育方面表明人口的质量；产品的合格率、优质品率、高新技术品率、商品损耗率等可表明企业的工作质量；出勤或缺勤率、设备利用率等，则可反映企业的人、财、物的利用状况。

④ 利用结构相对数，有助于分清主次，确定工作重点。

例如，在物资管理工作中，采用 ABC 分析法，其基本原理就是对影响经济活动的因素进行分析，按各种因素的影响程度的大小分为 A, B, C 三类，实行分类管理。采用这种方法的依据，就是根据对统计资料的分析，计算结构相对指标（见表 5.3）。

表 5.3　某企业物资分类表　　单位：%

类　别	占资金的比重	占品种的比重
A	90%	30%
B	7%	35%
C	3%	35%

可见，应重点抓好 A 类物资的管理，其次要注意 B 类物资的处理，就可以控制资金的 97%，收到较好的经济效果。

（2）比例相对指标。

比例相对指标是同一总体中某一部分数值与另一部分数值静态对比的结果，反映同一总体中各个组成部分之间的比例关系和均衡状况的综合指标。计算公式为

$$比例相对指指=\frac{总体中某部分的数值}{总体中另一部分的数值}\times 100\% \quad (5.2)$$

比例相对指标的数值一般用百分数或几比几的形式表示。

根据统计资料，计算各种比例相对数，反映有关事物之间的实际比例关系，有助于我们认识客观事物是否符合按比例协调发展的要求，参照有关标准，可以判断比例关系是否合理。在宏观经济管理中，这对于研究分析整个国民经济和社会发展是否协调均衡具有重要的意义。

比例相对指标和结构相对指标的区别主要有：

① 子项与母项内容不同：结构相对指标同一总体中，各组总量与总体总量对比，而比例相对指标则是同一总体中不同组成部分的指标数值对比的相对指标。

② 说明问题不同：结构相对指标反映总体内部组成或结构情况；比例相对指标说明总体范围内各个分组之间的比例关系和协调平衡状况。

例如，在全国总人口总体中，“女性所占比例”是结构指标，而“男女性别比”是比例指标。又如，在全国工业企业总体中，“工业企业所占的比重”是结构指标，而“轻工业企业数和重工业企业数之比”是比例指标。

（3）比较相对指标。

比较相对指标是将不同地区、部门、单位或企业之间的同一时期（时点）同类指标数值作静态对比而得出的综合指标，表明同类事物在不同空间条件下的差异程度或相对状态。其计算公式可以概括为

$$比较相对指标=\frac{甲地区部门或单位某一指标数值}{乙地区部门或单位同类指标数值} \quad (5.3)$$

比较相对指标可以用百分数、倍数和系数表示。用来对比的两个性质相同的指标数值，其表现形式不一定仅限于绝对数，也可以是其他的相对数或平均数。计算比较相对数应注意对比指标的可比性，包括分子、分母在指标类型、时间、计算方法、计量单位上都要有可比性。此外，比较基数的选择要根据资料的特点及研究目的而定。

在经济管理工作中，广泛应用比较相对数，例如用各种质量指标在企业之间、车间或班组之间进行对比，把各项技术经济指标与国家规定的标准对比，与同类企业的先进水平或世界先进水平对比，借以找出差距，挖掘潜力，制定措施，为提高企业的经营管理水平提供依据。

（4）强度相对指标。

强度相对指标是在同一时期同一地区或单位内，两个性质不同而有一定联系的总量指标数值对比得出的相对数，是用来分析不同事物之间的数量对比关系，表明现象的强度、密度和普遍程度的综合指标。其计算公式可以概括为

$$强度相对指标=\frac{某一总体指标数值}{另一有联系的总体指标数值} \quad (5.4)$$

由于强度相对数是两个性质不同但有联系的总量指标数值之比，所以在多数情况下，强度相对指标的表现形式一般为复名数，由分子数值与分母数值原有单位组成的复合单位表示。如人口密度用人/平方公里，人均钢产量用公斤/人等等。但有少数的强度相对指标因其分子

与分母的计量单位相同，可以用千分数或百分数表示其指标数值。

强度相对指标中作为比较的是两个总量指标，其分子和分母可以互换。因此，强度相对指标就有了正指标和逆指标之分。凡是强度相对指标数值的大小与所研究现象的发展程度或密度成正比例，称为正指标；反之，其数值大小与所研究现象的发展程度或密度成反比例，则称之为逆指标。究竟采用正指标还是逆指标，要看哪一个指标更能清楚地说明问题来决定。

例如：

$$\text{零售商业网点密度(正指标)}=\frac{\text{零售商业机构数}}{\text{地区人口数}}$$

$$\text{零售商业网点密度(逆指标)}=\frac{\text{地区人口数}}{\text{零售商业机构数}}$$

上述正指标数值表示可以为每千人服务的商业网点数，逆指标数值则表示每个零售商店服务的按千人计算的人口数。从强度相对指标数值的表现形式上看，带有“平均”的意义。例如，按人口计算的主要产品产量指标用“吨（千克）/人”表示；按全国人口分摊的每人平均国民收入用“元/人”表示。但究其实质，强度相对数与统计平均数有根本的区别。平均数是同一总体中的标志总量与单位总量之比，是将总体的某一数量标志的各个变量值加以平均。而强度相对数是两个性质不同而有联系的总量指标数值之比，它表明两个不同总体之间的数量对比关系。

（5）计划完成程度相对指标。

计划完成程度相对指标是以现象在某一段时间内（如旬、月、季或年）的实际完成数与计划任务数对比，借以表明计划完成程度的综合指标。一般用百分数表示，基本计算公式如下：

$$\text{计划完成程度相对指标}=\frac{\text{实际完成数}}{\text{计划任务数}}\times 100\% \tag{5.5}$$

计划完成程度指标的计算，要求分子与分母的指标含义、计算口径、计算方法、计量单位，以及时间长度和空间范围等方面应该完全一致。在企业、单位或整个国民经济范围内，都经常应用计划完成程度相对指标作为监督和检查计划的工具之一。计算计划完成程度相对指标的基数是计划任务数，由于基数的表现形式有绝对数、平均数和相对数三种，因而计划完成程度相对指标在形式上有所不同，但在计算方法上仍然以计划指标作为对比的基础或标准。

① 计划任务数为绝对数，计算计划完成相对数的公式与公式（5.5）相同，一般适用于研究分析社会经济现象的规模或水平的计划完成程度。

② 计划任务数为平均数，计算计划完成相对数时，公式（5.5）中的分子项和分母项相应地改为实际平均水平和计划平均水平：

$$\text{计划完成程度相对指标}=\frac{\text{实际平均水平}}{\text{计划平均水平}}\times 100\% \tag{5.6}$$

在经营管理中，有些计划任务是用平均数形式表示的。例如，工业生产中的劳动生产率、单位产品成本、单位产品原材料消耗量；又如，农业生产中的粮食亩产量，等等，均可以采用上述方法检查这些计划任务的完成情况。

③ 计划任务数为相对数，计划任务大多数是用计划数量指标或质量指标规定的，但有些

计划任务是用计划提高的百分数或计划降低的百分数规定的。例如，劳动生产率计划提高百分数、产品的成本降低率、流通费用降低率等。考核这些计划任务完成情况时，计划完成相对数的公式为

$$计划完成程度相对指标=\frac{1\pm 实际提高或降低百分比}{1\pm 计划提高或降低百分比}\times 100\% \quad (5.7)$$

【例 5.3】 某服装企业计划规定劳动生产率比上年水平提高 10%，实际比上年提高了 15%，则

$$劳动生产率计划完成程度相对指标=\frac{1+15\%}{1+10\%}\times 100\% \ =104.5\%$$

结果表明，劳动生产率超额 4.5% 完成计划。

【例 5.4】 某种产品的计划成本降低率为 5%，实际成本降低率为 10%，则

$$产品成本降低率计划完成程度相对指标=\frac{1-10\%}{1-5\%}\times 100\% \ =94.73\%$$

结果表明，超额完成产品成本降低计划的程度为 5.27%。

值得指出，以上两个例子中的计划数是以比上期提高或降低百分之几的形式表示的，所以计算计划完成相对数时，都应包括原有基数 100% 在内，不能以实际提高的百分数（或实际降低率）直接与计划提高的百分数（或计划降低率）对比。

可见，在计算计划完成程度相对指标时，还需要注意两种情况：一种是实际数比计划数越大越好，如产品产量、劳动生产率等，此时，计划完成程度相对指标大于 100%，表示超额完成计划；另一种是实际数比计划数越小越好，如产品成本、商品流通费用率等，此时，计划完成程度相对指标小于 100%，表示超额完成计划。

（6）动态相对指标。

动态相对指标是将同一现象在不同时期的两个数值进行动态对比而得出的相对数，借以表明现象在时间上发展变动的程度。一般用百分数或倍数表示，也称为发展速度。其计算公式如下：

$$动态相对指标=\frac{某一现象报告期指标数值}{同一现象基期指标数值}\times 100\% \quad (5.8)$$

通常，作为比较标准的时期称为基期，与基期对比的时期称为报告期。根据统计研究的任务以及需要说明的问题，可以选择不同的基期。例如，选择相邻的上一期作为基期，也可以选择去年同期或者具有历史意义的时期作为基期。

5. 计算和使用相对指标应该注意的几个问题。

（1）可比性原则。

对比指标的可比性，是指对比的指标在含义、内容、范围、时间、空间和计算方法等口径方面是否协调一致，相互适应。如果各个时期的统计数字因行政区划、组织机构、隶属关系的变更，或因统计制度方法的改变而不能直接对比的，就应以报告期的口径为准，调整基期的数字。许多用金额表示的价值指标，由于价格的变动，各期的数字进行对比，不能反映实际的发展变化程度，一般要按不变价格换算，以消除价格变动的影响。

对比指标数值的计算方法是否可比，要注意研究发展的具体条件。将统计资料进行国与国之间对比时，尤其要慎重研究不同社会制度国家所采用的指标计算方法的可比性问题。因为指标计算方法不仅涉及实际的技术处理方法上的问题，主要还反映出理论观点上的原则区别，从而影响指标所包含的内容。

由于社会经济现象相当繁多而复杂，相对指标的种类又多，结合对比分析的不同任务和目的，对比指标的可比性具有一定的相对性，不能绝对化。以动态相对指标来说，报告期与基期的时期长短应该相同，才是可比的。但根据统计研究的任务，为了说明某些具体问题，不能过于强求指标数值的可比性。

计算和运用相对指标时，需要遵循可比性原则，主要是为了保证对比的结果能够准确地说明问题，得出有意义的正确结论。因此，与可比性原则直接有关的问题就是选择基数和基期。基数是指标对比的标准，如果选择不当，就会失去相对数的作用，导致似是而非或错误的结论，甚至歪曲真相。一般说来，应结合研究问题的目的来选择基数，选择的基数应当具有典型性。例如，计算比较相对数时，对比的分母可以是平均水平、先进水平或国家制定的有关标准。基数与基期密切相连，一般应选择经济与社会发展比较稳定，能说明国民经济生活方面有重要意义的时期作为基期，以便通过和这些时期进行对比，反映我国各个部门、各个环节和各个方面在不同阶段蓬勃发展的新局面。

（2）定性分析与数量分析相结合的原则。

计算相对指标数值的方法是简便易行的，但要正确地计算和运用相对数，还要注重定性分析与数量分析相结合的原则。因为事物之间的对比分析，必须是同类型的指标，只有通过统计分组，才能确定被研究现象的同质总体，便于同类现象之间的对比分析。这说明要在确定事物性质的基础上，再进行数量上的比较或分析，而统计分组在一定意义上也是一种统计的定性分类或分析。即使是同一种相对指标在不同地区或不同时间进行比较时，也必须先对现象的性质进行分析，判断是否具有可比性。同时，通过定性分析，可以确定两个指标数值的对比是否合理。

（3）相对指标和总量指标结合运用的原则。

绝大多数的相对指标都是两个有关的总量指标数值之比，用抽象化的比值来表明事物之间的对比关系的程度，而不能反映事物在绝对量方面的差别。因此在一般情况下，相对指标离开了据以形成对比关系的总量指标，就不能深入地说明问题。

（4）各种相对指标综合应用的原则。

各种相对指标的具体作用不同，都是从不同的侧面来说明所研究的问题。为了全面而深入地说明现象及其发展过程的规律性，应该根据统计研究的目的，综合应用各种相对指标。例如，为了研究工业生产情况，既要利用生产计划的完成情况指标，又要计算生产发展的动态相对数和强度相对数。此外，把几种相对指标结合起来运用，可以比较、分析现象变动中的相互关系，更好地阐明现象之间的发展变化情况。由此可见，综合运用结构相对数、比较相对数、动态相对数等，有助于我们剖析事物发展变化中的相互关系及其后果。

（三）平均指标

1. 平均指标的概念。

平均指标又称为平均数，它是同质总体内各单位某一数量标志不同标志值在一定时间和空间条件下的一般水平，用以反映总体分布的集中趋势。

在社会经济现象的同质总体中，每个总体单位都有区别于其他单位的数量特征，具体表现为数值大小不等、水平高低不一，这主要因为各个单位的标志值是由多种因素交错影响的结果。但是，处在同一个同质总体中的各个单位，都受基本条件和共同起作用的因素的影响，所以就某一数量标志而言，它们在具体数值上的差异总有一定的限度，在一定时间、地点条件下，客观上存在该数量标志值的一般水平。平均指标就是表明同类社会经济现象在一定时间、地点条件下所达到的一般水平的综合指标，是一个抽象化了的代表值，是经济社会现象中最常用的一种综合指标。

2. 平均指标的特点。

（1）平均指标是两个有联系的指标值对比得出的，且这两个指标值均为同一总体内的总量指标，具有同质性。如一个家庭有 3 口人，父母上班取得的工资收入 6 000 元，小孩在上学，则父母的平均收入为 3 000 元，这是一个平均数，因为 6 000 元是由父母两人直接创造的，是在同质总体中计算出来的；家庭人均收入为 2 000，这是一个强度相对数，因为小孩没有直接创造收入，所以不同质，属于两种现象之比。

（2）平均指标将各标志值的差异抽象化了，掩盖了各单位之间的差异，反映总体的一般水平综合数量特征。

3. 平均指标的作用。

（1）利用平均指标可以对比同类现象在不同地区、不同单位的一般水平，以反映各地区、各单位工作的质量和效果。例如，甲、乙两公司 2012 年工资总额分别为 100 万元和 200 万元，职工人数分别为 300 人和 800 人，尽管从总量指标“工资总额”和“职工人数”上看，乙公司均高于甲公司，但从“平均工资”这一平均指标来看，甲公司要高于乙公司，表明甲公司工资水平高于乙公司。

（2）利用平均指标可以对比同一现象在不同时间的一般水平的变化，反映这类现象发展变化的趋势及其规律性。例如，将历年我国职工平均收入进行比较，可以反映我国人民的收入不断提高和生活逐步改善情况。

（3）利用平均指标可以分析现象之间的依存关系。例如，将某种农作物的耕地按施肥量进行分组，在这种分组的基础上，分别计算出各组的农作物平均亩产量，就可以反映施肥量的多少与平均亩产量之间的依存关系。

（4）利用平均指标可以进行数量上的估计推断。例如，根据部分总体单位计算的平均指标，可以推断整个总体的平均数或标志总量。

4. 平均指标的计算与分析。

平均指标按计算和确定的方法不同，分为算术平均数、调和平均数、几何平均数、众数和中位数。前三种平均数是根据总体各单位的标志值计算得到的平均值，称作数值平均数；众数和中位数是根据标志值在分配数列中的位置确定的，称为位置平均数。

（1）算术平均数。

① 算术平均数的概念。

算术平均数也称为均值，是总体标志总量与总体单位总量对比所得到的平均指标。算术平均数是计算和分析社会经济现象一般水平的最基本、最常用的一种平均指标。其计算公式为

$$算术平均数=\frac{总体标志总量}{总体单位总量} \tag{5.9}$$

在实际工作中，由于资料的不同，算术平均数有两种计算形式：简单算术平均数和加权算术平均数。

② 简单算术平均数。

简单算术平均数适用于未分组的统计资料。如果已知各单位标志值和总体单位数，则可采用简单算术平均数方法计算。其计算公式为

$$\bar{x}=\frac{x_1+x_2+\cdots+x_n}{n}=\frac{\sum_{i=1}^{n}x_i}{n} \tag{5.10}$$

式中，$\bar{x}$ 代表算术平均数；x_i 代表总体单位的标志值（变量值）；n 代表总体单位总数。

【例 5.5】 某学习小组 5 名学生《的市场调查与预测》期末考试成绩分别为：60 分、63 分、78 分、86 分、92 分，则

$$5名学生的平均考试成绩=\frac{60+63+78+86+92}{5}=75.8\text{（分）}$$

③ 加权算术平均数。

加权算术平均数适用于分组的统计资料。如果已知各组的变量值和变量值出现的次数，则可采用加权算术平均数计算。其计算公式为

$$\bar{x}=\frac{x_1f_1+x_2f_2+\cdots+x_nf_n}{f_1+f_2+\cdots+f_n}=\frac{\sum_{i=1}^{n}x_if_i}{\sum_{i=1}^{n}f_i} \tag{5.11}$$

式中，$\bar{x}$ 代表算术平均数；f_i 代表各组变量值出现的次数（或权数）；x_if_i 代表各组标志总量。

从上式可以看出，$\bar{x}$ 不仅受变量值 x 大小的影响，而且受各组单位数 f 大小的影响。所以加权算术平均数数值接近于次数较大组的标志值水平，即次数大的标志值对平均数的影响要大些，次数小的标志值对平均数的影响要小些。由于各组单位数 f 对 $\bar{x}$ 水平高低起着一种权衡轻重的作用，所以把 f 称为权数。考虑了权数作用而计算的平均数，称为加权算术平均数。在加权算术平均数中用频率 $\frac{f}{\sum f}$ 比用频数做权数更能直观表明权数对平均数的影响。若在一个变量数列中，各组频数均增加一倍，频率仍不变，平均数也不变。所以在加权算术平均数中权数对平均数的作用实际上是频率在起作用。

在组距数列中，要用各组的组中值来代替各组的变量值。这种代替是假定各组的变量值是均匀分布的，由这种假定所产生的误差影响较小。由组距数列计算的加权算术平均数只是平均数的近似值，组距越小，越接近于实际的平均数。如遇“开口组”时，在这种情况下，一般假定它们的组距与相邻的组距相同。

组中值的一般计算方法是：

闭口组的组中值，可按下列公式计算：

$$组中值=\frac{上限+下限}{2}$$

开中组的组中值可按下列公式计算：

$$表中第一组组中值=上限-\frac{邻组组距}{2}\quad（缺下限的组中值）$$

$$表中最末组组中值=下限+\frac{邻组组距}{2}\quad（缺上限的组中值）$$

【例 5.6】 由表 5.4 资料计算平均劳动生产率。

表 5.4 某车间某月日劳动生产率的计算表

日劳动生产率（件）	组中值 x	工人数（人）f	$\frac{f}{\sum f}$
400 以下	350	5	8.3
400～500	450	13	21.7
500～600	550	18	30.0
600～700	650	15	25.0
700～800	750	7	11.7
800 以上	850	2	3.3
合 计	—	60	100.0

则平均劳动生产率为

$$\bar{x}=\frac{\sum xf}{\sum f}=\frac{350\times5+450\times13+550\times18+650\times15+750\times7+850\times2}{5+13+18+15+7+2}=\frac{34\ 200}{60}=570（件）$$

在计算加权算术平均数时，还会遇到权数的选择问题。选择权数的原则是：务必使各组的标志值与其乘积等于各组的标志总量，并且具有实际经济意义。亦即标志总量必须是全部总体单位标志值的总和，从而标志总量除以总体单位数才能表明总体各单位标志值的一般水平。同时，采用的权数可以是具体的总体单位数，也可以是百分数。在同一的变量数列中，无论是用绝对数加权还是用相对数加权，计算结果完全相同。

当各组的单位数相等或各组单位数所占的比重相等时，权数对各组的作用就都一样了。在这种情况下，加权也就失去了意义。此时，加权算术平均数也就等于简单算术平均数。可见，简单算术平均数是加权算术平均数的一种特例。

（2）调和平均数。

调和平均数又称倒数平均数，它是被研究对象中各个变量值倒数的算术平均数的倒数，通常在缺少计算平均数的分母资料时采用，一般用符号 $\bar{x}_H$ 表示。由于掌握的资料不同，调和平均数可以分为简单调和平均数和加权调和平均数两种。

① 简单调和平均数。

简单调和平均数是各个标志值倒数的简单算术平均数的倒数。其计算公式为

$$\bar{x}_H = \frac{n}{\frac{1}{x_1}+\frac{1}{x_2}+\cdots+\frac{1}{x_n}} = \frac{n}{\sum_{i=1}^{n}\frac{1}{x_i}} \tag{5.12}$$

② 加权调和平均数。

加权调和平均数是以变量值的倒数为新变量，以标志总量为权数进行加权的算术平均数的倒数。它实际上是加权算术平均数的变形，即 $m = xf$，所以 $\frac{m}{x} = f$ 是各组频数，$\sum\frac{m}{x}$ 是总频数。代入简单调和平均数公式得加权算术平均数公式：

$$\bar{x}_H = \frac{m_1+m_2+m_3+\cdots+m_n}{\frac{m_1}{x_1}+\frac{m_2}{x_2}+\frac{m_3}{x_3}+\cdots+\frac{m_n}{x_n}} = \frac{\sum m}{\sum\frac{m}{x}} \tag{5.13}$$

在很多情况下，由于只掌握各组某个标志的总量数值而缺少总体单位数的资料，不能直接采用加权算术平均数法计算平均数，则应采用加权调和平均数。反之，如果已掌握变量值及其相应的总体单位数，而权数就是总体单位数，就可以直接采用加权算术平均数法计算平均数。加权调和平均数和加权算术平均数的计算公式可以相互推算，前者是作为后者的变形来应用的。

【例 5.7】 某商场甲、乙、丙三种商品及销售资料如表 5.5 所示，计算该商场商品的平均价格。

表 5.5　某商场甲、乙、丙三种商品及销售资料

产品等级	价格（元）	销售额（万元）
甲	10 以下	180
乙	10 ~ 12	330
丙	12 ~ 15	270

解　该商场商品的平均价格为

$$\bar{x}_H = \frac{\sum m}{\sum\frac{m}{x}} = \frac{180+330+270}{\frac{180}{9}+\frac{330}{11}+\frac{270}{13.5}} = \frac{7\,800\,000}{700\,000} = 11.1\text{（元/件）}$$

（3）几何平均数。

几何平均数是另一种计算平均标志值的平均数，一般用符号 $\bar{x}_G$ 表示。根据几何平均数的数学性质，它是计算平均比率和平均速度常用的一种方法。其计算公式为

$$\bar{x}_G = \sqrt[n]{\prod x} \tag{5.14}$$

式中，$\bar{x}_G$ 代表几何平均数；x 代表个变量值；n 代表变量值的个数；$\prod$ 代表连乘符号。

【例 5.8】 某电灯泡厂共有三个车间，其中，甲车间的产品合格率为 94%，乙车间的产品合格率为 90%，丙车间的产品合格率为 95%，全厂平均产品合格率应为

解 $$\bar{x}_G = \sqrt[n]{\prod x} = \sqrt[3]{94\% \times 90\% \times 95\%} = 83.17\%$$

算术平均数最容易受极端变量值的影响，而受极大值的影响大于受极小值的影响；调和平均数也受极端变量值的影响，但受极小值的影响大于受极大值的影响。几何平均数受极端数值的影响程度，要比前述两种平均数小。因此，从数量关系上考察，用同一资料计算这三种平均数时，其结果可用下述不等式表示：

$$\bar{x}_H \leqslant \bar{x}_G \leqslant \bar{x}$$

当标志值数列中的每一个标志值都相等时，则有

$$\bar{x} = \bar{x}_G = \bar{x}_H$$

（4）众数。

① 众数的概念

众数是指总体中最常见的标志值，即在研究和考察某种社会经济现象时，重复出现次数最多的标志值，一般用符号 M_0 表示。因此，它具有普遍性，可以近似地表明现象的一般水平。

通常，如果只要求掌握一般的、常见的变量值作为研究问题、安排工作时的参考，就可以采用众数。例如，说明企业职工最普遍的工资和工人的一般文化水平，反映某地区某种农作物通常达到的单位面积产量，掌握消费者需要最多的服装、鞋袜、帽子等的尺码，表明某种商品成交量最多的价格水平等等，就可以不计算算术平均数而采用众数。

② 众数的确定方法。

确定众数的方法，需要根据所掌握的资料来确定。

（i）根据未分组资料或单项数列确定众数。

在未分组资料或单项数列中，可以直接观察来确定众数，即总体中具有最多次数的标志值。

（ii）根据组距式数列确定众数。

首先，确定众数所在的组。

如果是等距数列，则次数最多的一组为众数组；如果是异距数列，则需要首先将之换算成标准组距的次数（次数与组距之比），经过换算后，次数最大的那一组就是众数组。

其次，计算众数的近似值。

具体计算公式也有下限公式和上限公式两种：

$$\begin{cases} \text{上限公式：} M_0 = U - \dfrac{\Delta_2}{\Delta_1 + \Delta_2} \times i \\ \text{下限公式：} M_0 = L + \dfrac{\Delta_1}{\Delta_1 + \Delta_2} \times i \end{cases} \tag{5.15}$$

式中，M_0 为众数；L 为众数所在组下限；U 为众数所在组上限；i 为众数所在组组距；Δ_1 为众数所在组频数与前组频数之差；Δ_2 为众数所在组频数与后组频数之差。

【例 5.9】 某班有 20 名学生，《市场调查与预测》考试成绩分组表见表 5.6，计算众数。

表 5.6　某班学生《市场调查与预测》考试成绩分组表

考试成绩（分）	人数（人）	向上累计	向下累计
60 以下	1	1	20
60 ~ 70	3	4	19
70 ~ 80	4	8	16
80 ~ 90	7	15	12
90 ~ 100	5	20	5

解　通过观察知道，众数组是 80 ~ 90 分这一组，将数据代入公式，求得众数：

上限公式计算：$M_0 = U - \frac{\Delta_2}{\Delta_1 + \Delta_2} \times i = 90 - \frac{3}{3+2} \times 10 = 84$；

下限公式计算：$M_0 = L + \frac{\Delta_1}{\Delta_1 + \Delta_2} \times i = 80 + \frac{2}{3+2} \times 10 = 84$。

可见，上限公式与下限公式的计算结果完全一致，在实际应用中选其一即可。

众数的数值是在总体各单位高度集中的变量值上，而不是根据全部变量值加以平均求得的，所以它不受极大极小数值的影响，仅受其前后相邻两组次数大小的影响。因此，只有当总体单位数很多而又有明显的集中趋势时，测定众数才有现实意义。如当变量数列呈均匀分布或所有变量值出现的次数一样多时，则无众数可言。此外，如果变量数列中出现最多次数的变量值不止一个而是两个或两个以上时，往往反映统计数据来自两个或两个以上有区别的总体，这就需要检查调查对象的性质和特点，不适宜笼统地计算众数，以免导致不可靠的强求论。

（5）中位数。

① 中位数的概念。

中位数是指将总体单位的某一数量标志的各个数值按其大小顺序排列，处于中点位置的标志值就是中位数，一般用符号 M_e 表示。

中位数就是将某标志的全部数值均等地分为两半的那个标志值。其中，有一半数值小于中位数，另一半数值则大于中位数。由于中位数是根据标志值所处的中点位次来确定的，不受极大或极小数值的影响，所以可以用来代替变量值的一般水平。

② 中位数的确定方法。

由于掌握的资料不同，计算中位数的方法也就不一样。

（i）由未分组资料确定中位数。

在资料未分组的情况下，中位数的确定比较简单。首先，把标志值按大小顺序排列起来，然后，计算中位数所在的位置，找出中位数。如果总体单位数是奇数，处于中点位置 $=\frac{n+1}{2}$（n 代表总体单位数）的标志值就是中位数；如果总体单位数是偶数，那么中位数就是处于中点位置：$\frac{n}{2}$；$\frac{n+1}{2}$ 的两个标志值的算术平均数。

【例 5.10】　某班某小组有 6 名学生，《市场调查与预测》考试成绩分别为：60、65、72、80、80、95（分），求中位数。

解 $$中点位置=\frac{6+1}{2}=3.5$$

即第 3 位和第 4 位学生之间为中位数位置。第 3 位学生的成绩是 72 分，第 4 位学生的成绩是 80 分，则：

$$M_e=\frac{72+80}{2}=76（分）$$

（ii）由分组资料确定中位数。

由分组资料确定中位数，分为两种情况：

一是由单项式数列确定中位数。由单项式数列确定中位数时，首先要将各组次数累计，然后根据公式 $\frac{\sum f+1}{2}$ 确定中位数的位次，最后从次数累计中找到中位数所在的组，该组的标志值就是中位数。

【例 5.11】 某公司 30 名职工参加生产技能竞赛，在规定时间完成任务数如表 5.7 所示，求中位数。

表 5.7 某公司职工参加职业技能测试分组表

完成任务数（件）	人数（人）	向上累计
1	5	5
2	4	9
3	8	17
4	7	24
5	6	30

解析 该公司职工完成任务数的中位数位次是 $\frac{\sum f+1}{2}=15.5$，说明中位数位于第 15 和第 16 个职工之间。由向上累计次数可知，第 15 和第 16 个职工均属于第三组。所以，中位数是 3（件）。

二是由组距式数列确定中位数。在组距式数列情况下，计算中位数的方法是：首先要根据累计次数 $\frac{\sum f+1}{2}$ 确定中位数所在组，这个组的上、下限就规定了中位数可能的取值范围；然后用公式计算中位数的近似值。具体的计算公式为

$$上限公式：M_e=U-\left(\frac{\sum f}{2}-S_{m+1}\right)\times\frac{i}{f_m} \quad (5.16)$$

$$下限公式：M_e=L+\left(\frac{\sum f}{2}-S_{m-1}\right)\times\frac{i}{f_m} \quad (5.17)$$

式中，M_e 为中位数；L 为中位数所在组的下限；U 为中位数所在组的上限；f_m 为中位数所在组的次数；i 为中位数所在组的组距；$\sum f$ 为总频数；S_{m-1} 为向上累计至中位数所在组前一组的次数；S_{m+1} 为向下累计至中位数所在组后一组的次数。

【例 5.12】 根据表 5.6 计算中位数。

解　首先由累计次数$\frac{\sum f+1}{2}$=10.5，求出中位数所在的组为80～90这一组，再按照上下限公式计算中位数的近似值为：

上限公式：$M_e = U - \left(\frac{\sum f}{2} - S_{m+1}\right) \times \frac{i}{f_m} = 90 - \left(\frac{20}{2} - 5\right) \times \frac{10}{7} \cong 83$；

下限公式：$M_e = L + \left(\frac{\sum f}{2} - S_{m-1}\right) \times \frac{i}{f_m} = 80 + \left(\frac{20}{2} - 8\right) \times \frac{10}{7} \cong 83$。

（四）标志变异指标

1. 标志变异指标的概念。

标志变异指标又称标志变动度指标，它是反映社会经济现象总体各单位标志值之间差异程度的综合指标。

标志变异指标和平均指标是一对相互联系的对应指标，是从两个不同的侧面反映同质总体的共同特征。平均指标表明总体各单位标志值的一般水平，说明变量数列中变量值的集中趋势；标志变异指标则表明总体各单位标志值的差别大小的程度，说明变量值的离中趋势。

在统计分析中，计算总体标志值的平均数的同时，进一步测定标志变异指标，这对于全面认识总体的特征，探讨其变动的规律性，进行科学管理与预测等都有重要的意义。

2. 标志变异指标的主要作用。

（1）标志变异指标可以反映平均数的代表性大小。如果总体各单位标志值的差异程度大，则平均数的代表性小；反之，标志值变动范围或程度小，则平均数的代表性就大。

（2）标志变异指标可以反映经济活动过程的均衡性、节奏性或稳定性。

（3）标志变异指标可以揭示总体变量分布的离中趋势，是研究总体分布的重要特征值。社会经济现象受多种因素的影响，其中，由于主要的必然的因素的作用，次要的偶然的因素则在平均数周围正负作用而相互抵消，从而使总体各单位标志值以平均数为中心上下波动。因此，平均指标揭示了总体变量分布的集中趋势，成为研究总体分布的重要特征值。而标志变异指标则从另一侧面揭示了以平均数为中心，各标志值偏离中心的程度。一般来说，标志变异指标值越大，说明总体各标志值离中心点越远，亦即偏离平均数的程度越大，反之则相反。通过标志值的离中分析，可以进一步研究标志变量的分布是否接近或偏离正态分布的状况，从而可以帮助我们更好地认识数列分布的规律性。

3. 标志变异指标的计算方法。

常用的标志变异指标有全距、平均差和标准差。这一类变异指标主要用以反映标志变动的绝对程度，用绝对数表示，一般不能用于不同总体之间离散程度大小的直接比较。

（1）全距。

全距是总体各单位标志值中的最大值与最小值的差距，借以表明总体标志值的差异范围大小，一般用符号 R 表示。在组距数列中，全距的近似值不是最高组的上限与最低组的下限之差。由于全距是一个数列中两个极端数值之差，所以又称为极差。采用全距可以评价标志变异程度，全距值越小，说明总体单位变量值越集中，则平均数的代表性就越大；反之，全距值越大，说明总体单位变量值越分散，则平均数代表性就越小。

全距是测定标志变动度最简单的方法，计算简便，而且容易理解，因此在很多场合采用全距来粗略地说明某些现象的标志变动程度，例如，农作物收获率的差距、某一商品价格的差距等。特别是在现代化高速生产的工艺过程中，常用全距检查产品质量的稳定性和进行质量控制。但由于全距不是根据全部标志值计算的，很容易受极端数值的影响，其结果不能充分反映现象的实际离散程度，因而在应用方面有一定的局限性。

（2）平均差。

平均差就是总体各单位标志值与其算术平均数的离差绝对值的算术平均数，它能综合反映总体各单位标志值的变动程度，一般用符号 AD 表示。平均差越小，说明各标志值之间的差异程度越小，平均数的代表性就越大；反之，平均差越大，说明各标志值之间的差异程度越大，平均数的代表性就越小。

由于所掌握的资料不同，平均差可分为简单平均差和加权平均差两种：

① 简单平均差。

简单平均差适用于资料未经分组的情况，计算公式为

$$\mathrm{AD}=\frac{\sum|x_i-\overline{x}|}{n} \tag{5.18}$$

② 加权平均差。

加权平均差适用于资料已经分组的情况，计算公式为

$$\mathrm{AD}=\frac{\sum|x_i-\overline{x}|f}{\sum f} \tag{5.19}$$

上式中的 x，在组距数列中可用各组的组中值代表。平均差不同于全距，它考虑了总体全部单位标志值的差异，能较准确地反映总体各标志值的平均变异程度。但由于它采用绝对值的离差形式加以数学假定，在运用上有较大的局限性，因此，需要采用一种数学性能更优越的标志变异指标，即标准差。

（3）标准差。

标准差又叫均方差，是各变量值与其算术平均数离差平方的算术平均数的平方根，是测定标志差异程度最常用的指标，一般用符号 σ 表示。用标准差可以评价标志变动情况，标准差越小，平均数的代表性就越大；反之，标准差越大，平均数的代表性就越小。根据所掌握的资料不同，标准差的计算也可分为简单式和加权式两种：

① 简单式标准差：

$$\sigma=\sqrt{\frac{\sum_{i=1}^{n}(x_i-\overline{x})^2}{n}} \tag{5.20}$$

② 加权式标准差：

$$\sigma=\sqrt{\frac{\sum_{i=1}^{n}(x_i-\overline{x})^2\cdot f}{\sum f}} \tag{5.21}$$

（4）离散系数。

上述讨论的各种标志变异的绝对指标，如平均差、标准差等，是有计量单位的有名数，其数值的大小不仅受标志值变动的影响，而且还受平均水平高低的影响。因此，为了对比分析不同平均水平的变量数列的标志变动度，不宜直接用平均差或标准差，而应消除计量单位不同以及平均水平高低不一的影响，计算能反映标志变动的相对指标，即标志变动系数（又称离散系数或变异系数）。离散系数是标志变异指标与其相应的算术平均数的比值。常用的标志变动系数有全距系数、平均差系数和标准差系数，而以标准差系数的应用最为普遍。离散系数越大，说明平均数的代表性越差；相反，离散系数越小，说明平均数的代表性越好。

标准差系数一般用符号V_σ表示，其计算公式为

$$V_\sigma=\frac{\sigma}{\overline{x}}\times 100\% \tag{5.22}$$

离散系数一般用百分数表示，由于把相应的算术平均数都化作100，因而标志变动系数可以用来比较平均水平不同的几组标志值的变动程度。同时只是平均差、标准差相当于相应的算术平均数的百分比，不再保持原有资料的单位，因此，可以用来比较计量单位不同的指标之间的变异程度。

二、动态指标

静态指标法主要是根据同一时期的资料，从静态上对总体的数量特征进行分析的基本方法，但社会经济现象总是随着时间的推移而不断地发展变化，因此还要进行动态分析。要进行动态分析，首先要编制时间数列。

（一）时间数列的概念及种类

1. 时间数列的概念。

将某一个统计指标在不同时间上的各个数值，按时间先后顺序排列，就形成一个时间数列，也叫做动态数列。由此可以看出，时间数列一般是由两个基本要素构成的，即被研究现象所属的时间，以及反映该现象的统计指标数值。

通过时间数列的编制和分析，首先，可以从现象的量变过程中反映其发展变化的方向、程度和趋势，研究其质量变化的规律性。其次，通过时间数列资料的研究，可以对某些社会经济现象进行预测。最后，利用时间数列，可以在不同地区或国家之间进行对比分析。由此可见，编制和分析时间数列具有重要的作用，已成为对社会经济现象进行统计分析的一种重要方法。

2. 时间数列的种类。

时间数列按其排列的指标表现形式的不同，可分为三类，即绝对数时间数列、相对数时间数列和平均数时间数列。绝对数时间数列是基本数列，后两类则是以前者为基础计算得出的派生数列。

（1）绝对数时间数列。

绝对数时间数列是由一系列同类的总量指标数值按时间顺序排列的时间数列，可以反映某种社会经济现象在各个时期达到的绝对水平及其发展变化情况。绝对数时间数列按其反映

的社会经济现象性质的不同，又可以区分为时期数列和时点数列。

① 时期数列。

时期数列是每个指标数值都反映某种社会经济现象在一定时期内发展过程的总量。时期数列的特点主要有：第一，时期数列中各个指标具有可加性，相加后的观察值表示现象在更长时期内发展过程的总量。第二，时期数列中每个指标数值的大小与时期的长短有直接关系。时期越长，其指标数值相加的绝对值越大。第三，时期数列中的统计指标一般是连续统计的。

② 时点数列。

时点数列是每个指标数值都反映某种社会经济现象在一定时点上的状态及其水平。时点数列的特点主要有：第一，不可加性。因为数列中的每个指标数值只是表明某一社会经济现象在一定时点上所达到的水平，所以各项指标数值不能相加，即如果各个时点上的数值相加，就会产生重复计算，所得的数字不能反映实际情况。第二，时点数列指标数值的大小与时间间隔的长短无直接关系。第三，时点数列的统计数值，一般通过间断统计方法获得。

（2）相对数时间数列。

相对数时间数列是由一系列同类相对指标数值按时间顺序排列的时间数列，用来说明现象之间的数量对比关系或相互联系的发展变化过程。在相对数时间数列中，由于各个指标数值的基数不同，所以不能直接相加。

（3）平均数时间数列。

平均数时间数列是由一系列同类平均指标数值按时间顺序排列的时间数列，用来表明某一社会经济现象的一般水平的变化过程或发展趋势。数列中的各个指标数值也不能相加，因为相加所得的数值没有实际的经济意义，不能说明任何问题。

（二）编制时间数列的原则

1. 时期长短应该相等。

时期数列中各项指标数值与时期长短直接相关，因此，在同一个时期数列中各个指数值所属时期长短要求相等，否则就不能比较。但这个原则不能绝对化，为了某种特殊的研究目的，也可以将时期不等的指标数值编制时期数列。对于时点数列来说，其指标数值的大小与时点间隔的长短没有直接关系，所以各个指标数值之间的间隔应否相等，须视实际情况和需要而定。但为了更明显地反映现象的变化过程及其规律性，各个指标数值之间的时间间隔仍应力求前后一致。

2. 总体范围应该一致。

编制时间数列时，通常涉及总体范围的问题，即被研究的社会经济现象所包括的地区范围、隶属关系的范围、分组范围等是否前后一致。如果总体范围有了变动，则前后各期的指标数值不能直接对比，必须将资料加以适当的调整。

3. 经济内容应该统一。

因为指标数值是反映一定质的经济内容，不能只就数量考虑数量，而不注意时间数列中各个指标内容的同质性。有时，时间数列的指标名称相同，但经济内容不尽相同，如果仍然机械地进行对比分析，可能导致错误的结论。特别是研究不同的社会制度或者研究重大变革时期的经济发展变化情况时，更应注意指标数值反映的经济内容是否一致的问题。

4. 各项指标数值的计算方法、计算价格和计量单位应该一致。

在指标名称及其经济内容一致的前提下，采用什么方法计算，按照何种价格或单位计量，各个指标数值都要保持前后一致。

（三）动态指标的种类及计算方法

为了阐明社会经济现象发展的规模和速度，认识事物发展的规律性，必须对时间数列进行分析，计算一系列表明现象发展变化状况的动态分析指标。动态分析指标可以归纳为两类，即发展水平指标和发展速度指标。

1. 发展水平指标。

发展水平指标主要用来分析现象在某一时期或时点上发展变化的水平，包括发展水平、增减水平、平均发展水平、平均增减水平等指标。

（1）发展水平。

发展水平是动态数列中具体时间条件下的指标数值，具体反映某种社会经济现象在各个时间所达到的规模或水平。它是计算其他动态分析指标的基础，一般用符号 a 表示。发展水平可以表现为绝对数，也可以表现为相对数或平均数。

时间数列中第一项指标数值叫做最初水平，最后一项指标数值叫做最末水平。进行动态对比时，作为对比基础时期的发展水平叫做基期水平，而要与基期水平进行对比的那个时期的发展水平，称为报告期水平或计算期水平。基期和报告期或最初水平和最末水平都不是固定不变的，将随着研究的目的要求和研究时间的变更而做相应的改变。如用符号表示数列中的发展水平，即

$$a_0, a_1, a_2, \cdots, a_n$$

其中，a_0 代表最初水平，a_n 代表最末水平，其余就是中间各项水平。在实际工作中，习惯用“增加到”或“增加为”及“降低到”或“降低为”来表示发展水平。

（2）增减水平。

增减水平又称增减量，是时间数列中报告期水平与基期水平之差，它说明社会经济现象在一定时期内增减变化的绝对数量。计算结果差值大于零是增长量，小于零是减少量。

增长量按对比选择的基期不同，可分为逐期增长量和累计增长量两种：

① 逐期增长量是各报告期水平与前期水平之差，用以说明报告期水平较前一期水平增加（或减少）的总量，用符号表示为

$$a_1-a_0,\ a_2-a_1,\ a_3-a_2,\ \cdots,\ a_n-a_{n-1}$$

② 累计增长量是各报告期水平与某一固定基期水平之差，用以说明报告期水平较某一固定时期水平增加（或减少）的绝对数量，用符号表示为

$$a_1-a_0,\ a_2-a_0,\ a_3-a_0,\ \cdots,\ a_n-a_0$$

不难看出，逐期增减量与累积增减量存在以下关系：

① 各个逐期增减量之和等于相应的累积增减量，即

$$(a_1-a_0)+(a_2-a_1)+(a_3-a_2)+\cdots+(a_n-a_{n-1})=a_n-a_0$$

② 相邻两个累积增减量之差等于相应的逐期增减量，即

$$(a_i - a_0) - (a_{i-1} - a_0) = a_i - a_{i-1}$$

（3）平均发展水平。

平均发展水平是指时间数列中各个时期或时点上的发展水平的平均数，从动态上说明社会经济现象在某一段时间内发展的一般水平，在统计学上称为动态平均数或序时平均数。

序时平均数与一般平均数既有共性，也有区别。其共性都是将现象的数量差异加以抽象平均来反映现象的一般水平。其区别主要表现在三个方面：第一，前者平均的是现象在不同时期或时点上的数量差异；而后者平均的是现象在同一时间上的数量差异。第二，前者是从动态上反映现象在一段时间内发展的一般水平；后者则是从静态上反映现象在具体时间条件下的一般水平。第三，前者的计算依据是时间数列；后者的计算依据则是变量数列。

平均发展水平可根据绝对数动态数列计算，也可根据相对数动态数列和平均数动态数列计算。因此计算序时平均数的方法有所不同。

① 根据绝对数动态数列计算平均发展水平。

由于绝对数动态数列分为时期数列和时点数列，两种数列的特点不同，计算平均发展水平的方法也不同。

（i）由时期数列计算平均发展水平。因为时期数列中各指标数值可以相加，可以用简单算术平均法来计算平均发展水平。其计算公式为

$$\bar{a} = \frac{a_1 + a_2 + a_3 + \cdots + a_n}{n} = \frac{\sum a}{n} \tag{5.23}$$

【例 5.13】 某企业 2012 年上半年销售利润见表 5.8，计算该企业月平均销售利润。

表 5.8 某企业 2012 上半年的销售利润 单位：万元

月　份	1	2	3	4	5	6	合计
销售利润	50	60	70	80	100	120	480

则月平均销售利润为

$$\bar{a} = \frac{\sum a}{n} = \frac{50+60+70+80+100+120}{6} = 80\text{（万元）}$$

（ii）由时点数列计算平均发展水平。时点数列是根据时点资料编制的，相邻时点之间总会有一定的间隔，因此时点数列一般都是间断数列。但如果时点数列的资料是逐日记录，而且逐日排列的，则可视为连续时点数列。

首先，在掌握逐日的连续时点资料时，计算平均发展水平可用简单算术平均法。其计算公式为

$$\bar{a} = \frac{a_1 + a_2 + a_3 + \cdots + a_n}{n} = \frac{\sum a}{n} \tag{5.24}$$

如果各时点指标值不是逐日变动的，即资料每隔一段时间才有变动，则可用加权算术平均法来计算。其计算公式为

$$\bar{a}=\frac{a_1f_1+a_2f_2+a_3f_3+\cdots+a_nf_n}{f_1+f_2+\cdots+f_n}=\frac{\sum af}{\sum f} \qquad (5.25)$$

式中，f 为各时段的间隔时间长度，即权数。

【例 5.14】 某企业 1 月末有职工 1 000 人，2 月 5 日调进 5 人，2 月 15 日招聘 50 人报到上班，2 月 18 日有 2 人离职，2 月 22 日引进 5 名专业人才师，求该企业 2 月份的平均职工人数。

解 该企业 2 月份平均职工人数为

$$\bar{a}=\frac{\sum af}{\sum f}=\frac{1\,000\times4+1\,005\times10+1\,055\times3+1\,053\times4+1\,058\times9}{4+10+3+4+9}=1\,031.6\approx1\,032\text{（人）}$$

其次，在掌握间断时点资料时，这种间断时点数列又可分为两种情况：

一是间隔相等的间断时点数列，其计算平均发展水平的公式为

$$\bar{a}=\frac{\frac{a_1+a_2}{2}+\frac{a_2+a_3}{2}+\cdots+\frac{a_{n-1}+a_n}{2}}{n-1}=\frac{\frac{a_1}{2}+a_2+a_3+\cdots+\frac{a_n}{2}}{n-1} \qquad (5.26)$$

这种方法称为“首尾折半法”，其原理是：首先，以每一小段的中间值代表该小段的平均水平，然后将各小段的平均水平用简单算术平均法加以平均，得到整个被研究时期的平均发展水平。利用这种方法计算平均发展水平有一个假定条件，它是假定现象在相邻的两个时点之间是均匀变动的，但实际上不可能是完全均匀的，因而所得的数值只是近似值。如果时点数列的间隔越小，所得的数值就越接近于实际。

【例 5.15】 某商店 2012 年第四季度职工人数资料如表 5.9 所示，计算该商店 2012 年第四季度的平均职工人数。

表 5.9　某商店 2012 年第四季度职工人数　　单位：人

日　期	9 月 30 日	10 月 31 日	11 月 30 日	12 月 31 日
职工人数	200	220	212	300

解 该商店 2012 年第四季度职工人数为

$$\bar{a}=\frac{\frac{a_1+a_2}{2}+\frac{a_2+a_3}{2}+\cdots+\frac{a_{n-1}+a_n}{2}}{n-1}=\frac{\frac{a_1}{2}+a_2+a_3+\cdots+\frac{a_n}{2}}{n-1}$$

$$=\frac{\frac{200}{2}+220+212+\frac{300}{2}}{4-1}\cong228\text{（人）}$$

二是间隔不等的间断时点数列，其计算平均发展水平的公式为

$$\bar{a}=\frac{\frac{a_1+a_2}{2}f_1+\frac{a_2+a_3}{2}f_2+\cdots+\frac{a_{n-1}+a_n}{2}f_{n-1}}{f_1+f_2+\cdots+f_n} \qquad (5.27)$$

式中，f 为各时点的间隔时间长度。

【例 5.16】 某商店 2012 年职工人数如表 5.10 所示，求该商店 2012 年平均职工人数。

表 5.10 某商店 2012 年第四季度职工人数 单位：人

日 期	1月1日	3月1日	7月30日	12月31日
职工人数	200	220	212	300

解 该商店 2012 年平均职工人数为

$$\bar{a}=\frac{\frac{a_1+a_2}{2}f_1+\frac{a_2+a_3}{2}f_2+\cdots+\frac{a_{n-1}+a_n}{2}f_{n-1}}{f_1+f_2+\cdots+f_n}$$

$$=\frac{\frac{200+220}{2}\times2+\frac{220+212}{2}\times5+\frac{212+300}{2}\times5}{12}\cong232\text{（人）}$$

② 根据相对数动态数列计算平均发展水平。

相对数时间数列一般是由两个密切联系的绝对数时间数列相应项对比而形成的，由于各个相对数不能直接相加，所以计算它们的序时平均数时，应分别计算其分子数列的序时平均数和分母数列的序时平均数，然后将这两个序时平均数对比，即得相对数时间数列的序时平均数。其基本计算公式为

$$\bar{c}=\frac{\bar{a}}{\bar{b}} \tag{5.28}$$

式中，$\bar{c}$ 为相对数时间数列的序时平均数；$\bar{a}$ 为分子数列的序时平均数；$\bar{b}$ 为分母数列的序时平均数。

具体计算时，又因为时期数列和时点数列性质的不同，采用的方法也有所不同。但其道理和前面相同，关键是要和指标的性质、计算方法相联系，即首先需要判断分子数列和分母数列属于时期数列还是时点数列，然后采用前面所讲的绝对数动态数列相应公式计算分子数列和分母数列的序时平均数，然后再进行对比求得整个相对数时间数列的序时平均数。

③ 根据平均数动态数列计算平均发展水平。

平均数动态数列由一般平均数或序时平均数组成。由于这两种平均数的特点不同，用它们组成的动态数列计算平均发展水平的方法也不相同。

一般平均数时间数列中的分子数列是标志总量，属于时期数列；其分母数列是总体单位总量，一般属于时点数列，因此，计算这种一般平均数时间数列的序时平均数，和相对数时间数列的计算方法一样（即时点平均数用首尾折半法；时期平均数用简单算术平均）。

根据序时平均数所组成的平均数动态数列计算平均发展水平，在时期相等时，可以直接采用简单算术平均法计算；如果计算的时期或间隔不相等，则可以用时期或间隔长度作为权数采用加权算术平均法计算。

（4）平均增减水平。

平均增减水平又称平均增减量，是各期逐期增长量的简单算术平均数，表明某种现象在较长时期内平均每期增减的绝对量。其计算公式为

$$平均增长量=\frac{逐期增长量之和}{逐期增长量个数}=\frac{累计增长量}{时间数列项目-1} \quad (5.29)$$

2. 发展速度指标。

（1）发展速度。

发展速度是某种社会经济现象的报告期水平与基期水平之比，用以反映现象发展变动的方向和程度，表明报告期水平已发展到基期水平的若干倍或百分之几。其计算公式为

$$发展速度=\frac{报告期水平}{基期水平}\times 100\% \quad (5.30)$$

按对比时选择的基期不同，发展速度又可分为环比发展速度和定基发展速度两种。

① 环比发展速度是报告期水平与前一期水平之比，表明社会经济现象在两个相邻时期或时点上的发展速度。其计算公式为

$$环比发展速度=\frac{报告期水平}{前一期水平} \quad (5.31)$$

用符号表示为

$$\frac{a_1}{a_0},\ \frac{a_2}{a_1},\ \frac{a_3}{a_2},\ \cdots,\ \frac{a_n}{a_{n-1}}$$

② 定基发展速度是报告期水平与某一固定基期水平之比，表明现象在较长时期内总的发展速度。其计算公式为

$$定期发展速度=\frac{报告期水平}{固定基期水平} \quad (5.32)$$

用符号表示为

$$\frac{a_1}{a_0},\ \frac{a_2}{a_0},\ \frac{a_3}{a_0},\ \cdots,\ \frac{a_n}{a_0}$$

定基发展速度与环比发展速度虽然说明问题时的侧重点有所不同，但它们之间存在着以下两种换算关系：

① 定基发展速度等于相应时期内各个环比发展速度的连乘积：

$$\frac{a_n}{a_0}=\frac{a_1}{a_0}\cdot\frac{a_2}{a_1}\cdot\frac{a_3}{a_2}\cdots\cdots\frac{a_n}{a_{n-1}}$$

② 相邻的两个定基发展速度之商等于相应的环比发展速度：

$$\frac{a_n}{a_{n-1}}=\frac{a_n}{a_0}\div\frac{a_{n-1}}{a_0}$$

（2）增减速度。

增减速度又称为增长速度，是增长量与基期发展水平之比，它是表明社会经济现象增长程度的相对指标。其计算公式为

$$增长速度=\frac{增长量}{基期水平}=\frac{报告期水平-基期水平}{基期水平}=\frac{报告期水平}{基期水平}-1=发展速度-1 \quad (5.33)$$

由此可见，增减速度是由发展速度减 1（或 100%）而得出的，它们之间有密切的关系，但所说明的内容是不同的:发展速度是说明报告期水平增加到基期水平的多少倍或百分之几，包括了基期水平；增减速度则是说明报告期水平比基期水平增加了或降低了多少倍或百分之几，不包括基期水平，是指“净增加或减少”的倍数或百分比。发展速度没有正负之分，增减速度则有正负之分。增减速度为正值，表示现象的增长程度，即增长率；如为负值，表示现象的降低程度，即降低率。

计算增减速度时也由于采用基期的不同而分为定基增减速度和环比增减速度。

① 定基增减速度说明现象在较长时期内总的增减程度，可用公式表示为

$$环比增长速度=\frac{逐期增长量}{前一期水平}=环比发展速度-1(或100\%) \quad (5.34)$$

② 环比增减速度表示现象的逐期的增减程度，可用公式表示为

$$定期增长速度=\frac{累计增长量}{固定基期水平}=定基发展速度-1(或100\%) \quad (5.35)$$

需要注意的是，环比增长速度与定基增长速度之间没有量的乘除关系，不能直接进行换算。因为定基增长速度和环比增长速度都是发展速度的派生指标，只反映增长部分的相对程度，所以环比增长速度的连乘积不等于定基增长速度。如果需要根据环比增长速度计算定基增长速度，必须将环比增长速度加 1 后连乘计算出定基发展速度，然后再将计算结果减 1 求得。

此外，通常所说的“翻番”，也属于速度指标。翻一番是指报告期水平为基期水平的 2 倍，或者说报告期水平比基期增长 1 倍，增长速度为 100%；翻两番是指报告期水平为基期水平的 4 倍，或者说报告期水平比基期增长 3 倍，增长速度为 300%。

（3）平均发展速度。

平均发展速度是经济现象在各个时期环比发展速度的序时平均数，说明某一现象在一个较长时期内逐期平均发展变化的程度。由于定基发展速度等于各个时期环比发展速度的连乘积，而不是各个时期环比发展速度之和，所以计算平均发展速度不能用算术平均法，而应采用几何平均法或方程式法。

① 几何平均法（水平法）。

$$\bar{x}=\sqrt[n]{x_1\cdot x_2\cdot x_3\cdot\cdots\cdot x_n}=\sqrt[n]{\frac{a_n}{a_0}}=\sqrt[n]{R} \quad (5.36)$$

式中，$\bar{x}$ 为平均发展速度；$x_1,x_2,x_3,\cdots,x_n$ 为各期环比发展速度；a_0 为基期水平；a_n 为报告期水平；R 为定基发展速度；n 为环比发展速度的项数。

这种方法的实质是：现象从最初水平 a_0 出发，每期按平均发展速度发展，经过 n 期后，正好达到最末水平 a_n。从公式来看，平均发展速度取决于总速度，而总速度又取决于最末水平与最初水平之比。因此，只有当整个时期中现象的各期水平比较均匀地向同一方向发展时，平

均发展速度才能反映现象发展变化程度的一般水平。如果现象在所研究的时期中出现了特殊变化，时升时降，升降起伏的幅度悬殊较大，则计算的平均发展速度就会降低其代表性，甚至失去其实际意义。

② 方程式法（累积法）。

$$\sum a_n = \sum a_0 \overline{x}^n \tag{5.37}$$

这种方法的实质是：现象从最初水平 a_0 出发，各期按平均发展速度计算发展水平，使所计算的各期发展水平之和等于各期实际发展水平之和。解出这个高次方程所得的正根，就是所求的平均发展速度。但是解此方程比较复杂，在实际工作中，一般都利用事先编好的“平均增长速度查对表”来查得平均发展速度。

（4）平均增减速度。

平均增减速度是指各期环比增减速度的平均值，说明某一现象在一个较长时期内逐期平均增减变化程度。但它不能根据各环比增长速度直接计算，因为各环比增长速度的连乘积不等于总增长速度。它与平均发展速度具有密切的联系，两者仅相差一个基数，即

$$\text{平均增长速度} = \text{平均发展速度} - 1(\text{或}100\%) \tag{5.38}$$

当平均发展速度大于1时，平均增长速度为正值，表明现象在一定时期内平均增长的程度；当平均发展速度小于1时，平均增长速度为负值，表明现象在一定时期内平均下降的程度。

5.3.2　指数分析法

一、统计指数的概念与种类

（一）统计指数的概念

统计指数简称指数，在各种统计学著作中对其概念有许多不同的提法。目前，统计学中的统计指数一词有广义和狭义两方面的内容。从广义上看，凡是表明社会经济现象数量对比关系的相对数均是指数；从狭义上看，统计指数是指用来反映多种现象不能直接相加对比的复杂总体综合变动的动态相对数。指数作为一种特有的统计指标和方法，主要指狭义的指数。这里所研究的指数，也是狭义的统计指数。

（二）统计指数的种类

指数的种类很多，可以按不同的角度作不同的分类。

1. 指数按其反映对象的范围不同，可以分为个体指数、总指数和类指数。

个体指数是说明社会经济现象中单项事物变动情况的相对数，一般用符号 K 表示。例如，某种商品或产品数量变动的相对数。个体指数是同一种现象的报告期指标数值与基期指标数值对比而得的发展速度指标。

总指数说明度量单位不相同的多种事物数量综合变动的相对数。例如，工业总产量指数、零售物价总指数等。总指数与个体指数有一定的联系，可以用个体指数计算相应的总指

数。用个体指数简单平均求得的总指数，称为简单指数；用个体指数加权平均求得的总指数，称为加权指数。

类指数是将指数法和统计分组法结合运用的一种指数，介于个体指数和总指数之间，用来说明不同现象总体中某一类或某一组现象变动的相对数。例如，零售物价指数中分食品类、衣着类、日用杂品类、燃料类等大类的商品价格指数。

2. 指数按其所反映的社会经济现象特征的不同，分为数量指标指数和质量指标指数。

数量指标指数简称数量指数，主要是指反映现象的规模水平变化的指数，如商品销售量指数、工业产品产量指数等。

质量指标指数简称质量指数，是指综合反映生产经营工作质量好坏、管理水平高低等方面变动情况的指数，如物价指数、产品成本指数等。

在指数的编制和应用中，必须重视数量指数和质量指数的区别。一个复杂现象总体的总量指标，如果分解成两个因素，往往是由一个数量指标和一个质量指标所组成的，即

$$总量指标=数量指标\times质量指标$$

3. 指数按其采用基期的不同，分为定基指数和环比指数。

将不同时期的某种指数按时间先后顺序排列，形成指数数列。在同一个指数数列中，如果各个指数都以某一个固定时期作为基期，就称为定基指数。定基指数反映现象总体的长期变化及动态发展过程。如果各个指数都是以报告期的前一期作为基期，则称之为环比指数。环比指数反映现象总体逐期变化的情况。

4. 指数按其对比内容的不同，分为动态指数和静态指数。

动态指数是由两个不同时期的经济变量值对比形成的指数，说明现象在不同时间上发展变化的情况。

静态指数是由同一时间不同空间条件下同一经济变量的不同数值的对比，或者是由同一地区、单位的实际指标数值与计划指标数值对比而形成的指数。

5. 按照常用的计算与编制总指数的方法或形式，可以分为综合指数和平均指数。

综合指数是由两个有联系的综合总量指标对比而形成的指数。

平均指数是用加权平均的方法计算出来的指数,分为算术平均数指数和调和平均数指数。

二、综合指数

(一) 综合指数的概念

综合指数是编制和计算总指数的一种基本形式，它是由两个总量指标对比而形成的指数。凡是一个总量指标可以分解为两个或两个以上的因素指标时，将其中一个或一个以上的因素指标固定下来，仅观察其中一个因素指标（通常称之为指数化指标）的变动程度，这样的总指数称为综合指数。综合指数有两种：一种是数量指标综合指数，另一种是质量指标综合指数。

编制复杂现象的总指数时，由于多个因素不能直接相加，因此需要解决以下两个问题：首先，要解决不能同度量的问题，即将不能直接相加的因素过渡到能够直接相加；其次，要选择同度量因素所属的时期。

同度量因素就是指能使各种不同性质的不能直接相加的数量指标或质量指标，过渡到性质相同、可以直接相加的度量因素。例如，各种商品的销售量由于计量单位不同，不能直接相加。因此，在编制总指数时，用销售价格作为同度量因素，换算成销售额后进行综合，再求其销售量总指数。同度量因素在综合指数中还起到权数的作用，即起着权衡各因素指标对综合指数的轻重作用。为了反应复杂总体中指数因素的变动，就需要将相应的同度量因素固定在某一水平上。

（二）数量指标综合指数的编制方法

1. 数量指标综合指数的概念。

数量指标综合指数又称为数量指标指数，是用来反映生产、经营或经济工作数量和总体规模变动情况的指数。如工业产品产量指数、农业产品产量指数、商品销售量指数、货物运输量指数等。由于各种商品的实物单位往往不一致，彼此直接相加和对比是没有实际意义的，因而各种商品的数量是不能同度量的。

2. 数量指标综合指数的编制方法。

在编制数量指标综合指数时，一般把作为同度量因素的质量指标固定在基期。其计算公式为

$$\bar{K}_q = \frac{\sum q_1 p_0}{\sum q_0 p_0} \tag{5.39}$$

式中，$\bar{K}_q$ 表示数量指标综合指数；q_1 表示报告期数量指标；q_0 表示基期数量指标；p_0 表示基期质量指标。

（三）质量指标综合指数的编制方法

1. 质量指标综合指数的概念。

质量指标综合指数又称为质量指标指数，是说明经济工作质量变动的指数，如商品价格指数、产品成本指数等。尽管价格水平是以货币为计量单位，但由于各种商品（或产品）的价格反映不同使用价值的实物量的价格水平，彼此直接相加和对比是没有实际意义的，因而各种商品的单价是不能同度量的。可见，编制质量指标指数时，同样要解决同度量因素及其所属的时期这两个问题。

2. 质量指标综合指数的编制方法。

在编制质量指标综合指数时，一般把作为同度量因素的数量指标固定在报告期。其计算公式为

$$\bar{K}_p = \frac{\sum q_1 p_1}{\sum q_1 p_0} \tag{5.40}$$

式中，$\bar{K}_p$ 表示质量指标综合指数。

（四）数量指标综合指数与质量指标综合指数的关系

1. 在指数体系的应用中，其具有相对数之间的数量联系，即价值量总指数等于数量指标指数与质量指标指数的乘积。其公式为

$$\bar{K}_{pq}=\bar{K}_q\times\bar{K}_p=\frac{\sum q_1p_0}{\sum q_0p_0}\times\frac{\sum q_1p_1}{\sum q_1p_0} \quad (5.41)$$

2. 一个指数体系不仅具有相对数之间的数量联系，还具有绝对数之间的数量关系，即价值量总指数的分子与分母数值之差等于数量指标指数分子与分母数值之差和质量指标指数分子与分母数值之差的代数和。其公式为

$$\sum q_1p_1-\sum q_0p_0=(\sum q_1p_0-\sum q_0p_0)+(\sum q_1p_1-\sum q_1p_0) \quad (5.42)$$

综上所述，我们在用指数进行经济现象的分析时，不仅需要进行相对分析，也需要进行绝对分析，以便更好地反映事物现象的本质与特点。

【例 5.17】 某企业销售三种产品的销售情况见表 5.11。

表 5.11 某企业销售三种产品销售情况表

商品名称	销售量			销售价格（元/每计量单位）	
	计量单位	基期	报告期	基期	报告期
		q_0	q_1	p_0	p_1
甲	米	4 000	3 000	8.00	8.00
乙	件	400	728	60.00	45.00
丙	千克	3 000	7 400	5.00	5.50

根据以上资料：

（1）计算各种商品的销售量、销售价格的个体指数；

（2）从相对数和绝对数分析总销售额的变动及其因素的影响。

计算分析过程如下：

（1）三种商品的销售额个体指数分别为

$$K_{甲}=\frac{q_1}{q_0}=\frac{3\ 000}{4\ 000}=0.75;\ K_{乙}=\frac{q_1}{q_0}=\frac{728}{400}=1.82;\ K_{丙}=\frac{q_1}{q_0}=\frac{7\ 400}{3\ 000}\cong 2.47$$

三种商品的销售价格个体指数分别为

$$K_{甲}=\frac{p_1}{p_0}=\frac{8}{8}=1;\ K_{乙}=\frac{p_1}{p_0}=\frac{45}{60}=0.75;\ K_{丙}=\frac{p_1}{p_0}=\frac{5.5}{5}=1.1$$

（2）① 销售量指数的分析。

$$\bar{K}_{qp}=\frac{\sum q_1p_1}{\sum q_0p_0}=\frac{3\ 000\times8+728\times45+7\ 400\times5.5}{4\ 000\times8+400\times60+3\ 000\times5}=\frac{97\ 460}{71\ 000}=137.27\%$$

计算结果表明，该企业三种商品总销售额报告期比基期增长了 37.27%。

$$\sum q_1p_1-\sum q_0p_0=97\ 460-71\ 000=26\ 460(元)$$

这一绝对额说明该企业三种商品总销售量报告期比基期增加了 26 460 元，即增长 37.27% 的实际金额。

② 销售量变动对总销售额的影响分析。

$$\bar{K}_q=\frac{\sum q_1p_0}{\sum q_0p_0}=\frac{3\ 000\times8+728\times60+7\ 400\times5}{4\ 000\times8+400\times60+3\ 000\times5}=\frac{104\ 680}{71\ 000}=147.44\%$$

这个结果说明，由于销售量的综合提高使销售额增长了 47.44%。

$$\sum q_1p_0-\sum q_0p_0=104\ 680-71\ 000=33\ 680(\text{元})$$

这个结果说明，由于销售量的综合提高使销售额增加了 33 680 元。

③ 销售价格变动对总销售额的影响分析。

$$\bar{K}_p=\frac{\sum q_1p_1}{\sum q_1p_0}=\frac{3\ 000\times8+728\times45+7\ 400\times5.5}{3\ 000\times8+728\times60+7\ 400\times5}=\frac{97\ 460}{104\ 680}=93.1\%$$

这一结果说明，由于销售价格的综合下降使销售额降低了 6.9%。

$$\sum q_1p_1-\sum q_1p_0=97\ 460-104\ 680=-7\ 220(\text{元})$$

这一结果说明，由于销售价格的综合下降使销售额减少了 7 220 元

三、平均数指数

(一) 平均数指数的概念、意义与种类

1. 平均数指数的概念。

平均指数也称平均数指数，它是编制总指数的另一种形式，即从个体指数出发，先计算质量指标和数量指标的个体指数，然后采用加权平均的方法编制总指数。

2. 平均数指数的意义。

编制综合指数，既可以说明现象变动的方向和程度，又可以说明现象变动所产生的实际效果，且计算公式也比较简单，但编制时却需要拥有全面的统计资料。

下面以编制商品价格指数为例，在应用公式 $\bar{K}_p=\frac{\sum q_1p_1}{\sum q_1p_0}$ 时，要有各种商品基期、报告期的价格和报告期销售量的对应资料；在应用公式 $\bar{K}_q=\frac{\sum q_1p_0}{\sum q_0p_0}$ 时，要有各种商品基期、报告期的销售量和基期的价格的对应资料。因此，在某些原始资料不完备的情况下，就不能直接应用综合指数公式，而需要寻找另外的方法计算总指数。平均指数就是用非全面资料计算总指数的好方法。

平均数指数与综合指数既有区别，又有联系。两者的联系在于，在一定的权数下，平均数指数是综合指数的一种变形。但是，作为一种独立的指数形式，平均数指数在实际中不仅作为综合指数的变形使用，而且本身也具有独特的应用价值。

3. 平均数指数的种类。

平均指数的计算形式基本上分为两种：一种是加权算术平均指数，另一种是加权调和平均指数。

（二）加权算术平均数指数

加权算术平均指数，是对个体指数进行的加权算术平均，即以数量指标个体指数为变量值，以数量指标综合指数相应的分母为权数，进行加权算术平均以计算总指数的方法。它适用于计算数量指标指数，公式为

$$\bar{K}_q=\frac{\sum q_1p_0}{\sum q_0p_0}=\frac{\sum\frac{q_1}{q_0}q_0p_0}{\sum q_0p_0}=\frac{\sum K_q q_0p_0}{\sum q_0p_0} \tag{5.43}$$

【例 5.18】 某商场三种商品的资料如表 5.12 所示，试求其销售量指标指数。

表 5.12 某商场三种商品的资料

商品名称	销售量个体指数	基期销售额（元）
甲	1.25	1 800
乙	1.15	2 500
丙	0.95	3 700

解

$$\bar{K}_q=\frac{\sum K_q q_0p_0}{\sum p_0q_0}=\frac{1.25\times1\ 800+1.15\times2\ 500+0.95\times3\ 700}{8\ 000}\times100\%=108\%$$

$$\sum K_q q_0p_0-\sum p_0q_0=8\ 640-8\ 000=640\text{（元）}$$

（三）加权调和平均数指数

加权调和平均数指数是以质量指标个体指数的倒数为变量，以质量指标综合指数相应的分子指标为权数，进行加权调和平均以计算总指数的方法。它适用于计算质量指标指数，公式为

$$\bar{K}_p=\frac{\sum q_1p_1}{\sum q_1p_0}=\frac{\sum q_1p_1}{\sum\frac{p_0}{p_1}\times q_1p_1}=\frac{\sum q_1p_1}{\sum\frac{1}{K_p}q_1p_1} \tag{5.44}$$

【例 5.19】 某商场三种商品的有关资料见表 5.13，试求其销售价格指标指数。

表 5.13 商场三种产品有关资料

商 品	报告期销售额（万元）	个体价格指数（%）
甲	120.00	107.76
乙	42.84	100.00
丙	147.98	106.34

解
$$\bar{K}_p=\frac{\sum q_1p_1}{\sum\frac{1}{K_p}q_1p_1}=\frac{120+42.84+147.98}{\frac{120}{1.0776}+\frac{42.84}{1}+\frac{147.98}{1.0634}}=105.95\%$$

$$\sum q_1p_1-\sum\frac{1}{K_p}q_1p_1=310.82-293.36=17.46\text{（万元）}$$

5.3.3　相关分析法

一、相关的概念及种类

（一）相关关系的概念

许多现象之间都是相互依存、相互制约、相互联系的，一个现象的变化会引起另一个现象发生变化，具有密切的相关关系。因此，认识事物之间的相关关系、相关程度以及数量变化规律对于学习定量分析法、企事业管理都具有十分重要的作用。通过对大量的社会经济现象的研究发现，现象之间存在着两类关系：一种是确定性的数量关系，即函数关系，这是数学研究的内容；一种是不完全确定性的数量关系，即相关关系，它是经济领域研究的内容。

1. 函数关系。

函数关系是指现象之间存在着严格的依存关系，即给定一个单位的自变量 x 时，会完全对应一个因变量 y 值，这种完全对等的数量关系，一般可用数量公式表达出来：

$$y=f(x)$$

这里 x 是自变量，y 是因变量。

2. 相关关系。

相关关系是指现象的某一变量与另一个变量之间存在着一定的依存关系，但它们不是确定的和严格的依存关系。在相关关系中，某一个自变量的每一个数值，都可能有另外一个因变量的若干个数值与之相对应，在这些数值之间表现为一定的波动性，但又总是围绕着它们的平均数并遵循一定的规律变动。所以，相关关系是一种不完全的依存关系。如施肥量和亩产量的关系，将一块地绝对均匀地分成三等份，在光照、水分、种子、农药、土质、栽培技术都完全相同的情况下，即在其他条件不变的情况下，亩产量的高低依存于施肥量的多少。一般来说，施肥越多，亩产量越高，但其不是一个完全确定的值，而是在平均亩产量左右摆动的值（见表5.14）。

表5.14　施肥与平均亩产资料

施　肥	亩　产			平均亩产
	甲地块	乙地块	丙地块	
10	820	830	840	830
15	900	950	1 000	950
20	1 250	1 350	1 300	1 300
25	1 000	1 010	990	1 000

可见，相关关系和函数关系是不同的。其区别在于函数关系反映的是确定性的数量关系，而相关关系表达的是现象之间的非确定的数量关系。在现实的社会经济生活中，许多现象之间存在着相关关系。

（二）相关关系的种类

相关关系从不同的角度，有多种划分方法。

1. 按照相关关系的方向不同，可以把相关关系分为正相关和负相关。

所谓正相关，是指现象之间的数量变动方向一致。例如，推销人员数量与销售额之间的关系。如果现象之间数量变动的方向相反，就是负相关。

2. 按照相关关系的程度不同，可以把相关关系分为完全相关、不完全相关和不相关。

当因变量完全随自变量的变化而变化时，称为完全相关，实际上也就是函数关系。当自变量变化，因变量不完全随着变化，彼此独立时，称为不相关或零相关。如果两个变量的关系介于完全相关与不相关之间，则称为不完全相关。在社会经济活动中，多数的相关现象是指这种不完全相关，这是相关关系分析的主要研究对象。

3. 按照相关关系的表现形式，可以把相关关系分为线性相关和非线性相关。

若现象之间的数量变化在直角坐标平面上近似地表现为一条直线，即为线性相关。若现象之间的数量变化在直角坐标平面上表现为近似于一条曲线，即为非线性相关。

4. 按照相关关系涉及的因素多少，可以把相关关系分为单相关和复相关。

单相关是指两个变量之间的相关关系，即一个自变量与一个因变量之间的关系。复相关是指三个或三个以上变量之间的相关关系，即多个自变量与一个因变量之间的关系。

（三）相关分析

相关分析是研究一个变量与另一个变量之间的相关方向与相关密切程度，是研究随机变量之间相关关系的一种统计方法。

相关分析主要是探讨现象之间相互关系的密切程度及其变化的规律性，借助于相关分析，可以确定现象之间有无相关关系，确定相关关系的表现形式以及相关关系的密切程度和方向。相关分析从数量上研究社会经济现象之间的依存关系，以及社会经济现象变动影响因素的作用程度，以便进行统计预测和推算，为制订计划、决策提供依据，对加强企业管理，发挥统计工作的职能，有着重要的意义。

二、相关分析的方法

分析研究现象之间相关关系的主要方法是绘制相关表、相关图和计算相关系数。

（一）相关表

相关表是表示现象之间相关关系的一种统计表。它通常将两个变量的对应值平行排列，且其中某一变量按其取值大小顺序排列，用以初步反映相关关系的形式、密切程度和相关方向。编制相关表不仅可以直观地显示现象之间的数量相关关系，而且也是计算相关指标的基础。

根据资料是否分组，相关表有简单相关表和分组相关表。对于未分组的资料，直接将自变量的数值按大小顺序排列，并配合相对应的因变量的数值平行排列所形成的相关表就称为简单相关表。简单相关表的编制程序是：先将变量分为自变量和因变量，将自变量与因变量的数值一一对应，再将自变量按数值从小到大顺序排列即成，表格一般采用上下结构。

当原始资料很多，运用简单相关表存在困难时，一般将资料进行分组，然后编制分组相关表。分组相关表的编制程序是：先将变量分为自变量和因变量，将自变量按照大小进行单项式或组距式分组，在分好组的基础上计算出自变量的次数，最后再将因变量按照自变量分组的对应关系排列即成，表格一般采用左右结构。

（二）相关图

相关图又叫散点图，它是根据相关表中的原始对应数据在平面直角坐标系上以坐标点描绘出来。用横轴表示自变量，纵轴表示因变量，并将收集到的两个变量对应的值用散点在坐标平面上描绘出来，据以研究两个变量之间有无相关关系，以及相关的形态、方向和密切程度。

在社会经济领域中，各种经济现象的变化十分复杂，既有正相关关系，又有负相关关系；既有线性相关关系，又有非线性相关关系，但是运用散点图的分析原理是相同的。相关图虽然能直观形象地反映现象之间相关关系的类型，但不能确切地反映现象之间的相关程度。因此，要想准确地了解现象之间的相关程度，还需要计算相关系数。

（三）相关系数

相关系数又称线性相关系数，它是衡量变量之间线性密切程度和相关方向的指标。相关系数的表现形式是相对数，通常用符号 r 表示。其计算公式为

$$r=\frac{\sigma_{xy}^{2}}{\sigma_x\sigma_y}=\frac{\sqrt{\dfrac{\sum(x-\bar{x})(y-\bar{y})}{n}}}{\sqrt{\dfrac{\sum(x-\bar{x})^2}{n}}\cdot\sqrt{\dfrac{\sum(y-\bar{y})^2}{n}}}=\frac{\sum(x-\bar{x})(y-\bar{y})}{\sqrt{\sum(x-\bar{x})^2}\sqrt{\sum(y-\bar{y})^2}}$$

$$=\frac{n\sum xy-\sum x\sum y}{\sqrt{n\sum x-(\sum x)^2}\sqrt{n\sum y-(\sum y)^2}} \tag{5.45}$$

相关系数的取值范围是：$|r|\leqslant 1$。当 $|r|=0$ 时，表明 x,y 完全相关，即存在着函数关系；当 $0<|r|<1$ 时，表明 x,y 之间存在着一定的相关关系。$|r|$ 数值愈大，愈接近于 1，表明 x,y 之间的相关程度愈高；反之，$|r|$ 数值愈小，愈接近于 0，表明 x,y 之间的相关程度愈低。一般认为，当 $0.8\leqslant|r|<1$ 时，x,y 之间高度相关；当 $0.5\leqslant|r|<0.8$ 时，x,y 之间显著相关；当 $0.3\leqslant|r|<0.5$ 时，x,y 之间低度相关；当 $0<|r|<0.3$ 时，x,y 之间为微相关；当 $|r|=0$ 时，表明 x,y 不相关。

另外，r 值为正数时，表明 x,y 为正相关；r 值为负数时，表明 x,y 为负相关。

5.3.4　回归分析法

一、回归分析

（一）回归分析的概念

所谓回归分析，是指对具有显著或高度相关关系的现象之间数量变化的一般关系进行测

定，建立一个相关的数学表达式，以便从一个已知量去推断另一个与之联系的未知量，进而进行估计预测的统计方法。回归分析中最常用的方法是最小平方法（最小二乘法）。用最小平方法既可配合直线，也可配合曲线，它是分析测定长期趋势最重要的方法。其原理是运用一定的数学模型，对原有的动态数列配合一条适当的趋势线进行修匀。根据最小平方法的原理，这条趋势线必须满足的基本条件是：实际值 y 与趋势线上的估计值 y_c 的离差平方和为最小值，即

$$\sum(y-y_c)^2=\text{最小值}$$

（二）回归分析与相关分析的关系

回归分析和相关分析都是研究两个变量相互关系的分析方法。相关分析研究两个变量之间相关的方向和相关的密切程度，但是相关分析不能指出两个变量相互关系的具体形式，也无法从一个变量的变化来推测另一个变量的变化关系。回归分析则是通过一定的数学方程来反映变量之间相互关系的具体形式，以便从一个已知量来推测另一个未知量。

相关分析既可以研究因果关系的现象，也可以研究共变的现象，不必确定两个变量中谁是自变量，谁是因变量。而回归分析是研究两个变量具有因果关系的数学形式，因此必须事先确定变量中自变量与因变量的地位。

在进行相关分析时，计算相关系数的两个变量是对等的，可以都是随机变量，改变两个变量的地位并不影响相关系数的数值。但是，在回归分析中因变量是随机的，自变量不是随机变量，因此回归分析只能用自变量来估计因变量。

回归分析和相关分析是相互补充、密切联系的。相关分析需要回归分析来表明现象数量相关的具体形式，而回归分析则应该建立在相关分析的基础上。只有通过相关分析表明现象之间密切相关，回归分析的数学表达式才有代表性，回归分析才有实际意义。在相关程度很低的情况下，回归函数的代表性就很差。

二、回归分析的种类

（一）线性回归

1. 线性回归的概念。

线性回归是指利用称为线性回归方程的最小平方函数对一个或多个自变量和因变量之间线性关系进行建模的一种回归分析。这种函数是一个或多个称为回归系数的模型参数的线性组合。回归分析中，只包括一个自变量和一个因变量，且二者的关系可用一条直线近似表示，这种回归分析称为一元线性回归分析。如果回归分析中包括两个或两个以上的自变量，且因变量和自变量之间是线性关系，则称为多元线性回归分析。

2. 一元线性回归。

一元线性回归预测法是回归预测中最基本、最简单的预测方法，也是掌握其他回归预测方法的基础。在经济活动中，长期存在一个变量随另一个变量的变化而变化的现象。如果通过大量的数据资料分析，发现两个变量呈线性变化，便可借助一元线性回归法进行分析。其一般形式为

$$y_c = a + bx$$

式中，a,b 是待定参数，根据实际资料计算而得出。很显然，一旦得到 a 和 b 的参数值，能够表明变量之间数量关系的回归直线方程就被确定下来了。a 在数学上称截距，在经济学上称为起始值（基础水平）；b 在数学上称为斜率，在经济学上称为回归系数，它表明平均每增加一个单位的自变量 x 时，因变量 y 平均增减多少。

根据最小平方法的基本要求和多元函数求极值的定理，求解参数 a,b 的标准联立方程组为

$$\begin{cases} \sum y = na + b\sum x \\ \sum xy = a\sum x + b\sum x^2 \end{cases}$$

解联立方程组可得

$$\begin{cases} b = \dfrac{n\sum xy - \sum x \sum y}{n\sum x^2 - (\sum x)^2} \\ a = \dfrac{\sum y}{n} - b\dfrac{\sum x}{n} \end{cases} \tag{5.46}$$

将求得的两个参数代入直线方程中，就得到回归直线方程。这样两个变量之间的一般数量关系就确定了。

特别需要说明的是：当建立的直线方程中自变量为时间 t 时，即

$$y_c = a + bt$$

根据前面所讲求得 a,b 的方程为

$$\begin{cases} b = \dfrac{n\sum ty - \sum t \sum y}{n\sum t^2 - (\sum t)^2} \\ a = \dfrac{\sum y}{n} - b\dfrac{\sum t}{n} \end{cases} \tag{5.47}$$

由于时间的变化具有规律性，一般成等差递增数列，a,b 两参数可采用简捷法计算。具体方法是：当数列项数是奇数时，将数列中间一项设为原点，记作 0，前后两端的时间序号按正负对称设置，即按 −5、−4、−3、−2、−1、0、1、2、3、4、5 设置，两头延伸，使 $\sum t = 0$；当数列项数为偶数时，将数列中间两项的中点设为原点，时间序号分别按 −5、−3、−1、1、3、5 设置，两头延伸，使 $\sum t = 0$，则上述联立方程组可以简化为

$$\begin{cases} b = \dfrac{\sum ty}{\sum t^2} \\ a = \dfrac{\sum y}{n} \end{cases} \tag{5.48}$$

【例 5.20】　某市 10 个企业的工作劳动生产率与企业的利润率资料见表 5.15。

表 5.15 某市 10 个企业的劳动生产率与企业的利润率资料

劳动生产率（万元）	利润率（%）
0.8	5.5
1.0	6.5
1.0	6.0
1.0	7.0
1.2	8.5
1.2	8.0
1.4	9.0
1.6	10.5
1.8	12.5
2.0	14.0

试用直线方程建立以劳动生产率为自变量，利润率为因变量的回归模型。

解 设回归模型为

$$y_c = a + bx$$

根据最小平方法及多元函数求极值定理，将数据代入公式可得

$$\begin{cases} b = \dfrac{n\sum xy - \sum x\sum y}{n\sum x^2 - (\sum x)^2} = \dfrac{10\times 123.6 - 13\times 87.5}{10\times 18.28 - 13^2} = 7.14 \\ a = \dfrac{\sum y}{n} - b\dfrac{\sum x}{n} = \dfrac{87.5}{10} - 7.14\times\dfrac{13}{10} = -0.53 \end{cases}$$

所拟合的直线回归方程为

$$y_c = -0.53 + 7.14x$$

（二）非线性回归

1. 抛物线回归。

如果现象的发展，各期的逐期增长量的增长量即二级增长量大体相同，则可配合抛物线方程。其一般形式为

$$y_c = a + bx + cx^2$$

式中，a,b,c 为三个参数。

根据最小平方法及多元函数求极值定理可导出由三个方程联立的方程组：

$$\begin{cases} \sum y = na + b\sum x + c\sum x^2 \\ \sum xy = a\sum x + b\sum x^2 + c\sum x^3 \\ \sum x^2 y = a\sum x^2 + b\sum x^3 + c\sum x^4 \end{cases} \tag{5.49}$$

将数据代入此联立方程组就可以求出 a,b,c 三个参数的具体值，得出抛物线趋势线。

与前面所讲一样，当自变量为时间变量时，可以简化计算，使

$$\sum t=0,\ \sum t^3=0$$

则联立方程组可以简化为

$$\begin{cases}\sum y=na+c\sum t^2\\ \sum ty=b\sum t^2\\ \sum t^2y=a\sum t^2+c\sum t^4\end{cases} \tag{5.50}$$

将上述联立方程组求解，即可得出 t 的值，得到所配合的抛物线方程。

2. 指数曲线回归。

如果现象的发展，其环比发展速度或环比增长速度大体相同，则应配合指数曲线方程。其一般形式为

$$y_c=ab^x$$

指数曲线中，两参数也可用最小平方法来估计。为了计算简便，可以将指数曲线模型线性化，即对指数曲线方程两边取对数

$$\ln y_c=\ln a+x\ln b$$

令 $\ln y_c=Y_C$，$\ln a=A$，$\ln b=B$，则

$$Y_C=A+Bx$$

将之变为一元线性回归后，再根据最小平方法及多元函数求极值定理，代入数据就可以求出 A,B 的值；再求指数函数就可以解出 a,b；代入方程可得到指数曲线回归方程。

同样的道理，当自变量为时间 t 时，可以简化计算。

任务 6　市场调查的预测

6.1　市场预测的含义与种类

6.1.1　市场预测的概念

市场预测是在对影响市场供求变化的诸因素进行调查研究的基础上，根据调查所获得的经过整理的信息、数据、资料以及过去的历史与经验，运用经验、软件程序和决策模型等一系列预测技术，对市场未来的发展趋势进行客观的估计、科学的测算和判断，得出符合逻辑的结论的活动和过程。

市场预测为决策服务，是为了提高管理的科学水平，减少决策的盲目性。我们需要通过预测来把握经济发展或者未来市场变化的有关动态，减少未来的不确定性，降低决策可能遇到的风险，使决策目标得以顺利实现。

6.1.2 市场预测的种类

市场预测根据不同的分类标准有不同的分法。

1. 依据预测范围分为宏观市场预测与微观市场预测。

宏观市场预测，是指以整个国民经济、部门、地区的市场活动为范围进行的各种预测，主要目标是预测市场供求关系的变化和总体市场的运行态势。主要包括法律、政治、经济、文化、技术等方面的内容。

微观市场预测，是指从事生产、流通、服务等不同产业领域的企业，对其经营的各种产品或劳务市场的发展趋势作出估计和判断，为生产经营决策提供支持。主要包括企业市场销售量、产品市场占有率、市场竞争者地位等方面的内容。

微观市场预测是宏观市场预测的基础和前提，宏观市场预测是微观市场预测的综合与扩大。

2. 依据预测时间分为近期、短期、中期及长期预测。

近期预测：时间在 1 周至 1 季度的预测。

短期预测：时间在 1 季度至 1 年的预测，是经营决策的依据。

中期预测：时间在 1 ~ 5 年的预测。一般是对经济、技术、政治、社会等影响市场长期发展的因素，经过深入调查分析后，所作出的未来市场发展趋势的预测，它是制定中期计划和规定经济五年发展任务的依据。

长期预测：时间在 5 年以上的市场变化及其趋势的预测。是为制定经济发展的长期规划预测市场发展趋势，为综合平衡、统筹安排长期的产供销比例提供依据；也是制定中长期计划和经济发展规划的依据。如通货膨胀趋势、原料和能源供应的变化对企业及所处经营环境的影响。

3. 依据预测对象分为单项产品预测、同类产品预测、产品总量预测。

单项产品预测，指按照产品的品牌、规格与型号进行预测，是市场预测的基础，为企业编制季度计划、年度计划与安排生产进度提供科学依据。

同类产品预测，指按照产品类别进行预测。一般而言，按照同大类产品的具体标志性特征进行具体预测。

产品总量预测，是指对消费者需要的各种产品的总量进行预测。一般属于行业预测。

4. 按地理空间范围分，市场预测分为国内市场预测和国际市场预测。

国内市场预测是以全国范围的市场状况为对象的市场预测。

国际市场预测是以世界范围内国际市场的发展趋势为对象的市场预测。

5. 依据市场预测内容的繁简不同分为专题市场预测与综合性市场预测。

专题市场预测是指市场预测主体为解决某个具体问题而进行的对部分市场状况进行的预测。

综合性市场预测是指市场预测主体为全面了解市场的发展趋势而对市场的各个方面进行的全面预测。

6. 按预测结果有无附加条件分类，可分为有条件预测和无条件预测。

有条件预测是指市场预测的结果要以其他事件的实现为条件。

无条件预测是指预测的结果不附加任何条件。

7. 依据预测的性质分为定性预测与定量预测。

定性预测主要通过对历史资料的分析和对未来条件的研究，凭借预测者的主观经验、业务水平和逻辑推理能力，对未来市场的发展趋势作出推测与判断。定性预测简单易行，在预测精度要求不高时较为可行。

定量预测主要是根据市场调查阶段所收集的相关数据信息资料，通过建立适当的数学模型分析过去和现在市场变化情况，并预测未来市场变化趋势。定量预测主要包括时间序列预测与因果分析预测两大类。

6.1.3 市场预测的内容

市场预测的内容十分广泛丰富，从宏观到微观，二者相互联系、相互补充。具体来讲主要包括以下10个方面的内容：

1. 市场环境预测，是指及时收集外部环境变化的信息，分析环境变化带来的风险和机会，分析企业的优势与劣势，得出较为中肯的预测结论。

2. 市场需求预测，是指对特定时空内的市场需求量、需求水平、需求结构、需求变动因素进行分析预测。一般来说，市场性质和市场层次不同，市场需求预测的内容和方法也有所不同。

3. 市场供给预测，是指对特定时空内的市场供应量、供应水平、供应结构、供应变动因素等进行分析预测。

4. 市场供求状态预测，是指对特定时空内的市场供求总量或结构是否失衡进行分析预测，把握市场运行的供求态势，以便从供求两方面寻找治理对策。

5. 消费者购买行为预测，包括预测消费者购买什么、购买多少、何时购买、何地购买、由谁购买、如何购买等购买行为及其变化，为市场潜力测定、目标市场选择、产品研发、营销策略制订提供依据。

6. 产品市场预测，是指企业对产品的生产能力、生产成本、价格水平、市场占有率、市场覆盖率、技术趋势、竞争格局、产品要素、产品组合、品牌价值等进行预测分析，为企业确定产品的市场前景，制订有效的营销策略提供依据。

7. 产品销售预测，是指企业对产品销售规模、销售结构、产销存平衡状态、销售变化趋势、销售季节变动规律、产品的市场占有率和覆盖率、销售客户分布、销售渠道变动、销售费用与销售利润变动等作出预测分析，以寻求扩大产品销售的路径。

8. 市场行情预测，主要预测分析市场周期波动的规律，判别市场的景气状态和走势，分析价格水平的变动趋向，为企业经营决策提供依据。

9. 市场竞争格局预测，主要对产品产量、销售量的分布格局，以及产品质量、成本、价格、品牌知晓度和满意度、新产品开发、市场开拓等要素构成的竞争格局及其变化态势进行分析、评估和预测。

10. 企业经营状况预测，主要对企业的资产、负债、权益、收入、成本费用、利润以及经营效率、偿债能力、盈利能力的变化趋势进行预测分析，为加强经营管理提供支持。

6.2 市场预测的原理和程序

6.2.1 市场预测的原理

1. 可知性原理。

预测活动是建立在可知性基础之上的，人们能否预测事物未来的发展，依赖于能否找出预测目标的演变规律。尽管市场变化多端，只要我们敢于探索，善于分析，在预测中是可以逐步揭示它的变化规律的，从而提高市场预测的准确性。

2. 连续性原理。

客观事物的发展具有合乎规律的连续性，事物未来的发展趋势同过去、现在的发展趋势必然具有一定的联系。依照这个原理预测事物的未来，必须建立在了解事物的过去和现状的基础上，从大量历史的和现实的信息中，找出发展变化的规律性，才能据此推断未来。

3. 相似性原理。

客观事物之间存在着某种类似的结构和发展模式，人们可以根据已知事物的某种类似的结构和发展模式，就可类推某个预测目标未来的结构和发展模式。

4. 系统性原理。

市场预测应把预测对象看作一个由多种要素构成的系统，应注意分析系统内外各种要素的变化，从而作出预测推断。

5. 因果性原理。

在市场预测中，必须重视对影响预测目标的因果关系的分析，可以把握影响预测目标诸因素的不同作用，由因推果，预测出市场的必然趋势和偶然因素可能产生的干扰。

6. 可控制性原理。

人们对所预测的客观社会经济事件的来来发展趋势和进程，在一定程度上是可以控制的。在市场预测中应尽可能利用可以控制的因素，即利用不确定性较小的经济变量，来推测所要预测的市场变量。

7. 必然性原理。

任何事物的发展变化都有一定的必然性和偶然性，偶然性中隐藏着必然性，必然性是通过对偶然性的大量观察而揭示出来的。在市场预测中，应注意对大量数据进行对比研究，先揭示现象发展变化的必然性，然后进行预测推断。

8. 质量互变原理。

事物的发展变化是从量变开始的，当量变积累到一定的程度后，必然会发生质的根本改变，而质的变化，又会带来新的量变。在市场预测中预测者应根据事物的数量变化，探寻事物质的变化，分析现象不同发展阶段有何本质区别，未来的发展与现在相比是否会发生质的改变，而不能简单的利用预测模型进行外推预测，否则就会得出错误的预测结果，产生质的预测误差。

6.2.2 市场预测的基本要素

市场预测具有四个基本要素，即信息、方法、分析和判断。

1. 信息要素。

市场预测必须大量收集社会经济发展的历史统计数据和当前市场的发展动态，进行预测分析和推断。无论是定性预测，还是定量预测，都是以大量的信息为基础的。

2. 方法要素。

市场预测的质量，不仅依赖于所使用的信息，而且同选用什么样的方法密切相关。预测既是科学又是艺术。预测方法是科学的，但选用哪类哪种方法却是一种艺术。

3. 分析要素。

预测过程就是对预测事件进行分析和解释的过程。在市场预测中应注重预测前的识别性分析、预测中的过程性分析、预测结果作出之后的评价性分析。

4. 判断要素。

预测信息的选用、预测方法的选择、预测结果的推断、预测值的合理性和可靠性的评价等，都需要运用判断要素，没有准确的判断，就没有较为准确的市场预测结果。

6.2.3 市场预测的程序

市场预测应该遵循一定的程序和步骤以使工作有序化。市场预测的过程大致包含以下几个步骤：

1. 确定预测目标。

明确目的，是开展市场预测工作的第一步。因为预测的目的不同，预测的内容和项目、所需要的资料和所运用的方法都会有所不同。明确预测目标，就是根据经营活动存在的问题，拟定预测的项目，制定预测工作计划，编制预算，调配力量，组织实施，以保证市场预测工作有计划、有节奏地进行。

2. 收集资料。

进行市场预测必须拥有充分的资料。有了充分的资料，才能为市场预测提供进行分析、判断的可靠依据。在市场预测计划的指导下，调查和收集与预测有关的资料是进行市场预测的重要一环，也是预测的基础性工作。

3. 选择预测方法。

根据预测的目标以及各种预测方法的适用条件和性能，选择出合适的预测方法。有时可以运用多种预测方法来预测同一目标。预测方法的选用是否恰当，将直接影响预测的精确性和可靠性。运用预测方法的核心是建立描述、概括研究对象特征和变化规律的模型，根据模型进行计算或者处理，即可得到预测结果。

4. 预测分析和修正。

分析判断是对调查收集的资料进行综合分析，并通过判断、推理，使感性认识上升为理性认识，从事物的现象深入到事物的本质，从而预计市场未来的发展变化趋势。在分析评判的基础上，通常还要根据最新信息对原预测结果进行评估和修正。

5. 编写预测报告。

预测报告应该概括预测研究的主要活动过程，包括预测目标、预测对象及有关因素的分析结论、主要资料和数据，预测方法的选择和模型的建立，以及对预测结论的评估、分析和修正等。

6.3 市场预测中的定性与定量预测法

6.3.1 定性预测法

一、德尔菲法

（一）德尔菲法的概念

德尔菲法也称专家调查法，是一种采用背对背的通信方式分别将所需解决的问题单独发送到各个专家手中，征询意见，然后回收汇总全部专家的意见，并整理出综合意见。随后将该综合意见和预测问题再分别反馈给专家，再次征询意见，各专家依据综合意见修改自己原有的意见，然后再汇总。这样多次反复，使专家小组的预测意见趋于集中，最后做出符合市场未来趋势的预测结论。德尔菲法是20世纪40年代末由美国的兰德公司首创和使用的，随后在世界各国得到广泛使用的一种定性预测方法。

德尔菲法依据系统的程序，采用匿名发表意见的方式，即专家之间不得互相讨论，不发生横向联系，只能与调查人员发生关系，通过多轮次调查专家对调查表所提问题的看法，经过反复征询、归纳、修改，最后汇总成专家基本一致的看法，作为预测的结果。这种方法应用非常广泛，较为可靠，不仅可以用于短期预测，而且还可以用于长期预测；不仅可以预测事物的量变过程，而且还可以预测事物的质变过程。因而德尔菲已逐渐成为一种重要的预测工具。

（二）德尔菲法的特点

1. 匿名性。

为了克服专家会议易受心理因素影响的缺点，预测组织者通常采用通信方式，背靠背地分别向专家征询意见。参加预测的专家彼此都不知道有其他哪些人参加预测，互不见面，不通音讯，姓名保密，只同预测组织者保持联系，是在完全匿名的情况下交流思想的。这样可以使专家打消思想顾虑,不受任何干扰独立地对调查表所提问题进行思考并发表自己的意见，同时有利于专家参考前一轮的预测结果，修改自己的意见，而且无须作出公开说明，无损自己的威望。从而既依靠了专家，又克服了专家会议调查法易受权威影响，易受会议潮流、气氛影响和其他心理影响的缺点。匿名性保证了专家意见的充分性和可靠性。

2. 反馈性。

由于德尔菲法采用匿名形式，专家之间互不接触，仅靠一轮调查，专家意见往往比较分散，不易作出结论。为了使受邀的专家们能够了解每一轮咨询的汇总情况和其他专家的意见，组织者要对每一轮咨询的结果进行整理、分析、综合，并在下一轮咨询中反馈给每个受邀专家。参加预测的专家们从反馈回来的问题调查表上得到了集体的意见和目前的情况，以及同意或反对各个观点的理由，并依此作出各自新的判断。从而构成专家之间的匿名相互影响，排除或减少了面对面会议带来的问题，专家们不会受到没有根据的判断的影响，反对意见不会受到压制，有利于专家们开拓思路，提出独立的创新见解。

3. 统计性（集中性）。

在应用德尔菲法进行信息分析与预测研究时，对研究课题的评价或预测既不是由信息分析研究人员做出的，也不是由个别专家给出的，而是由一批有关的专家给出的。专家意见经过多次征询、综合整理、反馈后，逐渐趋于一致，用统计的方法加以集中整理使运用德尔菲法所得的结果带有统计学的特征，往往以概率的形式出现。它既反映了专家意见的集中程度，又可以反映专家意见的离散程度，可以得出定量化的预测结果。

（三）德尔菲法的实施步骤

应用德尔菲法实施预测要经过准备、征询、数据处理三个阶段。

1. 准备阶段。

准备阶段主要由预测组织者确定预测目标，选择专家并准备有关材料。

（1）确定预测目标。德尔菲法的预测目标通常是在实践中涌现出来的大家普遍关心且意见分歧较大的课题。此阶段的主要任务是选择和规划预测课题，明确预测项目，并且制定相应的实施计划。首先要根据决策和计划的要求，选择有重要影响的问题作为预测的课题，预测课题的目标要明确。

（2）确定专家组成员。按照课题所需要的知识范围在有关方面挑选专家，这是德尔菲法成败的关键。选择标准一般是具有与预测课题相关的专业，具有丰富的工作经验，精通有关技术和业务，有预见性和分析能力的专家。另外，还要适当吸收不同专业领域的专家参加。专家人数的多少，可根据预测课题的大小和涉及面的宽窄而定，一般不超过 20 人。

（3）向所有专家提出所要预测的问题及有关要求，并附上有关这个问题的所有背景材料，同时请专家提出还需要什么材料。向专家提供的有关材料包括：① 征询意见的调查表。调查表应紧紧围绕预测课题，从各个侧面提出有针对性的问题；内容要简明扼要，问题力求含义明确，使专家便于和乐于回答；调查表还要注明返回的最迟时间。② 有关预测的背景材料。③ 有关德尔菲法的说明、介绍材料。

2. 征询阶段。

将有关材料提交给各位专家，要求每位专家根据自己的依据，提出预测意见。预测组织者在规定的时间将专家的意见收集，对征询到的意见进行综合归纳、分类整理。经过初步分析之后，观察是否能够得出有代表性的意见，如果不能综合出代表性的预测意见，则应进行下一轮的征询调查。这时应归纳出专家们有几种不同的观点，分别列出持这些观点的理由及所依据的资料，连同为下一轮调查所设计的调查表一起反馈给专家，进行下一轮调查。征询调查一般以 3 ~ 4 轮为宜。这样往返多次，直到各位专家不再改变自己的观点，同时也提不出新的论据为止。

3. 数据处理阶段。

当专家们的意见趋于统一时，可以将这一统一意见作为预测结果，数据处理阶段可以略去。当专家们的意见不能统一时，可以采用统计方法对专家们的意见进行综合处理。由于对预测结果的要求不同，采用的数据处理方法也常常不同，常用的有中位数法和加权算术平均法。

（四）德尔菲法的优缺点

1. 优点。

德尔菲法同常见的召集专家开会、通过集体讨论、得出一致预测意见的专家会议法既有联系又有区别。德尔菲法能发挥专家会议法的优点：能充分发挥各位专家的作用，集思广益，准确性高；能把各位专家意见的分歧点表达出来，取各家之长，避各家之短。同时，德尔菲法又能避免专家会议法的缺点：权威人士的意见影响他人的意见；有些专家碍于情面，不愿意发表与其他人不同的意见；出于自尊心而不愿意修改自己原来不全面的意见。

2. 缺点。

（1）研究时间不易预估。拖延时间的主要原因是问卷回收时间的延迟。

（2）叙述问题的文字力求明确，但仍不免有歧义发生，或可作不同解释之处。

（3）参与成员对问卷不明确的提示易产生误解。

（4）在第二阶段以后的问卷内，所包括的问题数目太多。理想的德非尔法程序应该只包括 25 个左右的问题。

为了克服以上局限性，可以采取一些措施：

（1）向专家说明德尔菲法的原理，使他们对该方法的特点有较清楚的了解。

（2）尽可能详尽地提供与调查项目相关的背景材料。

（3）请专家将自己的判断结果分成最高值、一般值、最低值等不同类别，并分别估计其概率，以保证整个判断的可靠性，减少轮回次数。

（五）运用德尔菲法的注意事项

1. 需要为专家提供充分的信息，使其有足够的根据做出判断。

2. 所提问的问题应是专家能够回答的问题。

3. 允许专家粗略的估计数字，不要求精确，但可以要求专家说明预计数字的准确程度。

4. 尽可能将过程简化，不问与预测无关的问题。

5. 向专家讲明本次预测的意义，以争取他们对德尔菲法的重视和支持。

（六）德菲尔法的应用举例

【例 6.1】 某公司研制出一种目前市场上还没有相似产品出现的新兴产品，公司需要对未来可能的销售量做出预测，以决定其产量。于是该公司成立专家小组，并聘请业务经理、市场专家和销售人员等 8 位专家，预测全年可能的销售量。8 位专家提出个人判断，经过三次反馈得到的结果如表 6.1 所示。

表 6.1　8 位专家三次对公司全年产量的判断值一览表

专家编号	第一次判断			第二次判断			第三次判断		
	最低销售量	最可能销售量	最高销售量	最低销售量	最可能销售量	最高销售量	最低销售量	最可能销售量	最高销售量
1	200	300	400	300	450	600	450	650	900
2	300	450	500	400	700	800	300	450	600
3	250	350	450	300	450	550	400	450	500
4	400	700	800	500	800	1 000	500	700	950
5	300	500	600	250	350	550	400	600	750
6	150	200	350	350	750	950	300	500	750
7	350	550	750	250	400	450	350	500	650
8	500	700	900	450	450	500	300	450	600
平均数	306	469	594	350	544	675	375	538	713

1. 平均值预测。

在预测时，最终一次判断是综合前几次的反馈做出的，因此在预测时一般以最后一次判断为主。因此，如果按照 8 位专家第三次判断的平均值计算，那么预测这个新产品的平均销售量为：$(375+538+713)/3=542$。

2. 加权平均预测。

将最可能销售量、最低销售量和最高销售量分别按 0.5、0.3 和 0.2 的概率加权平均，则预测平均销售量为：$538\times0.5+375\times0.3+713\times0.2=524$。

3. 中位数预测。

用中位数计算，可将第三次判断按预测值高低排列如下：

最低销售量：300，300，300，350，400，400，450，500；

最可能销售量：450，450，450，500，500，600，650，700；

最高销售量：500，600，600，650，750，750，900，950。

最低销售量、最可能销售量、最高销售量的中位数分别为：375，500，700。

将最可能销售量、最低销售量和最高销售量分别按 0.5、0.3 和 0.2 的概率加权平均，则预测平均销售量为：$500\times0.5+375\times0.3+700\times0.2=503$。

二、头脑风暴法

（一）头脑风暴法的概念

头脑风暴法也称为脑力激荡法、智力激励法、BS 法、自由思考法，是邀请有关方面的专家，通过会议的形式，由训练有素的主持人以非结构化的自然方式对一小群专家进行访谈，让他们对企业的生产经营或某个产品及其发展前景作出评价，并在专家们分析判断的基础上，综合他们的意见，以对该企业或产品的市场需求及其发展趋势作出预测。

头脑风暴法是借助于专家的创造性思维来索取未知或未来信息的一种直观预测方法。这种方法通过专家间的相互交流，引起“思维共振”，产生组合效应，形成宏观智能结构，进行创造性思维。它一般用于对战略性问题的探索，现在也用于对产品名称、广告口号、销售方法、产品多样化等方面的研究。另外，需要大量的构思与创意的行业也常使用这种方法。

头脑风暴法可分为直接头脑风暴法（通常简称为头脑风暴法）和质疑头脑风暴法（也称反头脑风暴法）。前者是在专家群体中尽可能激发创造性，产生尽可能多的设想的方法；后者则是对前者提出的设想、方案逐一质疑，分析其现实可行性的方法。

采用头脑风暴法组织群体决策时，要集中有关专家召开专题会议，主持者以明确的方式向所有参与者阐明问题，说明会议的规则，尽力创造融洽轻松的会议气氛。主持者一般不发表意见，以免影响会议的自由气氛，由专家们“自由”提出尽可能多的方案。

（二）采用头脑风暴法的原则

1. 庭外判决原则（延迟评判原则）。

对各种意见、方案的评判必须放到最后阶段，此前不能对别人的意见提出批评和评价，不相互争论。要认真对待任何一种设想，而不管其是否适当和可行。

2. 自由畅想原则。

欢迎各抒己见，自由鸣放。头脑风暴法的组织者或主持人应善于营造一种自由、活跃的气氛，激发与会者的灵感，使参加者提出各种荒诞的想法，鼓励踊跃发言，使与会者思想放松。

3. 以量求质原则。

专家发表的意见越多，产生好意见的可能性越大，获得有价值的设想的可能性就越大，这是获得高质量创造性设想的条件。

4. 综合改善原则。

探索取长补短和改进办法，除提出自己的意见外，鼓励参加者改进和综合他人设想，修正自己的原设想，对他人已经提出的设想进行补充、改进和综合，强调相互启发、相互补充和相互完善，以逐步统一预测结果。

5. 限时限人原则。

与会专家结构要合理，专家的专业不限于所预测问题的领域，鼓励一些与预测问题无关或关系不大的其他领域的学识渊博、富于联想思维能力的专家参与，同时又要避免因资历悬殊给其他人带来心理压力。专家人数不宜过多，应尽量适中，因为人数过多，成本会相应增大，一般以 5 ~ 12 人为宜。会议的时间应当适中，因为时间过长，容易偏离主题，时间太短，很难获取充分的信息，一般以 20 ~ 60 分钟为宜。

（三）头脑风暴法的优缺点

1. 优点：

（1）将一组人聚在一起比个人单独回答能产生更多的信息和观点。

（2）专家会议会出现连锁反应。

（3）能准确地表达自己的看法。

（4）更加仔细地审视数据资料，数据收集和分析相对较快。

2. 缺点：

会议的最后综合意见可能并不完全反映与会专家的全部正确意见。而且，头脑风暴法的成功与否与主持人的技巧关系很大，主持人不称职很可能导致头脑风暴法起不到应有的作用。

（四）头脑风暴法的实施步骤

1. 会前准备。

（1）明确会议目标，确定此次会议需要解决什么问题。收集与议题有关的背景资料和外界动态，以便供与会专家参考。

（2）布置会议现场，座位排成圆环形的环境往往比教室式的环境更为有利。可以在会议正式开始之前进行"热身"，如讲一件有趣的事，出一些创造力测试题供大家思考等，以便活跃气氛，放松心态。

2. 确定与会人员。

头脑风暴法的参与者分为三类：主持人、记录员和提出设想的专家。主持人在头脑风暴会议开始时表明讨论的议题和纪律，并在会议进程中启发引导，掌握进程，最好由对决策问题的背景比较了解并且熟悉头脑风暴法的专家担任；记录员负责记录会议提出的各种设想，以供组织者后期对会议产生的设想进行系统化处理；提出设想的专家负责在轻松愉悦的环境下发表观点，可以由方法论专家、专业领域专家、专业领域高级分析专家和具有较高逻辑思维能力的专家共同组成。

3. 开展头脑风暴会议。

首先由主持人简要地介绍本次会议的主题，宣布会议规则。随后引导大家畅所欲言，充分发挥想象力，使彼此相互启发。专家们依次发表意见，不必对意见进行解释，也不应受到质疑。每出现一个新想法，记录人员应立即写出来，使每个人都能看见，以激发大家的思维。会议讨论的时间控制在20～60分钟，如果要讨论的问题较多，可以分别召开多次会议。

4. 处理想法，得出最佳方案。

经过头脑风暴会议之后，组织者会得到大量与议题有关的设想，这时就需要对这些设想进行归纳整理，综合分析，以选出最有价值、最富创造性的想法。设想处理的方式有两种：一种是专家评审，可聘请有关专家及与会代表若干人（5人左右为宜）承担这项工作。另一种是二次会议评审，即所有与会人员集体进行设想的评价处理工作。通过评审将大家的想法整理成若干方案，经过多次反复比较，最后确定1～3个最佳方案。

（五）运用头脑风暴法的注意事项

1. 关于议题的选择。

主题的选择要从平时悬而未决的问题着手，必须合乎参与者的能力层次和关心程度，以参与者一直期待解决的问题为最佳。事先公开主题的做法也是可行的，但与会者是否会围绕主题尽力去思考，组织者要考虑清楚。主题必须单一并且明确，不能模棱两可、似是而非，大的主题必须细化，从接近参与者关心的主题开始。会议开始后，主持人应仔细阐述主题，以便参与者理解。

2. 尽量利用相互激发产生灵感。

为了让参加者的灵感相互激发，引发灵感的连锁反应，应督促参加者在规定时间（一般不超过5分钟）内将自己的灵感写下来，并要求他们在各自发言前将内容整理清晰明了，以便记录员记录，进而让他人看后产生更多联想，激发更多灵感。

3. 会议主持人技巧。

（1）主持人应懂得各种创造性思维和技巧，会前要向与会者重申会议应严守的原则和纪律，善于激发成员思考，使场面轻松活跃而又不失头脑风暴的规则。在参加者发言气氛显得相当热烈时，可能会出现许多违背四大原则的现象，如哄笑别人意见、公开评论他人意见等情况，此时主持人应当立即制止。

（2）可轮流发言，每轮每人简明扼要地说清楚创意设想一个，避免形成辩论会和发言不均。

（3）要以赏识激励的词句语气和微笑点头的行为语言，鼓励与会者多出设想。如说："对，就是这样！""太棒了！""好主意！这一点对开阔思路很有好处！"等等。

（4）禁止使用下面的话语："这点别人已说过了！""实际情况会怎样呢？""请解释一下你的意思。""就这一点有用""我不赞赏那种观点。"等等。

（5）经常强调设想的数量，比如平均 3 分钟内要发表 10 个设想。

（6）遇到人人皆才穷计短，出现暂时停滞时，可采取一些措施。如休息几分钟，可自选休息方法，散步、唱歌、喝水等，再进行几轮头脑风暴；或发给每人一张与问题无关的图画，要求讲出从图画中所获得的灵感。

（7）根据主题和实际情况需要，引导大家掀起一次又一次头脑风暴的"激波"。如课题是某产品的进一步开发，可以从产品改进配方思考作为第一激波、从降低成本思考作为第二激波、从扩大销售思考作为第三激波等。又如，对某一问题解决方案的讨论，引导大家掀起"设想开发"的激波，及时抓住"拐点"，适时引导进入"设想论证"的激波。

（8）要掌握好时间，会议持续 45～60 分钟，形成的设想应不少于 100 种。但最好的设想往往是会议要结束时提出的，因此，预定结束的时间到了可以根据情况再延长 5 分钟，这是人们容易提出好的设想的时候。在 1 分钟时间里再没有新主意、新观点出现时，头脑风暴会议可宣布结束或告一段落。

4. 记录员注意事项。

（1）记录员应依照发言顺序标号记录点子，在发言内容含糊不清时，应向发言者确认，发言内容过长时，仅记录要点即可。字迹要清晰，确保每位参与者都能看清，记录应简洁整齐。

（2）会议结束后应该对所作记录进行分类整理，并加以补充，然后交与有丰富经验和专业知识的专家组进行筛选。筛选应主要从可行性、应用效果、经济回报率、紧急性等多个角度进行，以选择最恰当的点子。

（3）此外，由于用头脑风暴法产生出来的构想，大部分都只是一种提示，很少是可以直接用来解决问题的，因此整理和完善构想这一步就显得相当重要。在整理补充点子时，为了使构想更具体化，也可继续使用头脑风暴法。

（六）头脑风暴法应用举例

【例 6.2】 有一年，美国北方格外严寒，大雪纷飞，电线上积满冰雪，大跨度的电线常被积雪压断，严重影响通信。过去，许多人试图解决这一问题，但都未能如愿以偿。后来，电信公司经理应用奥斯本发明的头脑风暴法，尝试解决这一难题。他召开了一种能让头脑卷起风暴的座谈会，参加会议的是不同专业的技术人员，要求他们必须遵守以下原则：

第一，自由思考。即要求与会者尽可能解放思想，无拘无束地思考问题并畅所欲言，不必顾虑自己的想法或说法是否“离经叛道”或“荒唐可笑”。

第二，延迟评判。即要求与会者在会上不要对他人的设想评头论足，不要发表“这主意好极了!”“这种想法太离谱了!”之类的“捧杀句”或“扼杀句”。至于对设想的评判，留在会后组织专人考虑。

第三，以量求质。即鼓励与会者尽可能多而广地提出设想，以大量的设想来保证质量较高的设想的存在。

第四，结合改善。即鼓励与会者积极进行智力互补，在增加自己提出设想的同时，注意思考如何把两个或更多的设想结合成另一个更完善的设想。

按照这种会议规则，大家七嘴八舌地议论开来。有人提出设计一种专用的电线清雪机；有人想到用电热来化解冰雪；也有人建议用振荡技术来清除积雪；还有人提出能否带上几把大扫帚，乘坐直升机去扫电线上的积雪。对于这种“坐飞机扫雪”的设想，大家心里尽管觉得滑稽可笑，但在会上也无人提出批评。

相反，有一工程师在百思不得其解时，听到用飞机扫雪的想法后，大脑突然受到冲击，一种简单可行且高效率的清雪方法冒了出来。他想，每当大雪过后，出动直升机沿积雪严重的电线飞行，依靠高速旋转的螺旋桨即可将电线上的积雪迅速扇落。他马上提出“用直升机扇雪”的新设想，顿时又引起其他与会者的联想，有关用飞机除雪的主意一下子又多了七八条。不到一小时，与会的10名技术人员共提出90多条新设想。

会后，公司组织专家对设想进行分类论证。专家们认为设计专用清雪机，采用电热或电磁振荡等方法清除电线上的积雪，在技术上虽然可行，但研制费用大，周期长，一时难以见效。那种因“坐飞机扫雪”激发出来的几种设想，倒是一种大胆的新方案，如果可行，将是一种既简单又高效的好办法。经过现场试验，发现用直升机扇雪真能奏效，一个久悬未决的难题，终于在头脑风暴会中得到了巧妙地解决。

三、主观概率法

（一）主观概率法的概念

主观概率法是预测者对预测事件发生的概率（即可能性大小）作出主观估计，或者说对事件变化动态的一种心理评价，然后以主观概率为权数，对定性预测中的各种估计进行加权平均，以此作为预测事件结论的一种定性预测方法。它与客观概率不同，客观概率是根据事件发展的客观性统计出来的一种概率。在很多情况下，人们没有办法计算事情发生的客观概率，因而只能用主观概率来描述事件发生的概率。

（二）主观概率的特点

主观概率是一种心理评价，判断中具有明显的主观性。对同一事件，不同人对其发生的概率判断是不同的。主观概率的测定因人而异，受人的心理影响较大。某一判断要接近实际，主要取决于预测者的经验、知识水平和对预测对象的把握程度。

在实际中，主观概率与客观概率的区别是相对的，因为任何主观概率总带有客观性。市场趋势分析者的经验和其他活信息是市场客观情况的具体反映，因此不能把主观概率看成纯主观的东西。另一方面，任何客观概率在测定过程中也难免带有主观因素，因为实际工作中所取得的数据资料很难达到（大数）规律的要求。所以，在现实中，既无纯客观概率，又无纯主观概率。

（三）主观概率法的应用价值

尽管主观概率法是凭主观经验估测的结果,但在市场趋势分析中它仍有一定的实用价值，它为市场趋势分析者提出明确的市场趋势分析目标，提供尽量详细的背景材料，使用简明易懂的概念和方法，以帮助市场趋势分析者判断和表达概率。同时，假定市场趋势分析期内市场供需情况比较正常，营销环境不出现重大变化，长期从事市场营销活动的人员和有关专家的经验和直觉往往还是比较可靠的。这种市场趋势分析方法简便易行，但必须防止任意、轻率地由一两个人拍脑袋估测，要加强严肃性、科学性、提倡集体的思维判断。

（四）主观概率法的实施步骤

主观概率法的具体实施步骤一般包括以下四步：

1. 相关资料的准备。
2. 编制主观概率调查表。
3. 整理汇总主观概率调查表；
4. 根据汇总情况进行判断预测。

（五）主观概率法的应用举例

【例 6.3】 某公司 5 名职工预测 2013 年销售量如表 6.2 所示，试用主观概率法预测该企业 2013 年的销售量。

表 6.2 某公司 2013 年销售量

预测人员	最高销量	概 率	最可能销量	概 率	最低销量	概 率
董事长	250	0.3	190	0.5	180	0.2
总经理	200	0.3	190	0.6	185	0.1
副总经理	200	0.3	195	0.4	180	0.3
部门经理	220	0.2	205	0.6	200	0.2
一般职员	180	0.2	165	0.5	150	0.3

设权数为：董事长、总经理为 0.3，副总经理、部门经理为 0.2，一般职员为 0.1。

解答如下：

1. 董事长：$250 \times 0.3 + 190 \times 0.5 + 180 \times 0.2 = 206$；

总经理：$200 \times 0.3 + 190 \times 0.6 + 185 \times 0.1 = 193$；

副总经理：$200 \times 0.3 + 195 \times 0.4 + 180 \times 0.3 = 192$；

部门经理：$220 \times 0.2 + 205 \times 0.6 + 200 \times 0.2 = 207$；

一般职员：$180 \times 0.2 + 165 \times 0.5 + 150 \times 0.3 = 164$。

2. 综合：

$$(206\times0.3+193\times0.3+192\times0.2+207\times0.2+164\times0.1)/(0.3+0.3+0.2+0.2+0.1)$$
$$=215.9/1.1=196$$

四、领先指标法

（一）领先指标法的概念

领先指标法是把预测目标作为分析指标，用领先指标的走势来预测、分析指标的走势，即把发生在以前的事物作为参照物，来分析、判断、推测后发生的相关事物的市场前景。运用领先指标法，不但可以预测经济发展趋势，而且可以预测转折点。领先指标法既可用于微观经济预测，也可用于宏观经济预测。

（二）几种指标的定义

根据研究指标的波动与整个经济周期的波动在时间上的关系，将经济指标分为领先指标、同步指标、滞后指标。

1. 领先指标又称为先行指标或超前指标，是指在变化时间上早于预测对象，即经济周期或市场的全面增长或衰退尚未发生之前就率先发生变动的指标。这些指标可以预示经济运行中的转折点和用于估计经济活动升降的幅度，推测经济波动的趋势。

2. 同步指标又称为同行指标或一致指标，是指变化时间与预测对象完全同步，即同经济周期或市场变化一致的指标。

3. 滞后指标又称后行指标或迟行指标，是指在变化时间上迟于预测对象，即经济周期波动或市场变化发生之后才显示其变化的指标。

（三）领先指标法的预测步骤

1. 根据预测的目标和要求找出领先指标。例如，预测化工产品的价格变动，可把石油价格变动作为领先指标。

2. 画出领先指标、同步指标、滞后指标的时间序列图。

3. 进行预测。

（四）领先指标法的适用条件

领先指标法操作简单、费用低、主观干预少，适用于宏观经济的定性分析，以及诸如原材料价格的变动先于制成品价格的变动，教育事业的发展先于科学技术的发展等中短期预测。必须指出，指标之间的关系是根据以往经验和历史数据来确定，国家的某些政策很可能已经改变了指标之间以往的关系，应该及时调整指标体系。领先指标与预测对象之间的提前时间不一定是常数，不同周期之间峰谷波动的长度也有可能不等。认真分析这些情况，确认指标之间的伴随关系是否依然存在，间隔时间有什么变化，是应用领先指标法进行预测的必要条件，也是提高预测可靠性、减少预测风险的基本要求。

（五）领先指标法应用举例

【例 6.4】 某市 2009—2012 年生产总值与城市建设投资额资料如表 6.3 所示，试据此运用领先指标法预测 2013 年城市建设投资额。

表 6.3 某市 2009—2012 年生产总值与城市建设投资额统计表

单位：亿元

年　度	2009	2010	2011	2012
生产总值	20	15	25	30
城市建设投资额	15	10	20	25

解答如下

1. 当上一年生产总值下降时，下一年城市建设投资额就下降；当上一年生产总值上升时，下一年城市建设投资额就上升。生产总值可以视为城市建设投资额的领先指标，领先期 1 年。

2. 以第 $(n+1)$ 年的城市建设投资额与第 n 年的生产总值相比，其比值分别为：$10/20 = 0.5$，$20/15 = 1.33$，$25/25 = 1$。

3. 将上述比值加以平均可得：$(0.5 + 1.33 + 1)/3 = 0.94$。

4. 这个结果表明：当年的城市建设投资额大约是上一年生产总值的 94%。按照这个比例推算，已知 2012 年的生产总值为 30 亿元，则预测下一年度的城市建设投资额为：$30 \times 0.94 = 28.2$（亿元）

6.3.2 定量预测法

一、时间序列预测法

（一）时间序列预测法概述

时间序列预测法是根据预测目标自身的时间序列的分析处理，揭示其自身发展变化的特征、趋势和规律，建立预测模型外推预测事物未来可能达到的规模、水平或速度。

经济变量时间序列各项发展水平的变化，是许多复杂因素共同作用的结果。其影响因素归纳起来有四类，即长期趋势、季节变动、循环变动和不规则变动。

（1）长期趋势是指现象由于受某种根本因素的影响，在某一较长的时间内，持续增加而向上发展或持续减少而向下发展的总趋势。

（2）季节变动是指现象因受自然条件和社会因素的影响，在一年或更短的时间内，随着时间的变化而引起的周期性变动。

（3）循环变动是指围绕着长期趋势出现的，以若干年为周期的涨落起伏相间变动。与季节变动不同的是：循环变动的周期常在一年以上，且不稳定。与长期趋势不同的是：循环变动是涨落起伏相间，而不是朝单一方向持续发展变动。

（4）不规则变动是指由于意外的、偶然的因素所引起的突然变动。

现象变动趋势分析就是把时间序列受各类因素的影响状况分别测定出来，弄清研究对象发展变化的原因及其规律，为预测和决策提供依据。

（二）时间序列预测法介绍

1. 移动平均法。

（1）移动平均法概念。

移动平均法是一种简单平滑预测技术，它的基本思想是：根据时间序列资料，逐项推移，依次计算包含一定项数的序时平均值，以反映长期趋势的方法。因此，当时间序列的数值由于受周期变动和随机波动的影响，起伏较大，不易显示出事件的发展趋势时，使用移动平均法可以消除这些因素的影响，显示出事件的发展方向与趋势（即趋势线），然后依趋势线分析预测序列的长期趋势。

（2）一次移动平均法。

一次移动平均法是依次取时间序列的 n 个观察值进行平均，并依次移动，得出一个平均序列，并且以本期（t 期）移动平均值作为下期（$t+1$ 期）预测值的预测方法。它适用于具有明显线性趋势的时间序列数据的预测。一次移动平均适用于奇数项移动平均，其计算公式为

$$\hat{y}_{t+1}=\overline{X}_t^{(1)}=\frac{X_t+X_{t-1}+\cdots+X_{t-n+1}}{n}=\frac{1}{n}\sum_{i=t-n+1}^{t}X_i \tag{6.1}$$

式中，$\hat{y}_{t+1}$ 为 $t+1$ 期的预测值；$\overline{X}_t^{(1)}$ 为 t 期的一次移动平均值；n 为跨越期，即参加移动平均的历史数据个数。

【例 6.5】 某公司 2012 年各月销售额如表 6.4 所示，试运用一次移动平均法预测 2013 年 1 月份公司的销售额。

表 6.4　某企业 2012 年各月销售额及移动平均值汇总表

月　份	销售额（万元）	三项移动平均	五项移动平均
1	38	—	—
2	45	—	—
3	35	39.33	—
4	49	43.00	—
5	70	51.33	47.40
6	43	54.00	48.40
7	46	53.00	48.60
8	55	48.00	52.60
9	45	48.67	51.80
10	65	55.00	50.80
11	64	58.00	55.00
12	60	63	57.80

① 三项移动平均。

第一个移动平均值 = (38 + 45 + 35)/3 = 39.33；

第二个移动平均值 = (45 + 35 + 49)/3 = 43。

依此类推，求得 10 个移动平均数，形成一个新的时间序列。可以得出，采用三项移动平均预测的 2013 年 1 月份销售额为 63 万元.

② 五项移动平均。

第一个移动平均值 = (38 + 45 + 35 + 49 + 70)/5 = 47.40；

第二个移动平均值 = (45 + 35 + 49 + 70 + 43)/5 = 48.40。

依此类推，求得 8 个移动平均数，形成一个新的时间序列。可以得出，采用五项移动平均预测的 2013 年 1 月份销售额为 67.80 万元。

（3）二次移动平均法。

一次移动平均法仅适用于时间序列近似于水平趋势的情况，当时间序列具有线性的发展趋势时，用一次移动平均法进行预测会出现滞后偏差，即对于线性增加的时间序列预测值偏低，对于线性减少的时间序列预测值偏高。这种偏低、偏高的误差称为滞后偏差。如果时间序列的变化是趋势型，就应该对第 t 期的移动平均数做适当调整，增加一个趋势变动单位值，才能作为第 $t+1$ 期的预测值。具体做法是在一次移动平均的基础上再做第二次移动平均。

二次移动平均法是指对时间序列第一次移动平均值再进行第二次移动平均。二次移动平均值不是用来直接预测下一期的值，而是通过一次、两次移动平均值来计算预测模型的参数。二次移动平均法适用于偶数项移动平均。设二次移动平均法的线性预测模型为：

$$\hat{y}_{t+k} = a_t + b_t k \qquad (6.2)$$

式中，t 为当前时间，即预测线的起始时刻；k 为由当前期 t 至预测期的时期数；$\hat{y}_{t+k}$ 为第 $t+k$ 期的预测值。

为了分析和确定参数 a_t 和 b_t，需要在一次移动平均值基础上在做二次移动平均。二次移动平均的计算公式为

$$\overline{X}_t^{(2)} = \frac{\overline{X}_t^{(1)} + \overline{X}_{t-1}^{(1)} + \cdots + \overline{X}_{t-n+1}^{(1)}}{n} = \frac{1}{m}\sum_{i=t-n+1}^{t} \overline{X}_i^{(1)} \qquad (6.3)$$

利用二次移动平均估计线性趋势模型的参数为

$$\begin{cases} a_t = 2\overline{X}_t^{(1)} - \overline{X}_t^{(2)} \\ b_t = \dfrac{2}{n-1}(\overline{X}_t^{(1)} - \overline{X}_t^{(2)}) \end{cases} \qquad (6.4)$$

【例 6.6】 某市 2001—2012 年的人均收入如表 6.5 所示。假设跨越期 $n = 4$，试用二次移动平均法预测 2013 年的人均收入。

表 6.5 某市 2001—2012 年的人均收入

单位：元

月 份	人均收入	$\overline{X}_t^{(1)}$	$\overline{X}_t^{(2)}$	$\hat{y}_{t+k}$
2001	1 646.1			
2002	1 860.2			
2003	2 134.7			
2004	2 939.6	2 145.2		
2005	4 134.1	2 767.2		
2006	5 019.8	3 557.1		
2007	5 729.5	4 455.8	3 231.3	
2008	6 531.8	5 353.8	4 033.5	6 496.6
2009	6 970.8	6 063.0	4 857.4	7 554.3
2010	7 498.5	6 682.7	5 638.8	8 072.3
2011	8 493.5	7 373.7	6 368.3	8 422.5
2012	8 922.7	7 971.4	7 022.7	9 049.4
2013				9 552.6

解答如下

① 第一次移动平均。

第一个移动平均值 = (1 646.1 + 1 860.2 + 2 134.7 + 2 939.6)/4 = 2 145.2；

第二个移动平均值 = (1 860.2 + 2 134.7 + 2 939.6 + 4 134.1)/4 = 2 767.2。

依次类推，求得 9 个移动平均数。

② 第二次移动平均。

为了确定参数 a_t 和 b_t，还必须进行第二次移动平均，最终形成一个 5 项的修匀时间序列。

③ 求出 a_t 和 b_t 值。

$$a_t = 2\overline{X}_t^{(1)} - \overline{X}_t^{(2)} = 2\times 7\ 971.4 - 7\ 022.7 = 8\ 920.01$$

$$b_t = \frac{2}{n-1}(\overline{X}_t^{(1)} - \overline{X}_t^{(2)}) = \frac{2}{4-1}(7\ 971.4 - 7\ 022.7) = 632.47$$

④ 得到 2001—2012 年线性预测趋势模型：

$$\hat{y}_{t+k} = a_t + b_t k$$

⑤ 预测 2013 年人均收入：

$$\hat{y}_{13} = 8\ 920.01 + 632.47\times 1 = 9\ 552.6\ \text{元}$$

（4）用移动平均预测法分析长期趋势时，应注意以下几点：

第一，平均的项数要视资料的特点而定。必须选择合理的移动跨期，跨期越大对预测的平滑影响也越大，移动平均数滞后于实际数据的偏差也越大；跨期太小则又不能有效消除偶然因素的影响。跨期取值可在 3~20 选取。

第二，移动平均所得修匀数列的项数比原数列的项数少。移动平均项数与修匀数列项数的关系是：

$$\text{修匀数列项数} = \text{原数列项数} - \text{移动平均项数} + 1$$

2. 指数平滑法。

（1）指数平滑法概念。

指数平滑法又称为指数加权平均法，是在移动平均法基础上发展而来的一种时间序列分析预测法，它是通过计算指数平滑值，配合一定的时间序列预测模型，对现象的未来进行预测。

指数平滑法的原理是任一期的指数平滑值都是本期实际观察值与前一期指数平滑值的加权平均。这种方法解决了移动平均法需要 n 个观测值和不考虑 $t-n$ 前时期数据的缺点，通过这种平均方式，消除历史时间序列中的随机波动，找出其中的主要趋势。它既可用于市场趋势变动预测，也可用于市场季节变动预测。

在市场趋势变动预测中，根据平滑次数不同，指数平滑法又可分为一次指数平滑法、二次指数平滑法。

（2）一次指数平滑法。

一次指数平滑法是以预测对象的本期实际值和预测值为资料，用平滑系数来确定两者的权数，求得本期的平滑值，作为下一期的预测值。其基本公式为

$$\hat{y}_{t+1} = \alpha y_t + (1-\alpha)\hat{y}_t \tag{6.5}$$

式中，y_t 为 t 期的实测值；$\hat{y}_t$ 为 t 期的预测值；α 为平滑系数，又称为加权因子，取值范围为 $0 \leqslant \alpha \leqslant 1$。

将 $\hat{y}_t, \hat{y}_{t-1}, \cdots, \hat{y}_2$ 的表达式分别代入上式，展开整理后得

$$\hat{y}_{t+1} = \alpha y_t + \alpha(1-\alpha)y_{t-1} + \alpha(1-\alpha)^2 y_{t-2} + \cdots + \alpha(1-\alpha)^{t-1} y_1 + (1-\alpha)^t \hat{y}_1 \tag{6.6}$$

从上式可以看出，一次指数平滑法实际上是以 $\alpha(1-\alpha)^k$ 为权数的加权移动平均法。由于 k 越大，$\alpha(1-\alpha)^k$ 越小，所以越是远期的实测值对未来时期平滑值的影响就越小。在展开式中，最后一项 $\hat{y}_1$ 为初始平滑值，在通常情况下可用最初几个实测值的平均值来代替，或直接可用第 1 时期的实测值来代替。

从上式可以看出，新预测值是根据预测误差对原预测值进行修正得到的。α 的大小表明了修正的幅度；α 值愈大，修正的幅度愈大，α 值愈小，修正的幅度愈小。因此，α 值既代表了预测模型对时间序列数据变化的反应速度，又体现了预测模型修匀误差的能力。

在实际应用中，α 值是根据时间序列的变化特性来选取的。若时间序列的波动不大，比较平稳，则 α 应取小一些，如 0.1~0.3；若时间序列具有迅速且明显的变动倾向，则 α 应取大一些，如 0.6~0.9。实质上，α 是一个经验数据，通过多个值进行试算比较而定，哪个 α 值引起的预测误差（均方误差）小，就采用哪个。

【例 6.7】　某企业某种产品 2012 年 1～12 月份的销售额如表 6.6 所示，α 取值分别为 0.3、0.5、0.7，试运用一次指数平滑预测 2013 年 1 月份的销售额。

表 6.6　某企业某种产品 2012 年 1～2 月份的销售额

单位：万元

序　号	实际观测值	指数平滑法		
		$\alpha=0.3$	$\alpha=0.3$	$\alpha=0.7$
1	203.8	—	—	—
2	214.1	203.8	203.8	203.8
3	229.9	206.9	209.0	211.0
4	223.7	213.8	230.0	224.2
5	220.7	216.8	226.9	223.9
6	198.4	218.0	223.8	221.7
7	207.8	212.1	211.1	205.4
8	228.5	210.8	209.5	207.1
9	206.5	216.1	219.0	222.1
10	226.8	213.2	212.8	211.2
11	247.8	217.3	219.8	222.1
12	259.5	226.5	233.8	240.1

解答如下：

① 确定初始值 $\hat{y}_1$。本例中确定一月份的实际值为初始值，即 $\hat{y}_1=203.8$。

② 利用公式（6.5）分别计算 α 取值为 0.3、0.5、0.7 时的预测值，结果见表 6.7。

③ 由上表可见：α 取值为 0.3、0.5、0.7 时，均方差误差分别为

$$\text{MSE}=287.1，\text{MSE}=297.43，\text{MSE}=233.36$$

因此可选 $\alpha=0.7$ 作为预测时的平滑常数。

2013 年 1 月的平板玻璃月产量的预测值为

$$\hat{y}_{12+1}=\alpha y_{12}+(1-\alpha)\hat{y}_{12}=0.7\times259.5+0.3\times240.1=253.68$$

（3）二次指数平滑法。

二次平滑法是对一次指数平滑法再进行一次指数平滑，以一次、二次指数平滑值为基础建立预测模型，对市场现象进行预测。其计算公式为

$$\begin{cases}\hat{y}_{t+1}^{(1)}=\alpha y_t+(1-\alpha)\hat{y}_t^{(1)}\\ \hat{y}_{t+1}^{(2)}=\alpha\hat{y}_{t+1}^{(1)}+(1-\alpha)\hat{y}_t^{(2)}\end{cases}\tag{6.7}$$

二次指数平滑法的预测模型为

$$\hat{y}_{t+k}=a_t+b_t k \tag{6.8}$$

式中，$\hat{y}_{t+k}$ 为 $t+k$ 期预测值；k 为未来预测的期数；a_t 为直线截距；b_t 为直线斜率，则

$$\begin{cases}a_t = 2\hat{y}_t^{(1)}-\hat{y}_t^{(2)}\\ b_t=\dfrac{\alpha}{1-\alpha}(\hat{y}_t^{(1)}-\hat{y}_t^{(2)})\end{cases} \tag{6.9}$$

当时间序列出现明显的线性变化趋势时，利用一次指数平滑法进行预测，也会出现滞后偏差。二次指数平滑法与一次指数平滑法相比，它解决了明显趋势变化的市场现象的预测，也解决了一次指数平滑法只能向未来预测一期的不足。

【例 6.8】 某省 2003—2012 年国民生产总值见表 6.7 所示，试运用二次指数平滑法预测加权因子为 0.8 时该省 2013 年的国内生产总值。

表 6.7 某省 2003—2012 年国民生产总值

t	年份	实际值	$\hat{y}_t^{(1)}$	$\hat{y}_t^{(2)}$	a_t	b_t	$T=1$ 时
1	2003	750	750	750	750	0	
2	2004	835	818	804.4	831.6	54.4	
3	2005	916	896.4	878	914.6	73.6	868
4	2006	996	976.1	956.5	995.7	78.4	988.4
5	2007	1 079	1 058.4	1 038	1 078.8	81.6	1 074
6	2008	1 158	1 138.1	1 118.1	1 158.1	80	1 160.4
7	2009	1 240	1 219.6	1 199.3	1 239.9	81.2	1 238.1
8	2010	1 330	1 307.9	1 286.2	1 329.6	86.8	1 321.1
9	2011	1 417	1 395.2	1 373.4	1 417	87.2	1 416.4
10	2012	1 509	1 486.2	1 463.6	1 508.8	90.4	1 506.2
11	2013						1 599.3

解答如下：

① 确定初始值：$\hat{y}_1^{(1)}=\hat{y}_1^{(2)}=750$。

② 根据公式（6.8）计算各期的预测值，结果见表 6.8。

③ 根据公式（6.9）计算平滑系数 a_t 和 b_t，结果见表 6.8。

④ 建立预测模型，并预测

$$\hat{y}_{2013}=a_{2012}+b_{2012}\times 1=1\,508.8+90.4=1\,599.29$$

试比较：

$$\hat{y}_{2013}=a_{2011}+b_{2011}\times 2=1\,417+87.2\times 2=1\,592$$

这说明：对应每一个 t，都有一模型可进行预测，较为准确的方法是：

$$\hat{y}_{t+1}=a_t+b_t$$

利用本期模型预测下一期预测目标（即 $k=1$）。

二、回归分析预测法

由于回归分析预测法的相关知识已在前一任务的回归分析中进行了详细的讲解，此处只列举一个案例进行研究。

【例 6.9】 某地区 2008—2012 年钢产量资料如表 6.8 所示：

表 6.8　某地区 2008—2012 年钢产量资料

年　份	2008	2009	2010	2011	2012
钢产量（万吨）	10	25	36	48	50

试用最小平方法配合直线趋势方程，预测该地区 2013 年的钢产量。

求解过程如下：

（1）令直线的趋势方程为

$$\hat{y}=a+bt,$$

由最小平方法及多元函数求极值，有

$$b=\frac{n\sum ty-\sum t\sum y}{n\sum t^2-(\sum t)^2},\quad a=\frac{\sum y}{n}-b\frac{\sum t}{n}$$

为了简化计算，将 2008—2012 年分别令为 −2, −1, 0, 1, 2，可使 $\sum t=0$，得

$$b=\frac{\sum ty}{\sum t^2},\quad a=\frac{\sum y}{n}$$

将数据代入公式可得：$b=10.3$，$a=33.8$。则线性方程为

$$\hat{y}=33.8+10.3t$$

（2）当 $t=3$ 时，钢产量 $\hat{y}=64.7$（万吨）。

【重点知识梳理】

本项目主要讲述了对整理后的市场调查资料进行定性与定量分析，并根据分析结果采用各种预测方法对经济现象未来的发展变化趋势做出预测。

1. 市场调查资料的分析是指利用一系列统计分析方法对已经过分组、汇总整理的市场调查资料进行定性与定量结合分析，描述资料的性质和特点，进而反映各种资料之间的关系，找出事物发展变化的本质规律。

2. 市场调查分析方法主要有两种：一是定性分析法，二是定量分析法。定性分析方法主

要有三种：对比分析法、演绎推理法、归纳推理法。定量分析方法主要包括指标分析、指数分析、相关分析与回归分析方法。

3. 对比分析法又叫比较分析法，是指将不同的事物和现象进行对比，找出其异同点，从而分清事物和现象的特征及其相互联系的方法。

4. 演绎推理法是指人们以一定的反映客观规律的理论认识为依据，从服从该认识的已知部分推知事物的未知部分的思维方法。演绎推理法是由一般前提推出个别结论的认识方法，是认识“隐性”知识的方法。

5. 归纳推理法是指人们以一系列经验事物或知识素材为依据，寻找出其服从的基本规律或共同规律，并假设同类事物中的其他事物也服从这些规律，从而将这些规律作为预测同类事物的其他事物的基本原理的一种认知方法。

6. 按照是否考虑时间因素，可以将指标分为静态分析指标和动态分析指标两种。静态分析指标包括总量指标、相对指标、平均指标和标志变异指标。动态分析指标包括发展水平指标和发展速度指标。

7. 在编制数量指标综合指数时，一般把作为同度量因素的质量指标固定在基期。在编制质量指标综合指数时，一般把作为同度量因素的数量指标固定在报告期。平均指数也称平均数指数，它是编制总指数的另一种形式，即从个体指数出发，先计算质量指标和数量指标的个体指数，然后采用加权平均的方法编制总指数。

8. 相关分析是研究一个变量与另一个变量之间的相关方向与相关密切程度，是研究随机变量之间相关关系的一种统计方法。分析研究现象之间相关关系的主要方法是绘制相关表、相关图和计算相关系数。相关系数又称线性相关系数.它是衡量变量之间线性密切程度和相关方向的指标。

9. 回归分析，是指对具有显著或高度相关关系的现象之间数量变化的一般关系进行测定，建立一个相关的数学表达式，以便从一个已知量去推断另一个与之联系的未知量，进而进行估计预测的统计方法。回归分析最常用的是最小平方法（最小二剩法），用最小平方法既可配合直线，也可配合曲线，它是分析测定长期趋势最重要的方法。其原理是运用一定的数学模型，对原有的动态数列配合一条适当的趋势线进行修匀。

10. 市场预测是在对影响市场供求变化的诸因素进行调查研究的基础上，根据调查所获得的经过整理的信息、数据、资料以及过去的历史与经验，运用经验、软件程序和决策模型等一系列预测技术，对市场未来的发展趋势进行客观的估计、科学的测算和判断，得出符合逻辑的结论的活动和过程。

11. 定性预测主要通过对历史资料的分析和对未来条件的研究，凭借预测者的主观经验、业务水平和逻辑推理能力，对未来市场的发展趋势作出推测与判断。定性预测简单易行，在预测精度要求不高时较为可行。

12. 定量预测主要是根据市场调查阶段所收集的相关数据信息资料，通过建立适当的数学模型分析过去和现在市场的变化情况，并预测未来市场的变化趋势。定量预测主要包括时间序列预测与因果分析预测两大类。

13. 市场预测应该遵循一定的程序和步骤以使工作有序化、统筹规划和协作。市场预测的过程大致包含以下几个步骤：确定预测目标、搜集资料、选择预测方法、预测分析和修正、编写预测报告。

14. 德尔菲法也称专家调查法，是一种采用背对背的通讯方式分别将所需解决的问题单独发送到各个专家手中，征询意见，然后回收汇总全部专家的意见，并整理出综合意见。随后将该综合意见和预测问题再分别反馈给专家，再次征询意见，各专家依据综合意见修改自己原有的意见，然后再汇总。这样多次反复，使专家小组的预测意见趋于集中，最后做出符合市场未来趋势的预测结论。

15. 头脑风暴法也称为脑力激荡法、智力激励法、BS 法、自由思考法，是邀请有关方面的专家，通过会议的形式，由训练有素的主持人以非结构化的自然方式对一小群专家进行访谈，让他们对企业的生产经营或某个产品及其发展前景作出评价，并在专家们分析判断的基础上，综合专家们的意见，对该企业或产品的市场需求及其发展趋势作出量的预测。

16. 主观概率法是预测者对预测事件发生的概率（即可能性大小）作出主观估计，或者说对事件变化动态的一种心理评价，然后以主观概率为权数，对定性预测中的各种定量估计进行加权平均，以此作为预测事件结论的一种定性预测方法。

17. 领先指标法是把预测目标作为分析指标，用领先指标的走势来预测、分析指标的走势，即把发生在以前的事物作为参照物，来分析、判断、推测后发生的相关事物的市场前景。

18. 时间序列预测法是根据预测目标自身的时间序列的分析处理，揭示其自身发展变化的特征、趋势和规律，建立预测模型外推预测事物未来可能达到的规模、水平或速度。

19. 移动平均法是一种简单平滑预测技术，它的基本思想是：根据时间序列资料、逐项推移，依次计算包含一定项数的序时平均值，以反映长期趋势的方法。因此，当时间序列的数值由于受周期变动和随机波动的影响，起伏较大，不易显示出事件的发展趋势时，使用移动平均法可以消除这些因素的影响，显示出事件的发展方向与趋势（即趋势线），然后依趋势线分析预测序列的长期趋势。

20. 指数平滑法又称为指数加权平均法，是在移动平均法基础上发展而来的一种时间序列分析预测法，它是通过计算指数平滑值，配合一定的时间序列预测模型，对现象的未来进行预测。

能力自测

一、单选题

1. 在出生婴儿中，男性占 40%，女性占 60%，这是（　　）。

A. 结构相对指标　　B. 强度相对指标

C. 比较相对指标　　D. 比例相对指标

2. 下列指标中属于时点指标的是（　　）。

A. 商品销售额　　B. 商品销售量

C. 平均每人销售额　　D. 商品库存量

3. 在不掌握各组单位数资料，只掌握各组标志值和各组标志总量的情况下，宜采用（　　）。

A. 加权算术平均数　　B. 几何平均数

C. 加权调和平均数　　D. 简单算术平均数

4. 某市 2012 年农村人均收入和城市人均收入分别为 4 800 元和 10 060 元，标准差分别为 320 元和 780 元，则人均收入的变异程度（　　）。

A. 城市大　B. 一样大　C. 农村大　D. 不可比

5. 我国人均粮食产量按时间顺序排列的数列是（　　）。

A. 时期数列　B. 时点数列

C. 平均数列动态数列　D. 相对数动态数列

6. 已知各期环比增长速度为 3%、7%、8%、10%，则相应的定基增长速度的计算为（　　）。

A. (103%×107%×108%×110%)−100%

B. 103%×107%×108%×110%

C. 3%×7%×8%×10%

D. (3%×7%×8%×10%)−100%

7. 假定某产品产量 2012 年比 2007 年增加 27%，那么 2007—2012 年的平均发展速度为（　　）。

A. $\sqrt[6]{0.27}$　B. $\sqrt[5]{0.27}$　C. $\sqrt[6]{27\%}$　D. $\sqrt[5]{1.27}$

8. 一般说，当居民收入增加时，居民的储蓄存款也会相应增加，二者之间的关系是（　　）。

A. 直线相关　B. 完全相关　C. 非线性相关　D. 复相关

9. 年劳动生产率 x（千元）和工人工资 y（元）之间的回归方程为 $y = 20 + 30x$，这意味着劳动生产率每提高 2 千元时，工人工资平均增加（　　）。

A. 60 元　B. 120 元　C. 30 元　D. 90 元

10.（　　）特别适用于缺少历史资料的市场现象的预测。

A. 相关回归分析预测法　B. 定性预测法

C. 时间序列预测法　D. 定量预测法

11. 采用主观概率法进行预测，各事件的概率必须在（　　）之间。

A. −1 和 1　B. 0 和 1　C. 1 和 10　D. 任意范围

12. 在时间上，经济指标的变化先于市场变化的指标属于（　　）。

A. 领先指标　B. 落后指标　C. 扩散指标　D. 一致指标

13. 时间序列数据会呈现出一种长期趋势，它的表现（　　）。

A. 只能是上升趋势　B. 只能是下降趋势

C. 只能是水平趋势　D. 可以是上升、下降或水平趋势

14. 当时间序列各数据呈线性趋势变化时，最适宜的移动平均法是（　　）。

A. 简单移动平均法　B. 加权移动平均法

C. 变动趋势移动平均法　D. 二次移动平均法

二、多选题

1. 分子和分母不可互换计算的相对指标是（　　）。

A. 计划完成程度相对指标　B. 动态相对指标

C. 结构相对指标　D. 强度相对指标

2. 下列属于平均指标的是（　　）。

A. 人口密度　B. 某公司职工平均年龄

C. 参加英语等级考试的学生平均成绩　　D. 全国人均产量

3. 下列哪几项是时期数列（　　）。

A. 我国近几年的出生人数　　B. 某市历年交通事故死亡的人数

C. 我国历年的外币储备量　　D. 我国历年的工业增产值

4. 下列表述正确的有（　　）。

A. 相对数动态数列中，各个指标值是不能相加的

B. 动态数列是变量数列的一种

C. 钢产量比基期增加了3倍，也就是翻了两番

D. 已知某市社会商品零售额2008年至2012年各年增长速度为8%、10%、15%、18%、21%，则这五年的平均增长速度为14.4%

5. 下列属于领先指标的有（　　）。

A. 价格指数　　B. 居民收入增加额

C. 企业更新改造费用的增加额　　D. 住宅投资的增加额

6. 与定量市场预测法相比，定性市场预测法（　　）。

A. 依据不同　　B. 具有广泛的适用性

C. 具有较强的灵活性　　D. 具有较差的灵活性

7. 一般情况下，可将时间序列数据的变动分为以下几种类型（　　）。

A. 长期变动趋势　　B. 季节性变动

C. 循环变动　　D. 不规则变动

8. 处理历史数据时对指数平滑法的权数的选择原则是（　　）。

A. 近期的权数小　　B. 近期的权数大

C. 远期的权数小　　D. 远期的权数大

9. 指数平滑法一般用于预测（　　）。

A. 长期趋势变动　　B. 短期趋势变动

C. 季节性变动　　D. 连续性变动

10. 下列属于负相关的现象是（　　）。

A. 商品流转的规模愈大，流通费用水平越低

B. 流通费用率随商品销售额的增加而减少

C. 国民收入随投资额的增加而增长

D. 生产单位产品所耗工时随劳动生产率的提高而减少

三、判断题

1. 质量指标的数值随总体范围的大小而增减（　　）。

2. 相对指标的表现形式有两种：有名数和无名数（　　）。

3. 甲公司的市场占有率是乙公司的2倍，这是比较相对指标（　　）。

4. 若动态数列每年的逐期增长量相等，则其各年的环比发展速度是年年下降的。（　　）。

5. 相对数动态数列中的各个指标数值，其计算基础不同，因此不能直接相加（　　）。

6. 用最小平均法测定长期趋势，实际观测值与趋势线上的趋势值是两个不同的数值，趋势值肯定在趋势线上，而实际观测值不一定在趋势线上（　　）。

7. 定性市场预测法应用起来比较灵活方便，所花费的人力、物力、财力比较节省，所需

时间比较短，时效性较强（　　）。

8. 季节变动一般是指市场现象以年度为周期，随着自然季节的变化，每年都呈现的有规律的循环变动（　　）。

9. 时间序列分析法用于中、长期预测会比较精确（　　）。

10. 在指数平滑法的平滑过程中，越是近期的数据权数越大，而越是远期的数据权数越小（　　）。

11. 回归分析是依据事物内部因素变化的因果关系来预测事物未来的发展趋势（　　）。

四、解答题

1. 总量指标可以做哪些分类？时期指标和时点指标各有什么特点？
2. 为什么说调和平均数是算术平均数的变形？
3. 序时平均数与一般平均数有何异同？
4. 什么叫最小平方法？最佳趋势线应满足的条件是什么？
5. 什么叫相关分析与回归分析？两者有何区别与联系？
6. 简述德尔菲预测法的预测程序？
7. 简述时间序列分析法有哪些特点？
8. 如何确定一次指数平滑法中的初始值？

五、计算分析题

1. 某企业第一生产车间有20名工人，某日产量（件）如下：

20　25　36　26　24　24　23　18　25　21

16　24　22　23　24　23　23　28　24　30

要求：求工人日产量的算术平均数、中位数、众数、全距、平均差和标准差。

2. 某市对城乡居民收入进行随机调查，其结果如下表所示，试判断城市居民与农村居民人均收入哪个代表性好。

城镇居民人均年收入（元）	人数（人）	农民人均收入（元）	人数（人）
3 000 以下	40	3 000 以下	100
3 000～5 000	200	3 000～5 000	350
5 000～7 000	600	5 000～7 000	450
7 000～9 000	150	7 000～9 000	150
9 000 以上	110	9 000 以上	50
合　计	1 100	—	1 100

3. 某企业2012年职工人数资料如下表所示，计算该企业2012年平均职工人数。

日　期	1月1日	2月1日	3月1日	7月1日	10月1日	12月1日	2013年1月1日
职工人数	1 200	1 195	1 205	1 198	1 203	1 185	1 235

4. 某企业2005—2012年的销售资料如下表所示。

年 份	2005	2006	2007	2008	2009	2010	2011	2012
销售额（万元）	800	950	1 020	1 200	1 254	1 260	1 315	1 450

根据以上资料采用二次移动平均法，要求：

（1）列出二次移动平均法（$n=5$）计算表。

（2）写出求参数的计算公式和预测模型。

（3）预测该企业 2012 年和 2013 年的销售额。

5. 某地区 2008—2012 年钢产量资料如下表所示，试用最小平方法配合直线趋势方程，预测该地区 2013 年的钢产量。

年 份	2008	2009	2010	2011	2012
钢产量（万吨）	1 050	1 320	1 500	1 645	1 978

【实训锻炼】 Excel 在市场调查与预测的分析与预测阶段中的应用。

Excel 在市场调查与预测的分析与预测阶段中的主要用途有用 Excel 描述统计量，进行指标与指数分析，进行相关分析与回归分析、进行移动平均预测、指数平滑预测。

项目 5 市场调查的总结阶段

【学习导引】

决定命运的调查报告

一家知名的企业招聘销售主管，应届大学毕业生小张前去应聘。经过一番面谈，最后有5个人通过面试，小张成为5人之中的一个。主考官告诉他们一个星期后，公司总经理将会亲自主持复试。回家途中，小张在商场里闲逛，突然看到应聘的那家公司的产品，于是走过去和销售人员闲聊起来，从公司产品的销售情况、产品性能、价格、消费者对产品是否认同、性价比如何、还需要哪些改进等情况进行了详细了解。接下来几天，小张又去其他几家商场，把该公司产品和其他公司的同类产品作了比较、了解，回到家后，小张把自己的调查情况写成一份详细的市场调查报告。复试那天，等到小张和总经理面谈时，他将调查报告递交了上去，总经理接过仔细翻看了一遍，又问了一些问题，面带微笑地对他说："很高兴地通知你，你被我们公司录取了。"

【知识目标】

1. 了解市场调查报告的概念、作用、特点。
2. 了解市场调查报告的类型。
3. 掌握市场调查报告的格式与要求。
4. 掌握市场调查报告的写作步骤和技巧。
5. 了解市场调查口头报告。
6. 理解市场调查结果的沟通。
7. 掌握市场调查工作的评估与总结。

【能力目标】

1. 能撰写规范的市场调查报告。
2. 能口头汇报所调查的问题。
3. 能对市场调查工作进行全面评估。
4. 能撰写市场调查工作总结。

任务 7　撰写市场调查报告

【任务描述】

2012 年，四川省某职业技术学院利用市场调查与分析课程的实训教学环节，由 10 名大学生组成一个调查项目小组，在该校万名在校生群体中，随机发放《大学生消费问题调查问卷》1 000 份，对大学生的月消费水平、支出类别及金额、生活资金及来源、社会兼职及目的、家庭收入、自我评价等问题进行问卷访谈。项目小组需要将调查及分析结果撰写成一份调查分析报告。

【任务分析】

针对上述调查项目，在正式撰写调查报告之前，项目小组成员必须明确以下几个问题：第一，根据项目任务的情境确定市场调查报告的目的、方法和实施情况，构思调查报告；第二，灵活运用调查报告写作技巧，完成报告撰写。

7.1　市场调查报告的特点、作用、类型

【职业情境】

尊敬的读者：市场调查报告是整个调查任务获得的成果体现，如果调研者不能把诸多的调研资料组织成一份清晰的高质量的市场调研报告，就不能与决策者或用户进行有效的信息沟通，决策者或用户就不能有效地采取行动。为了能编写出一份高质量的调查报告，应做充分的准备工作。

市场调查报告就是在对调查得到的资料进行分析整理和筛选加工的基础上，记述和反映市场调查成果的一种文书。市场调查报告是调查活动过程的产品，也是调查过程的历史记录和总结，还是一项市场调查项目最终成果的主要表现。它可以有多种形式：可以是书面形式，也可以是口头形式，或者同时使用书面和口头的形式，还可以是其他形式，如计算机软盘或信函等电子版形式。

市场调查研究报告应具备科学性、针对性、时效性和创新性的特点。科学性是指市场调研以科学思想为指导，以事实为依据。针对性是指调查研究报告应针对不同的调研目的和不同的阅读对象安排报告的内容和格式。时效性是为了更好地适应市场竞争，调研报告应及时反馈给使用者，以便适时作出决策。创新性是指调研报告中应总结有创新的观点、结论，以增强调研报告的使用价值，更好地指导企业的生产经营活动。

市场调查研究报告应具备以下主要作用：第一、市场调查报告能将市场信息传递给决策者；第二、市场调查报告可以完整地表述调研结果；第三、市场调查报告是衡量和反映市场调研活动质量高低的重要标志；第四、市场调查报告能够发挥参考文献的作用；第五、市场调查报告可被作为历史资料反复使用。

由于市场主体的多元化、产品及服务的多样性、需求供给的复杂性、消费偏好及文化的差异性，市场调查的内容也极为广泛。针对不同的调查需求，可以设计不同的调查形式，撰写形式也不尽相同。由于分类标准的不同，调查报告的类型划分也是多种多样的。常用的分类方式有：

（1）从调查报告的内容及表现形式进行分类。

① 纯资料性调查报告。它以对问题的简单描述为主要表现形式，着重公布调查资料所得的各项资料，不加以任何分析解释。

② 分析性调查报告。它以对资料的分析研究为重点，一般可通过文字、图表等形式将调查结果分析展现出来，使得需求方对调查及结论有一个全面的认识。通常所说的调查报告大多是指分析性调查报告。

（2）根据调查范畴和对象进行分类。

① 综合调查报告。此类报告旨在了解市场的整体发展状况和发展趋势，力求反馈市场的全貌，要求资料详尽，分析全面。

② 专题调查报告。专题调查报告是聚焦某专项问题而撰写的报告。例如，针对青少年上网情况、居民住房情况等问题写出专题调查报告。

（3）根据开展经营活动的需要分类。

① 市场需要调查报告。通过对消费者数量及结构、消费者收入及购买力、潜在需求量及消费偏好、消费心理变化，以及对产品的质量、品种、款式、规格、花色等因素的调查分析，判断整体市场及各个细分市场对产品的消费需求及消费差异。

② 市场与消费潜量的调查报告。它主要指地区销售量及其变动趋势给企业带来的影响。调查包括商品成本、商品价格变动情况、消费者对价格变动的反应等。

③ 销售渠道调查报告。它侧重于对流通环节的调查，包括运输线路、运输规划、仓储等一系列市场运营问题的调查。

④ 市场供给调查报告。它主要包括产品的生产状况、生产总量及构成分布、产品更新速度及替代品情况、产品所处的生命周期等。

⑤ 价格/资费的调查报告。它重点调查产品的价格/资费的市场状况、变动趋势、消费者价格弹性等。

⑥ 竞争情况调查报告。它包括竞争对手的产品及性能、产品生产成本、价格/资费、渠道、服务、竞争策略等方面。

⑦ 经营效益的调查报告。它主要包括营销策略的实施效果、广告宣传效果及原因分析的调查。

7.2 撰写市场调查报告的准备阶段

为了能编写出一份高质量的调查报告，在编写之前，做好充分的准备工作是非常必要的。

1. 明确市场调查的目的、方法和实施情况。

这是撰写市场调查报告的基本准备工作。每一份市场调查报告都有明确的撰写目的和针对性，即反映情况、指出原因、提出建议，从而为社会或企业的决策部门制订或调整某项决策服务。而市场调查报告撰写的目的，其依据或实质就是市场调查的目的，两者具有一致性。

除了明确市场调查目的外，一份完整的市场调查报告还必须交代该项市场调查所采用的方法，比如选样、资料收集、统计整理是怎样进行的等；还必须陈述该项市场调查具体的实施情况，比如有效样本数量及分布、操作进程等。

例如，任务描述中的调查目的就是了解大学生的消费状况，方法采用问卷调查法，发放了 1 000 份问卷，回收有效问卷 980 份。

2. 落实写作材料。

这是撰写市场调查报告的基础和中心准备工作。一份市场调查报告是否具有较高的决策参考价值，很大程度上取决于它在写作时拥有材料的数量及质量。

整理与本次调查有关的一手资料和二手资料，还必须对所取得的各种相关资料加以初步的鉴别、筛选、整理及必要的补充，要从质量上把好关，争取使撰写材料具有客观性、针对性、全面性和时效性。

整理统计分析数据，要认证研究数据的统计分析结果，可以先将全部结果整理成各种便于阅读、比较的表格和图形。在整理这些数据的过程中，对调查报告中应重点论述的问题自然会逐步形成思路。

对难于解释的数据，要结合其他方面的知识进行研究，必要时可针对有关问题找专家咨询或进一步召开小范围的调查座谈会。

3. 确定报告类型及阅读对象。

调查报告有多种类型，如一般性报告、专题报告、研究性报告、说明性报告等。一般性报告就是对一般调查所写的报告，他要求内容简单明了，对调查方法、资料分析整理过程、资料目录等作简单说明，结论和建议可适当多一些。专题性报告是为特定目的进行调查后写的报告，要求报告详细明确，中心突出，对调查任务所提出的问题作出回答。为企业所做的调查，一般情况下，我们用的是一般性报告和说明性报告。

调查报告还必须明确阅读对象，阅读对象不同，他们的要求和所关心的问题的侧重点也不同。

例如，调查报告的阅读者是公司的总经理，那么他主要关心的是调查的结论和建议部分，而不是大量的数字分析等。但如果阅读的对象是市场研究人员，他所要了解的是这些结论怎么得来的，是否科学、合理，那么，他更关心的就是调查所采用的方式、方法，以及数据的来源等方面的问题。

所以在撰写报告前要根据具体的目的和要求来决定报告的风格、内容和长短。

4. 构思报告。

在动笔前需要有一个构思过程，也就是凭借调查所收集的资料，初步认识调查对象，经过判断推理，提炼出报告主题。在此基础上，确立观点，列出论点和论据，考虑文章的内容与结构层次，拟订提纲。构思过程各个环节所要达到的基本目标分别如下：

（1）凭借调查所收集的资料，初步认识调查对象。经过对调查对象多侧面、多层次的深入研究把握调查对象的一般规律性。

（2）提炼报告主题。在认识调查对象的前提下确立主题，即报告的主基调。主题的提炼是构思阶段异常重要的一环，其准确与否直接关系到最终报告的方向性。因此，主题的提炼应力求准确，在此基础上还应该深刻、富有创见性。

（3）确立观点、列出论点和论据。在主题确立后，对收集到的大量资料，经过分析研究，逐渐消化、吸收，形成概念，再通过判断、推理，把感性认识提高到理性认识，然后列出论点、论据，得出结论。观点是调查者对分析对象所持有的看法和评价，是调查材料的客观性与调查者主观认识的统一体，是形成思路、组织材料的基本依据和出发点。要从实际调查的情况和数字出发，通过现象而把握本质，具体分析，提炼观点，并立论新颖，用简单、明确、易懂的语言阐述。

例如：本情景下项目小组形成的针对案例素材的调查报告的主要观点为：

① 消费平均水平趋于合理，但个体呈现两极分化。

② 消费整体趋于理性，存在消费结构不合理成分。

③ 独立意识相对较低，对家庭依赖度较高等等。

（4）考虑文章的内容与结构层次。在以上环节完成之后，构思基本上就有个框架了，在此基础上，可以考虑报告正文的大致结构与内容。一般来说，应考虑的基本内容包括调查出的及所要解决的问题，调查采用的方法与技术；调查所获得的主要数据或信息以及这些数据及信息说明什么问题，理由是什么；解决问题的建议及理由。与此相对应的应考虑相应的文章结构层次。通常而言，报告一般分为三个层次，即基本情况介绍、综合分析、结论与建议。

（5）拟订调查报告提纲。提纲是调查报告的骨架，拟订一份提纲可以理清思路。调查报告提纲可以采用从层次上列出报告的章节形式的条目提纲，或者列出各章节要表述的观点、形式的观点提纲。一般先拟订提纲框架，把调查报告分为几大部分；然后在各部分中再充实，按次序或轻重，横向或纵向罗列而成较细的提纲，因为提纲越细，反映调查者的思路越清晰，同时也便于对调查报告进行调整。

例如，《大学生消费问题调查》的调查报告提纲。

前言：概述调查的意义与目的。

第一部分：陈述问卷调查的情况，内容包括问卷涵盖的问题、样本的获取方法及样本数量、有效问卷等。

第二部分：调查数据的统计分析。说明数据处理的方法，分析数据的主要计算结果，涉及消费总额及结构比例分析、收入情况分析、通信与交友情况分析、社会兼职及收入分析、自我评价分析等。

第三部分：调查结果分析。就调查数据结果，结合访谈资料，分析大学生消费不合理现象，并进行成因分析。

第四部分，结论与建议。就分析结果提出引导大学生理性消费的建议，从家庭、社会、政府、学校四方面论述。

7.3　市场调查报告的格式与要求

7.3.1　市场调查报告的格式

市场调查的目的不同，调查报告的中心思想也会随之不同；报告撰写人不同，调查报告的格式、外观也会有差异。所以说，调查报告并没有一个统一规定的、固定不变的格式和结构。但是，调查报告最终的服务对象是阅读者，为了能够将信息及时、准确、简洁地传递给这些受众，在报告本身的结构安排、写作手法上应该有一个大致的标准。一般来讲，书面调查报告的结构、内容以及风格等很大程度上取决于调查项目的类型和性质，项目的特点，委托方的要求，调查人员本身的个性、经验，撰写人和参与者的性格、背景、专长和责任等。

一份完整的调查报告的格式可分为三大部分：开头部分、主体部分、附件部分。

1. 开头部分。

开头部分包括封面、信件、目录、摘要几部分。

（1）封面。封面包括报告的题目、报告的使用者、报告的编写者及提交报告的日期等内容。题目包括市场调查题目、报告日期、委托方、调查方，一般应打印在扉页上。

关于题目，一般是通过标题把被调查单位、调查内容明确而具体地表示出来，如《关于成都市居民收支、消费及储蓄情况调查》。有的调查报告还采用正、副标题形式，一般正标题表达调查的主题，副标题则具体表明调查的单位和问题。如《“上帝”眼中的《北京青年报》——《北京青年报》读者调查总体研究报告》。

（2）信件：信件包括致项目委托人的信，项目委托人的授权信。

（3）目录：目录包括报告目录、统计图表目录、附件目录、展示品目录。提交调查报告，如果调查报告的内容、页数较多，为了方便读者阅读，应当使用目录或索引形式列出报告所分的主要章节和附录，并注明标题、有关章节号码及页码。一般来说，目录的篇幅不宜超过一页。例如：

目录

（4）摘要：摘要包括目的、结论、发现、建议。摘要主要阐述课题的基本情况，是按照市场调查课题的顺序将问题展开，并阐述对调查的原始资料进行选择、评价、做出结论、提出建议的原则等。主要包括以下几方面内容：

第一，简要说明调查目的，即简要说明调查的由来和委托调查的原因。

第二，介绍调查对象和调查内容，包括调查时间、地点、对象、范围、调查要点及所要解答的问题。

第三，简要介绍调查研究的方法。

例如，某调查工作技术报告“执行情况”部分如下：

本次抽样采用二阶段抽样方法，根据第四次人口普查数据，在第一阶段中使用PPS抽样方法从××地区随机抽出20个居委会，第二阶段从每个居委会中使用SRS方法随机抽出50个居民户。抽样置信度5%。

抽样及入户调查由国际公认的调查网认证通过。

问卷设计与后期数据处理及技术分析报告由××技术公司完成。抽样与入户调查由××城调查队负责完成。调查进行日期从199×年×月×日至×日。

问卷设计为封闭式，共81个问题。入户调查采用调查员询问代填方式。问卷总数1 001份，收回997份。

抽样基本情况：

抽样的男女比例与总体一致，年龄分布呈正态分布；被调查者所占比例最多的行业为国有企业、事业单位及政府机关；所有的被调查者中有84.45%的享受公费医疗；被调查者中39%的人收入在200元与400元之间，45%的人收入在400元与800元之间，文化程度大专以上文凭；79.7%的人均已婚并有小孩。

2. 主体部分。

正文是市场调查分析报告的主要部分。正文部分必须准确阐明全部有关论据，包括问题的提出到引出的结论，论证的全部过程，分析研究问题的方法；还应当有可供市场活动的决策者进行独立思考的全部调查结果和必要的市场信息，以及对这些情况和内容的分析、评论。主要包括引言、调查方案设计、调查实施、数据分析、调查结果、结论、建议和局限性说明等几部分。

其中：引言要说明问题背景、问题表述、处理问题的基本途径；调查方案设计需要有方案设计类型、所需信息、原始数据及二手数据收集、问卷设计及抽样技术；数据分析有数据分析方法、数据分析方案；调查结果必须有基本结果、分组结果、关联性分析结果。

结论和建议是撰写综合分析报告的主要目的。这部分包括对引言和正文部分所提出的主要内容的总结，提出如何利用已证明和正文部分所提出的主要内容的总结，提出如何利用已证明为有效的措施和解决某一具体问题可供选择的方案与建议。结论和建议与正文部分的论述要紧密对应，不可以提出无论据的结论，也不要没有结论性意见的论证。该部分是调查报告的主要内容，也是阅读者最为关注的部分。在这里，调查人员要说明调查获得哪些重要结论，根据调查的结论应该采取什么措施。

调查结论与建议一般有以下几种表现形式：说明，即经过层层剖析后，综合说明调查报告的主要观点；推论，即在对真实资料进行深入细致的科学分析的基础上，得出报告的结论；建议，即通过分析，形成对事物的看法，在此基础上，提出建议和可行性方案；展望，即通过调查分析展望未来前景。

局限性是市场调查活动中一个不可避免的因素，它的产生可能基于调查时间、调查组织及调查实施上的种种限制，在调查实践中设计并采用的市场调查方案也有其局限性。作为市场调查报告的编写人员一定要将局限性考虑充分，并进行详细披露。这样做，一方面，可以降低自己的职业风险；另一方面也起到了提醒管理决策人员注意不要过分地依赖调查结果，或将结果用于其他项目。

3. 附件部分。

附件是指调查报告正文包含不了或没有提及，但与正文有关且必须附加说明的部分，它是对正文报告的补充或更详尽说明。主要包括调查问卷、图表、技术说明、参考文献等。

7.3.2 市场调查报告的要求

1. 段落的标题设计。

调查报告也可以设计成章、节、段，每一章、节、段都应有相应的特征鲜明的标题，问题是这些标题的设计方法应该采用哪种为宜。

目前有两种常用的方式：

（1）以结论或观点作为各章、节、段的标题，如“高技术含量是明年国外大公司登录中国市场的撒手锏”、“提高价格不能操之过急”等。

（2）以原因或状况作为各章、节、段的标题，如“国内许多企业将更加举步维艰”、“登录中国市场的著名跨国公司的产业结构”、“调整经营战略窥测中国市场变化的外国著名大公司的举动”等。

2. 表格和图像的格式要求。

在调研报告正文中恰当地运用统计图能对调查所得资料起到论据和论证作用。

统计表必须具备表号、表头（总标题）、横行标题、纵栏标题、指标数值、（必要的）注释、资料来源等。

总标题要写得醒目，扼要提出本表要提供的信息内容。横、纵标题要简明，尽量使用正规的指标名称、分组标志和时间分量。

如果横、纵标题中使用了与国家统计指标同名称而不同含义的指标名称、分类标准，或者使用了尚未被本行业同人普遍接受的名词，则应在注释部分加以注明。

凡表中所用数据来源于本项目调查、观察或实验所获之外的次级资料，均应在资料来源处注明其来源。

统计图也要设置图号和图名。它们的要求与表号和总题相同：统计图在目录中的位置在统计表之后。统计图中所绘几何图形（线段、矩形、扇形等）要与所表现的数值成比例、数轴要注明所表示的变量及所用计量单位。在图中对图形加以必要的标注，说明其代表的意义，以便读者不参阅任何文字材料就能读懂统计图要说明的问题。最后，资料来源对于统计图也是必不可少的。

3. 附件部分的利用。

在调研报告中不能不用各种统计学的分析方法，也不能没有调研的原始资料，因为这些都是论证自己结论的证据。

4. 调查报告中的建议。

调查报告的结论和建议部分说明调查获得了哪些重要结论，根据调查的结论建议应该采取什么措施。这主要看管理层或决策层对于下属的建议和意见的一贯态度，或者查看在调研方案合同上是否包括调研机构必须在调研报告中提出客观、公正、准确的建议与意见的相应款项。有些领导希望下属在提供实际情况后再谈谈自己的分析结论与想法，因此调查机构应该在调查报告中详细地列出自己的意见与建议。但有的领导只听下属的报告，不允许下属提出自己的想法，此时调研报告中的建议会显得多余。

需要指出的是：大多数建议应当是积极的，要说明采取哪些具体的措施或者要处理哪些已经存在的问题。尽量用积极的、肯定的建议，少用否定的建议。肯定的建议如“用加大广告投入”，“将广告理性诉求为重点变为感性诉求为主”等建议；否定建议如“应立即停止某一广告的刊播”，使用否定建议只叫人不做什么，并没有叫人做什么，所以应尽量避免使用。

5. 切忌将分析工作简单化。

这可以从以下两个方面来考虑。

（1）在进行数据的分析过程中，一定要尽量从各个层面来考虑问题，也就是透过现象看本质。从下例中我们可以看出，在分析数据时，对数据的层面考虑得不同，得出的结论是有显著差异的。

【例 7.1】 市场调查报告的分析工作。

某汽车企业要对 3 种广告设计进行试验，以判定哪一种广告对提高汽车的销售量最有效。在不同时间里分别在 4 个不同城市进行了市场试验，结果如表 7.1 所示。

表 7.1 广告与销售量之间的关系表

广 告	跟广告有关的销售量
A	2 431
B	2 064
C	1 976

从表 7.1 的数据表明广告 A 是最有效的。但这种分析是否充分呢？如果我们从另一个角度看，把参加试验的 4 个城市分别列出来，变成表 7.2。

表 7.2 不同城市广告与销售量之间的关系表

城市 广告	1	2	3	4	总 计
A	508	976	489	458	2 431
B	481	613	528	442	2 064
C	516	560	464	436	1 976

表 7.2 的分析结果是：3 种广告的效果差不多，广告 A 的销售量增加是由于第二个城市的不正常需求引起的。

（2）数据的分析应包括 3 个层次：说明、推论和讨论，即说明样本的整体情况、推论到总体并对结论作因果性分析。

【例 7.2】 市场调查报告图表分析中的“说明、推论与讨论”。

说明是根据调查所得统计结果来叙述事物的状况、事物的发展趋势及变量之间的关系等，如表 7.3 所示。

表 7.3　各种收入家庭的彩色电视机拥有情况

家庭人均收入 / 是否有彩电	1 000 以下	1 000～2 000	2 000 以上	总　计
有	30	50	80	53
无	70	50	20	47
总　计	100	100	100	100

根据上表可作如下说明。

① 调查对象中有一半左右的家庭拥有彩色电视机（事实描述）；随着家庭收入的增多，彩色电视机的拥有率也随之提高（趋势描述）；家庭收入的高低对电视机的购买有很大程度的影响（因果关系描述）。

② 推论：大多数的市场调查所得数据结果都是关于部分调查对象（样本）的资料，但研究的目的往往是要了解总体的情形。因此，研究者必须根据调查的数据结果来估计总体的情况，这就是推论。推论主要是考虑样本的代表性，代表性强，由样本推断总体的误差就小。

③ 讨论：主要是对调查结果产生的原因作分析，讨论可以根据理论原理或事实材料对所得的结论进行解释，也可以引用其他研究资料作解释，还可以根据研究者经验或主观的设想作解释。

6. 切忌面面俱到、事事俱细地进行分析。

把收集来的各种资料无论是否反映主题，全都面面俱到、事事俱细地进行分析，使读者感到杂乱无章，读后不知所云。一篇调查报告自有它的重点和中心，在对情况有了全面了解之后，经过全面系统的构思，应能有详有略，抓住主题，深入分析。只有重点突出，才能使人看后得到深刻的印象。

7.4　市场调查报告的写作步骤与技巧

7.4.1　市场调查报告的写作步骤

编写调查报告是把调查报告分析的结果表述出来。无论是哪种调查报告，编写要求一般都是确定主题、取舍资料、拟订提纲、撰写报告和修改报告等步骤。

1. 确定主题的步骤。

调查报告的主题是调查报告的关键问题，确定主题由以下两个步骤组成。

（1）选题。

选题是发现、选择、确定、分析论题的过程，论题就是分析对象和目的的概括，所以选题一般表现为调查报告的标题。选题是认识过程中已知领域与未知领域的联结点。它既表现为已知的，是在以往认识基础上产生的，又表现为未知的，是以往认识活动所未解决的；它既反映了现有知识的广度和深度，又反映了未知领域探索的广度和深度。

成功的选题不仅能使作者用较少的时间和精力，积累充实的材料，有目的、有计划地调整自己的知识结构，确定必要的分析方法和手段，而且还是调查报告适时对路的前提条件。选题失误，即使调查报告表述完美也会影响其社会经济效益。

选题的途径一般分为：领导征集或外单位委托和作者自选观察、调查两种。选好题的关键是处理好分析对象的意义、服务对象的需求和作者的主观条件。

（2）确定观点的原则。

观点是调查研究者对分析对象所持的看法与评价，它是调查材料的客观性与作者主观认识上的统一，是形成思路、组织材料、构成篇章的基本依据和出发点。观点是在充分材料的基础上形成的，其思维过程是对调查材料的分析—综合—再分析。随着认识的不断深入，认识水平的不断提高，观点渐渐产生，因此观点的确定一般要经历萌发、深化、形成三个阶段。

在观点形成过程中要遵循如下原则：

① 分析要深入。要从实际调查的情况出发，分析不可以先入为主，也不可以从某观念和政策条文出发。

② 分析要具体。只能从具体的现象、数字入手，在调查材料上面做文章。要抓住事物的特殊性进行分析，从中找出代表性的内容，并力求观点内涵丰富。

③ 立论要新颖。观点是认识的逻辑概括，作者要用简单的语言把自己的新认识阐述出来。

2. 确定主题应注意的问题。

（1）调查报告的主题必须与调查主题相一致。一般说来，调查的主题就是调查报告的主题，因此选题也是调查主题确定的关键。调查主题在社会调查之初即已基本确定，而调查报告的主题观点则产生在调查分析之后。

（2）要根据调查分析的结果确定观点并重新审定主题。有的时候，调查报告的主题不一定就是调查的主题，两者并不一致。这主要是因为调查主题涉及面宽或问题较多，因而需要重新确定主题以缩小原主题的范围；在调查主题的范围内有些情况和问题因材料不充分，或调查分析较肤浅，因此需要重新确定主题；在调查分析过程中发现缺乏新意或价值不大，须依据实际应用价值，重新确定，不一定局限于与调查主题相一致。

（3）调查报告的主题不宜过大。

为便于反映问题，主题要相对小、短，同时也容易写。

3. 取舍资料。

资料是形成调查报告主题观点的基础，因此在取舍调查材料时应注意以下几点：

（1）材料的充分、完整。

对调查资料要全面分析和比较，以获取尽可能充分和完整的材料，因为调查报告与简报不同，不能只是简单地罗列材料，而应根据调查报告的目的和要求，进行具体的分析、比较和论证。这种分析、论证又与论文不同，它必须以反映事实为基础，用事实说话。在不离开事实叙述的前提下，把充分完整的材料提到原则高度上进行适当的评析，才能揭示材料的性质和意义。

（2）材料的筛选。

资料只有依据主题的需要、观点的要求进行筛选，才能使主题更加突出。与主题无关的或关系不大的资料要忍痛割爱，否则堆砌材料，会冲淡主题，降低调查报告的效果。

精选标准是能深刻说明问题本质。精选一般采用比较鉴别的方法，对同类材料依据精选标准和报告的篇幅进行比较、鉴别，以决定取舍。另外，鉴于调查报告明确、简练的特点，可用可不用的材料要大胆舍弃。

（3）多次取舍。

在调查材料量很大时，为减少不必要的劳动，在分析之前也可进行一次取舍，但在分析前后对材料的取舍都要以有关概率统计理论为依据。这样既省了力，又不降低材料的代表性和结论的科学性。同时，材料的取舍工作还要和定量分析、定性分析等工作结合起来。只有经过筛选，调查报告的依据才能充实、扼要，而不至于偏颇。

4. 拟订提纲。

提纲是调查报告的骨架，可以理清思路，并表明调查报告各部分之间的联系。调查报告写作提纲可分为条目提纲和观点提纲两类。条目提纲是从层次上列出报告的章节，而观点提纲则是列出各章节要表述的观点。

一般先拟订精提纲，把调查报告分成几大部分；然后在各部分中再充实，按次序或按轻重，横向或纵向罗列编织而成较细的提纲。提纲的粗细也反映了作者对写作内容了解的深浅程度。提纲越细，说明作者对材料、内容掌握得越深入、越具体，反映作者的思路越清晰，在撰写报告时也会越顺手。拟订调查报告写作提纲的另一个作用，可使作者进一步深思熟虑、精益求精，也便于对调查报告进行“构造”和调整。因此，写作提纲的作用是不可低估的，不是可有可无的。即使对于写作上有经验的人，也应于撰写调查报告之前先拟订写作提纲，特别是较细的提纲。

5. 撰写报告。

编写市场调查报告重要的是怎样设计主体部分的内容。从一定意义上讲，就是如何确定调查报告的整体内容。因此，在撰写调研报告时应该重点掌握以下几个环节：

（1）明确调研报告的阅读者。

由于不同的阅读者掌握的信息不同，需要作出决策的性质不同，从而决定了他们需要了解的信息也不同。同时，不同阅读者的不同素质也决定了他们的兴趣上的差别。同样一份调研报告，提供给决策者与专家，他们所看重的信息是不同的。提供给决策者是作为决策的依据，可以着重描写“是什么”、“为什么会这样”、“如果……将会怎样”，以便使他们尽快了解情况与原因，采纳自己的建议；提供给专家评审的调研报告，由于专家对于事实情况、引发的原因都十分清楚，他们关心的是报告中的结论是通过什么方法分析后得出的。

（2）实事求是、内容客观。

市场调查研究是为了揭示事情的真相，在研究过程中要实事求是，要按照正规的程序进行科学的研究，并克服个人偏见和主观影响。因此，作为市场调查研究结果的调查报告也必须真实、准确，要以实事求是的科学态度，准确而全面地总结和反映调查结果。这就要求市场调查报告所使用的信息资料必须符合客观实际，不能有任何虚假内容。同时，要注意信息资料的全面性，避免因结论和建议的片面性对决策者造成误导。

调查报告的突出特点是用事实说话，应以客观的态度来撰写报告。在文体上最好用第三人称或非人称代词，如“作者发现…”、“笔者认为……”、“据发现……”、“资料表明……”等语句。行文时，应以向读者报告的语气撰写，不要表现出力图说服读者同意某种观点或看法。读者关心的是调查的结果和发现，而不是你个人的主观看法。同时，报告应当准确地给出项目的研究方法、调研结果的结论，不能有任何迎合用户或管理决策部门期望的倾向。

（3）重点突出。

市场调查研究报告的内容编排应该密切结合调查宗旨，重点突出调研目标的完成和实现情况。一份高质量的调查报告既要具备全面性、系统性，又要具备针对性和适用性。因此，在撰写调查报告时必须对信息资料进行严格分类和筛选，剔除一切无关资料。

（4）篇幅适当。

调查报告的价值需要以质量和有效度量，而非篇幅的长短。因此，在编写调查报告时，应根据调查目的和调查报告内容的需要确定篇幅的长短。市场调查阶段积累的大量信息资料虽然弥足珍贵，但如果全部纳入调查报告中必然会使调查报告的内容冗长繁杂，阅读者难以领略重点而产生反感。因此，调查报告篇幅的长短，内容的取舍、详略都应该根据需要确定。

6. 修改报告。

撰写完成市场调查报告后，还需要对调查报告进行修改。该步骤要检查报告中出现的错误与遗漏，并补充完整相关内容。一份高质量的调研报告，在修改过程中应注意以下一些问题，应参照这些标准进行相应的修改。

（1）简明扼要，删除一切不必要的词句。

修改调查报告时，应该力求简明扼要，删除一切不必要的词句。调研报告中常见的一个错误是："报告越长，质量越高。"通常经过了对某个项目几个月的辛苦工作之后，调研者已经经过了全身心的投入，因此，他试图告诉读者他所知道的与此相关的一切。因此，所有的过程、证明、结论都纳入到报告当中，导致的结果是"信息超载"的噪声。事实上，如果报告组织得不好，有关方甚至连看也不看。总之，调查的价值不是用重量来衡量的，而是以质量、简洁与有效的计算来度量的。调查报告应该是精练，任何不必要的东西都应省略。不过，也不能为了达到简洁而牺牲了完整性。

（2）对重要的内容要解释充分。

调查研究的目的在于利用丰富的信息资料说明市场现象所蕴涵的特征、规律和趋势。而这些信息资料所蕴涵的市场特征、规律和趋势并非每个人都能领会的，需要调研人员运用专业知识和科学的理论进行解释。一份高质量的调查报告应该充分利用统计图表、统计数据等各种形式的表现方法来说明和显示资料，使阅读者更容易接受和认同。

因此，在修改报告时，应该对重要的资料进行解释，注意解释的充分性和相对准确性。解释充分是指利用图表说明时，要对图表进行简要、准确的解释；解释相对准确是指在进行数据的解释时尽量不要引起误导。例如，在一个相对小的样本中，把引用的统计数字保留到两位小数以上常会造成虚假的准确性。"有 65.32% 的被调查者偏好我们的产品。"这种陈述会让人觉得 65.32% 这个数是非常精确的。另外，还应注意的是：对于名义量表和顺序量表不能进行四则运算，对等距量表只能进行加减、不能进行乘除，只有比率量表才能进行加减和乘除。

（3）修改报告使其便于阅读。

为了提高调查报告的可阅读性，应做到版面设计合理、语言简洁、字迹清晰、书写工整。同时，任何调查研究报告的阅读和使用都有其特定的对象，因而要结合不同对象的工作性质、文化程度等因素来安排调查报告的写作风格。

报告应当是易读易懂的。报告中的材料要组织的有逻辑性，使读者能够很容易弄懂报告各部分内容的内在联系。使用简短的、直接的、清楚的句子把事情说清楚，比用"正确的"

但含糊难懂的词语来表达要好得多。为了检查报告是否易读易懂，最好请两三个不熟悉该项目的人来阅读报告并提出意见，反复修改几次之后再呈交给用户。

7. 报告摘要。

该部分内容主要是为没有大量时间充分阅读整个报告的经理主管人员准备的，它在整个报告中的地位非常重要。另外也有一些阅读者不具备太多专业知识，同时对复杂论证过程也不太关注，他们只想尽快见到调查报告的主要结论，以及知道应该进行怎样的市场操作。所以，报告摘要的书写也是非常重要的一个环节。一般来讲，报告摘要书写有以下一些要求：从内容来讲，要做到清楚、简洁和高度概括，其目的是让阅读者通过阅读摘要不但能了解本项目调查的全貌，同时对调查结论也有一个概括性的了解；从语言文字来讲，应该通俗、精练，尽量避免应用生僻的字句或一些过于专业性、技术性的术语。

摘要是市场调查报告中的内容提要。摘要包括的内容主要有为什么要调查；如何开展调查；有什么发现；其意义是什么；如果可能，应在管理上采取什么措施等。摘要不仅为报告的其余部分规定了方向,同时也使得管理者在评审调查的结果与建议时有了一个大致的参考。

摘要通常包含四方面内容。首先，要申明报告的目的，包括重要的背景情况和项目的具体目的。其次，要给出最主要的结果，有关每项具体目的的关键结果都须写明。再次，结论，指的是建议在发现结果基础上的观点和对于结果含义的解释。最后，建议，或者提议采取的行动。这是以结论为基础提出的，在许多情况下，管理人士不希望在报告中提出建议，因此，是否在摘要中包括建议需要依据报告的特定情况而定。

7.4.2 市场调查报告的写作技巧

市场调查报告的写作技巧主要包括表达、表格和图形表现等方面的技巧。表达技巧主要包括叙述、说明、议论、语言运用四个方面的技巧。

1. 叙述的技巧。

市场调查的叙述，主要用于开头部分，叙述事情的来龙去脉表明调查的目的和根据，以及过程和结果。此外，在主体部分还要叙述调查得来的情况。

市场调查报告常用的叙述技巧有：概括叙述、按时间顺序叙述、叙述主体的省略。

（1）概括叙述。

叙述有概括叙述和详细叙述之分。市场调查报告主要用概括叙述，将调查过程和情况概略地陈述，不需要对事件的细枝末节详加铺陈。这是一种“浓缩型”的快节奏叙述，文字简约，一带而过，给人以整体、全面的认识，以适合市场调查报告快速及时反映市场变化的需要。

（2）按时间顺序叙述。

按时间顺序叙述是指在交代调查的目的、对象、经过时，往往用按时间顺序叙述方法，次序井然，前后连贯。例如，开头部分叙述事情的前因后果，主体部分叙述市场的历史及现状，体现为按时间顺序叙述。

（3）叙述主体的省略。

市场调查报告的叙述主体是写报告的单位，叙述中用第一人称“我们”。为行文简便，叙述主体一般在开头部分中出现后，在后面的各部分即可省略，并不会因此而令人误解。

2. 说明的技巧。

市场调查报告常用的说明技巧有：数字说明、分类说明、对比说明、举例说明等。

（1）数字说明。

市场运作离不开数字，反映市场发展变化情况的市场调查报告，要运用大量数据，以增强调查报告的精确性和可信度。

（2）分类说明。

市场调查中所获材料杂乱无章，根据主旨表达的需要，可将材料按一定标准分为几类，分别说明。例如，将调查来的基本情况，按问题性质归纳成几类，或按不同层次分为几类。每类前冠以小标题，按提要句的形式表述。

（3）对比说明。

市场调查报告中有关情况、数字说明，往往采用对比形式，以便全面深入地反映市场变化情况。对比要清楚事物的可比性，在同标准的前提下，作切合实际的比较。

（4）举例说明。

为说明市场发展变化情况，举出具体、典型的事例，这也是常用的方法。市场调查中，会遇到大量事例，应从中选取有代表性的例子。

3. 议论的技巧。

市场调查报告常用的议论技巧有：归纳论证和局部论证。

（1）归纳论证。

市场调查报告是在占有大量材料之后，作分析研究，得出结论，从而形成论证过程。这一过程，主要运用议论方式，所得结论是从具体事实中归纳出来的。

（2）局部论证。

市场调查报告不同于议论文，不可能形成全篇论证，只是在情况分析、对未来预测中作局部论证。例如，对市场情况从几个方面作分析，每一方面形成一个论证过程，用数据、情况等作论据去证明其结论，形成局部论证。

4. 语言运用的技巧。

语言运用的技巧包括用词方面和句式方面的技巧。

（1）用词方面。

市场调查报告中数量词用得较多，因为市场调查离不开数字，很多问题要用数字说明。可以说，数量词在市场调查报告中以其特有的优势，越来越显示出其重要作用。市场调查报告中介词用得也很多，主要用于交代调查目的、对象、根据等方面，如用“为、对、根据、从、在”等介词。此外，还多用专业词，以反映市场发展变化，如“商品流通”、“经营机制”、“市场竞争”等词。为使语言表达准确，撰写者还需熟悉市场有关专业术语。

（2）句式方面。

市场调查报告多用陈述句，陈述调查过程、调查到的市场情况，表示肯定或否定判断。祈使句多用在提议部分，表示某种期望，但提议并非皆用祈使句，也可用陈述句。

7.5　灵活运用市场调查口头报告

除了书面报告以外，大多数客户都希望能听到调查报告的口头汇报。口头汇报在某些情况下更能发挥作用。事实上，对某些公司的决策者来说，他们从来不阅读文字报告，只通过口头报告来了解调查结果，或者是浏览书面报告来验证自己的记忆力。作口头报告的一大好处是可以将多个相关人士召集在一起，通过提问，相互启发，得到一些意外发现。

1. 口头报告的目的。

有效的口头汇报应以听众为核心展开。汇报者在汇报时要考虑听众的教育背景、时间因素、态度、偏好等。针对相关的词语、概念和某些数字进行适当的解释。

口头汇报要达到的目的有两个：首先是要形成良好的沟通；其次是要说服听众。良好的沟通是指个体之间能以动作、文字或口语形式传递彼此间意图的过程。沟通的本质在于分享意图及彼此了解。为了达成良好的沟通，必须要了解影响沟通的因素。例如，噪声、注意力集中度、选择性知觉等。因此，在进行汇报时，尽量减少噪声，引起听众的兴趣等。口头汇报的最终目的是要说服听众，但不是说要歪曲事实，而是要通过调查发现来强化调查的结论和建议。

2. 口头报告的特点。

与书面报告相比，口头报告具有以下几个特点。

（1）口头报告能用较短的时间说明所需研究的问题。

（2）口头报告生动，具有感染力，容易给对方留下深刻印象。

（3）口头报告能与听者直接交流，便于增强双方的沟通。

（4）口头报告具有一定的灵活性，一般可根据具体情况对报告内容、时间作出必要的调整。

3. 口头报告的准备。

有效的口头汇报应以听众为核心展开。汇报者要根据听众的特点进行准备，充分考虑听众的背景、兴趣、对研究项目的态度。一场成功的口头汇报，其成功的一半应该归功于事前的准备工作，这一点主要体现在两个方面：一是充分考虑听众的偏好、态度、教育背景以及他们的期望；二是对你自己所研究材料的内容烂熟于心，要对材料的篇幅进行精简，而且要为陈述准备提纲。

（1）在准备口头汇报的过程中，调查者应时刻注意以下几个问题：

数据的真正含义是什么？我们能从数据中获得些什么？在现有的条件下，我们应做什么？将来如何才能进一步提高这类研究水平？如何能使这些信息得到更有效的运用？

（2）在进行口头汇报之前应准备的辅助材料。

汇报提要：最好是除自己外，其他的听众也应该有一份汇报资料的主要部分和主要结论的提要，但在汇报提要中注意最好不出现统计资料和图表。

视觉辅助：视觉辅助是指依靠现代化的手段，如投影仪、幻灯机等。调研人员能根据听众所提出的问题，展示出“如……那么”的假设情况，摘要、结论和建议也应制作成可视材料。

关于口头汇报的辅助材料还包括执行性摘要和最终报告的复印件。

4. 口头报告的技巧。

（1）按照书面调查报告的格式准备好详细的演讲提纲。

（2）进行充分的练习。

（3）尽量借助图表来增加效果。

（4）作报告时要充满自信。

（5）要使听众“易听、易懂”。

（6）要与听众保持目光接触。

（7）回答问题时机的把握。

（8）在规定的时间内结束报告。

（9）口头报告结束后，还要请用户或有关人士仔细阅读书面报告。

7.6 市场调查结果的沟通

市场调查结果沟通是指市场调查人员同委托者、使用者及其他人员之间就市场调查结果的一种信息交换活动。其意义在于市场调查报告的沟通是调查结果实际应用的前提条件，有利于委托者及使用者更好地接受有关信息，作出正确的营销决策，发挥调查结果的效用，有利于市场调查结果的进一步完善。市场调查报告的呈递方式（沟通方式）主要有两类：书面呈交方式（主要以调查报告形式）和口头汇报的方式。

一、修改市场调查报告

在初稿完成后，调查小组人员可以针对初稿的内容、结构、用词等方面进行多次审核和修改，确认报告言之有理，持之有据，观点明确，表达准确，逻辑合理。在定稿前也可以以会议的形式，将整个报告或报告的若干部分拿出来与有关方面进行沟通，从中得到有用信息，提高报告的质量。调查报告中容易出现问题的地方列举如下：

1. 审核报告的标题是否简洁、明了、富有吸引力，并且能揭示调查主题的内容。

2. 审核报告主体各部分内容与主题的连贯性如何，有无修改和增减。

3. 是否处理好了篇幅和质量的关系。

正如本任务案例中所反映的，一份250页的报告并不是总裁所要读的，对于他来说，一份5页纸的执行性摘要就够了。篇幅并不代表质量，只有让报告使用者满意的报告才是高质量的报告。

调查的价值不是用报告的篇幅来衡量的，而是以质量、简洁和有效的计算来度量的。

4. 资料的取舍是否合理。

报告中是否采用了大量与目标无关的资料，而使报告内容不足很紧凑，同时，这也是造成篇幅过长的原因之一。

5. 是否对图表资料作了充分的解释和分析。

对用于推断调查结论的论据资料，特别是图表资料，如果只是将图表和数据展示出来而不作解释，必然引起使用者对这些图表和数据的怀疑，进而影响报告本身的可信度。

6. 审核所推断出的结论是否科学，论据是否确凿，审核所提建议是否可行。

所提建议不可行，是指在报告中提出的建议对报告使用者来说是根本行不通的。这种问题的出现大都是由于撰写者不十分了解企业的情况，或者对市场的判断过于轻率。

7. 是否过度使用定量技术。

定量技术的使用肯定会提高市场调查报告的质量，但必须适可而止。过度使用定量技术会降低报告的可读性，容易造成使用者阅读疲劳和引发对报告合理化的怀疑。当使用者是一位非技术型营销经理时，他还会拒绝一篇不易理解的报告。

8. 报告的重点是否突出，报告的顺序安排是否得当。

每个问题在全篇报告中占有的篇幅和位置，须与问题本身的重要程度相一致。

报告的顺序可以采用下列两种结构：

（1）纵式结构。即按照被调查对象发生、发展的先后顺序或被调查对象的演变过程安排材料。

（2）横式结构。即按照材料的性质和逻辑关系归类，从不同的侧面、不同的角度，并列地将材料组成几个问题或几个方面，还可以加上小标题，逐一地报告各方面的情况。

9. 语言表述是否做到严谨、简明和通俗。

（1）语言严谨体现在选词造句要精确，分寸感强。在报告中不能使用如“可能”、“也许”、“大概”等含糊的词语，而且还要注意在选择使用表示强度的副词或形容词时，要把握词语的差异程度。比如，“有所反应”与“有反应”；“较大反响”与“反应强烈”；“显著变化”与“很大变化”之间的差别。

（2）简明。在叙述事实情况时，力争以较少的文字清楚地表达较多的内容，要毫不犹豫地删除一些不必要的词句。能用一句话说明的，不用两句话；能用一个字说明的，不用两个字。

（3）通俗。调查报告的行文要求自然流畅，尽量选用常见的词句，避免使用晦涩难懂的和专业技术性强的术语。

二、提交市场调查报告

市场调查报告征得各方意见并进行修改后就可以定稿并提交。

（一）以书面方式提交

调查人员将定稿后的调查报告打印为正式文稿，而且要求对报告中所使用的字体、字号、颜色、字间距等进行细心的选择和设计，文章的编排要求大方、美观，有助于阅读。另外，报告应该使用质地较好的纸张打印、装订，封面应选择专门的封面用纸，封面上的字体大小、空白位置应精心设计。因为粗糙的外观或一些小的失误和遗漏都会严重影响阅读者的兴趣，甚至信任感。

如果市场调查项目是由客户委托的，则往往会在报告的目录前面附上提交信（即一封致客户的提交函）和委托书（即在项目正式开始之前客户写给调查者的委托函）。

提交函的内容：大概阐述一下调查者承担并实施的项目的大致过程和体会（但不提及调查的结果），也可确认委托方未来需要采用的行动（如需要注意的问题或需要进一步做的调查工作等）。有时候，提交函还会说明委托情况。

例如，提交函的写法示例如下。

尊敬的张总裁，您好：

按照您在2007年6月8日委托书中的要求，我已经完成了对2007年2月A型数码相机市场销售情况的调查分析。现提交“中州公司A型数码相机目标市场销售调查”的报告。该报告的基础是目标市场上1 200位已经成为中州公司顾客或对数码相机感兴趣的人的现场访问、问卷调查，在报告中我们进行了详细的描述。本次调查采用了市场营销调查的惯例，并且相信，该报告符合贵公司的限制条件，其结果是可靠且有效的。我希望您对本次调查的结果（结论和建议）感到满意，并且该结果对贵公司A型数码相机在2007年销售情况有所帮助。如您有什么问题，请立即与我联系。

致礼!

××公司总裁×××

（二）以口头方式提交

口头报告是一种直接沟通方式，它更能突出强调市场调查的结论，使相关人员对市场调查的主题意义、论证过程有一个清晰的认识。口头报告的优点有三：一是时间短，见效快，节省决策者的时间与精力；二是听取者对报告的印象深刻；三是口头汇报后可以直接进行沟通和交流，提出疑问，并做出解答等。事实上，对于一项重要的市场调查报告，口头报告是唯一的一种交流途径，它可以帮助调查组织者达到多重的目的。

绝大多数市场调查项目在准备和递交书面报告之前或之后都要作口头陈述，它可以简化为在使用者组织的地点与经理人员进行的一次简短会议，也可以正式到向董事会做一报告。

有效的口头陈述均应以听众为中心，充分了解听众的身份、兴趣爱好、教育背景和时间等，精心安排口头陈述的内容，将其写成书面形式；也可以使用各种综合说明情况的图表协助表达；可以借助投影仪、幻灯片或大型图片等辅助器材，尽可能“直观地”向全体目标听众进行传达，以求取得良好的效果。

如有可能，应从市场调查人员当中抽选数人同时进行传达，各人可根据不同重点轮流发言，避免重复和单调。而且，还应留适当时间，让听众有机会提出问题。

例如：大学生消费情况调查小组成员在完成调查报告之后，为了达到良好的沟通效果，专门召开调查组成员会议，确定调查结果沟通需要提交的材料、内容、方式等。

调查组成员就需要做的准备工作进行了分工，协作完成以下工作。

（1）汇报提要。

为每位听众提供一份关于汇报流程和主要结论的汇报提要。提要应留出足够的空白，以利于听众做临时记录或评述。

（2）视觉辅助。

使用手提电脑、投影设备，制作演示稿，内容包括摘要、调查方案、调查结果和建议的概要性内容。

（3）调查报告的复印件。

报告是调查结果的一种实物凭证，鉴于调查者在介绍中省略了报告中的许多细节，为委托者及感兴趣者准备报告复印件，在听取介绍前就能思考所要提出的问题，就感兴趣的环节仔细阅读等。

（4）强调介绍的技巧。

① 注意对介绍现场的选择、布置；

② 语言要生动，注意语调、语速等；

③ 注意表情和肢体语言的使用。

（三）使用演示软件制作市场调查报告

最近几年，为寻求沟通调查结果的更有效方式，市场调查人员纷纷使用演示软件。微软公司 PowerPoint 软件在市场上居于支配地位，因为这种软件可方便地让分析人员进行下述工作：

（1）利用多种字体和字号创建项目图表，并且可以进行字体加粗、变斜体、添加下划线。

（2）可以创建出多种不同类型的、可用于展示特定调查发现的图形（饼状图、柱形图、线形图等），而且只需点击鼠标就可以对这些图形进行修改和测试。

（3）在演示及切换幻灯片时，有多种动画效果，还可以在幻灯片中插入声音、视频（项目组分析的现场录像）。

事实上，使用图表展示信息比用文字显得更有效、更具说服力，而且调查委托方一般都指明报告应以图表为基础，要求尽量少地使用文字。

项目组成员制作了关于大学生消费问题调查的汇报演示文稿，文稿中插入了关于典型调查问卷、调查地点、访谈对象的一些图片，插入了消费水平及支出情况调查数据的统计表、条形图、饼形图，重点介绍了调查的结论与建议，并进行了信度论证。之后，调查小组成员携带准备好的资料参加专门的会议，项目组长做了专题的项目策划与实施汇报。

任务8 市场调查工作的效果评估与总结

针对《大学生消费问题调查》调查项目，项目小组将调查及分析结果撰写成一份调查分析报告并提交。至此，整个市场调查工作结束。那么，在这次市场调查工作中，取得了哪些成绩？存在哪些不足？以后如何改进？这就需要对市场调查工作进行全面的效果评估，在此基础上撰写市场调查工作总结。

8.1 市场调查工作效果评估的内容

一个完整的市场调查工作流程应该包括效果评估这一环节。在市场调查工作结束以后，应该对此次调查工作的效果作一次全面、深入、科学、合理的评估：调查目的是否达到？抽样方式和方法是否有效？问卷设计是否可行？工作流程是否流畅？调查预算的执行是否得当？调查时间（周期）的安排是否合理？分析预测的方法是否可靠有效？对实际情况能否起到依据的作用……这些都是我们所要认真探究的问题。

企业对调查工作的关切点按重要程度依次分为以下四点：

（1）调查工作的质量；

（2）委托方是否满意；

（3）时间投入；

（4）成本。

这也就构成了市场调查工作效果评估的四方面内容。

1. 调查工作的质量。

不管是实验法，还是观察法、询问法，所获得的市场调查结果，最终是服务于研究的目标。由于市场的动态、客户的参差不齐、调查员个人素质等因素的影响，决定了市场调查效益指数的不稳定性，因此需要对市场调查进行相关评估，从而去完善和纠正市场调查的操作步骤，以提高市场调查的价值。

负责调查的人员是否花费时间与决策者或专家沟通，一起讨论调查目的，确定调查内容。

市场调查问卷和市场调查报告是市场调查工作中最重要的两份资料，关系着整个市场调查工作的成败，因此一定要重点评估。

（1）评估市场调查问卷。

① 问卷的真实性。结合市场相关数据，通过主观判断，确定问卷的真伪度。因为问卷受调查员，调查对象的年龄、性格、教育程度、生存环境、社会阶层等因素影响，同时受市场动态、市场区域、人文精神等其他因素的影响，从而影响其答题的正确性和一致性。研究者通过对问卷的验证，可以了解问卷本身是否优良，以筛选和修正市场调查的数据，避免做出错误的判断。

② 问卷的稳定性。在尽可能相同的条件下，隔一段时间对同一个区域进行两次调查，通过比较两次调查，通过比较两次调查结果间的相关分析或差异的显著性，来评定问卷的稳定性。或者，对同一种问卷，在同等条件下，可采用两种调查方法，通过对两种结果的比较，也可判定问卷的稳定性。另外，也可以将条件下的两份问卷合在一起，通过两份问卷各自的数据间的关联和逻辑连贯性，来判断市场调查的稳定性。

③ 问卷的关联性。将市场调查问卷的数据，与企业最初研究的目标想比较，分析问卷与调查目标的联系，检查问卷内容与目标之间是否适合，衡量选择的项目是否符合研究的目的和要求，同时分析市场调查所获得的数据，是否符合市场经济发展的要求，是否是企业需要的，是否经受市场变化的考验，要时刻把握数据和目标的直接联系。总之，市场调查就是要为企业服务，要创造效益，要时刻把握市场调查的核心与价值。

（2）评估市场调查报告。

① 科学性。在分析市场调查数据时，是否采用了科学的分析技术，目前主要的检验法是目标抽样、主观抽样、随即抽样、概率抽样、整群抽样、分层抽样等，在抽样时尽量做到科学严谨，不要凭主观情感给予判断。在分析市场调查报告时，尽量将数据转换成多种直观图。在对所有的数据进行统计汇总时，应由全体研究成员以会议的方式共同审核，并将汇总的数据分析表交由相关专家鉴定，然后存档作为公司提供决策的数据依据。

② 目标性。市场调查表是否是企业最初研究目标需要的数据？能否作为公司决策和制定战略计划的数据依据？确定市场调查报告能否解决公司需要的答案，调查数据是否抓住了公司研究问题的核心所在？公司通过市场调查报告和最初拟订的市场调查计划的比较，分析研究调查是否达到了期望的目标，并为下一阶段的市场调查提供参考标准。通过市场调查报告，可以拟订公司决策计划。

③ 有效性。公司管理决策，很多方案都需要市场调查数据作为决策依据。因为我们需要对每一次市场调查进行有效性评估，即对价值性、时效性、动态性等进行分析。首先，从价值性上讲，任何一个无价值的调查数据都是失败的市场调查，因为调查是为了公司的长期战略创造价值。因此，需要分析市场调查报告的价值有多大，在哪些环境有价值，哪些环境没有价值。要分析调查数据的价值核心所在。其次，调查所获得的生命有生命周期，并不是无限制的使用，当然有些数据可以作为多个决策的依据，有效数据在几年的市场运行也可以利用。因此需要对每次调查的数据进行生命周期分析，对于生命周期短的数据，可以通过二次市场调查、三次市场调查进行更新和补充，以保证调查数据的最新使用价值。第三，对于动态性来讲，要时刻关注市场的动态。市场调查的取向是和市场同步的，市场的任何波动，都会影响评估市场调查数据的价值，而且公司的研究目标和问题来源于市场，因此，只有把握市场发展趋势和动态，才能使市场调查真正服务于公司的研究目标和问题。

从方案—设计问卷—选择抽样方式—选择抽样方法—整理手段的使用—分析预测方法的选择—调查报告的写作，每一个环节都要真实、准确，并保证整个市场调查工作的流畅性。

2. 委托方是否满意。

（1）总的调查目的是否达到。

（2）调查内容是否详尽、全面。

（3）调查结果能否反映当前现状，体现企业背景。

（4）提出的建议或对策能否作为企业决策的重要依据。

（5）委托方的满意度如何。

3. 时间投入。

（1）调查人员的反应是否迅速，能否在接到委托要求以后，短时间内就能找到企业问题所在，确定调查方案。真正高效的调查人员拥有丰富的市场调查经验，具备经济学、统计学知识，这样才能迅速找到企业存在的问题，以及调查需要解决的问题。

（2）调查人员能否及时开展调查工作。如果不能，就可能错过现实的市场环境。

（3）在调查过程中遇到特殊情况，能否灵活应对，以保证调查工作的正常开展。

（4）调查时间（周期）能否在预算范围内，有无延时现象。

4. 成本。

（1）调查工作成本的具体使用情况。

（2）有否超出预算，主要的差异出现在哪里。

（3）整个调查工作的效率分析：委托方是否采纳调查建议或对策，采用了建议或对策，给企业带来了什么样的经济效益，如企业产品质量的改善、市场份额的增长幅度、市场竞争力的提高以及未来支出的减少等。

8.2　撰写市场调查工作总结

企业调查工作结束以后，应对整个调查过程进行仔细地回顾，总结经验，认清不足，撰写调查工作总结，并把调查工作总结作为一项重要的资料交由上级审查、存档，为以后的工作打好基础，提供借鉴。

市场调查工作总结的撰写应该由此次调查工作的主要负责人执笔，报告应真实地反映调查工作的过程，并明确指出此次调查工作的成功之处和失败之处。具体而言，调查工作总结报告应该包括调查工作计划、调查工作进程、调查工作结果、调查工作经费、调查工作评估等主要内容。

调查工作总结的格式与调查报告相似，下面只简要介绍调查工作总结的内容：

第一部分：说明调查目的及所要解决的问题。

第二部分：本次调查的工作过程。

第三部分：本次调查的结论。

第四部分：跟踪分析，是否达到目的，委托方是否满意。

第五部分：本次调查工作取得的成绩。

第六部分：本次调查过程中的问题和不足。

第七部分：应该改进的方案。

第八部分：费用预算是否合理。

第九部分：每人在这次调查工作中所承担的任务、完成情况、工作体会、存在的问题和改进等。

【重点知识梳理】

1. 市场调查报告是市场调查的最后一步，也是非常重要的一步，书面报告的质量和口头报告的效果，直接影响研究结果能否得到最终的认可并发挥其应有的作用。

2. 为了编写一份高质量的调查报告，在编写之前，做充分的准备工作是非常必要的，主要有以下四方面：（1）明确市场调查的目的、方法和实施情况；（2）落实写作材料；（3）确定报告类型及阅读对象；（4）构思报告。

3. 在编写市场调查报告之前，还需进一步了解市场调查报告的类型和市场调查报告撰写的几点原则：（1）坚持实事求是的原则；（2）符合市场规律及各项政策规定的原则。

4. 明确市场调查报告的格式与要求，学会市场调查报告的写作步骤与技巧。一份完整的市场调查报告应包括三部分内容：开头部分、主体部分和附件部分。撰写市场调查报告主要包括：（1）设计市场调查报告封面；（2）确定市场调查报告标题（项目名称）；（3）制作报告目录；（4）编写报告摘要；（5）编写引言、正文、结论与建议、局限性说明等；（6）组织附件。

5. 撰写市场调查报告应注意的几个问题：（1）切忌将分析工作简单化；（2）切忌面面俱到、事事俱细地进行分析；（3）报告长短根据内容确定，做到宜长则长，宜短则短，尽量做到长中取短，力求写得短小精悍。

6. 提交市场调查报告的过程实际上是调查人员与委托方进行沟通的过程，需要运用适当的沟通技巧。市场调查报告的呈递方式（沟通方式）主要有两类：书面呈交方式（主要以调查报告形式）和口头汇报方式。通过口头汇报的方式将报告提交给有关管理人员、营销人员等，能使调查结果直接参与决策。

7. 市场调查工作效果评估的内容，按企业对调查工作的关切点及重要程度依次分为以下四点：

（1）调查工作的质量；

（2）委托方是否满意；

（3）时间投入；

（4）成本。

这也就构成了市场调查工作效果评估的四方面内容。

8. 调查工作总结的内容：第一部分：说明调查目的及所要解决的问题；第二部分：本次调查的工作过程；第三部分：本次调查的结论；第四部分：跟踪分析，是否达到目的，委托方是否满意；第五部分：本次调查工作取得的成绩；第六部分：本次调查过程中的问题和不足；第七部分：应该改进的方案；第八部分：费用预算是否合理；第九部分：每人在这次调查工作中所承担的任务、完成情况、工作体会、存在的问题和改进等。

能力自测

一、选择题

1. 市场调查报告的特点有（　　）。

A. 科学性　B. 针对性　C. 时效性　D. 纪实性

2.（　　）是市场调研活动的直接结果。

A. 市场调查　B. 市场预测

C. 市场分析　D. 市场调查报告

3. 调查工作以（　　）作为完结标志。

A. 完成报告书　B. 开始调查工作

C. 调查资料分析　D. 口头汇报

4. 一份完整的调研报告的格式一般可分为以下部分（　　）。

A. 前文　B. 正文　C. 结尾　D. 附录

5. 从调查报告的内容及表现形式进行划分，市场调查报告分为（　　）。

A. 纯资料性调查报告　B. 综合调查报告

C. 专题报告　D. 分析性调查报告

6. 市场调查报告外观的要求是（　　）。

A. 所用字体、字号、颜色、字间距等应该细心地选择和设计

B. 文章的编排要大方、美观，有助于阅读

C. 封面应该选择专门的封面用纸

D. 报告的外观应当是专业化的

二、判断题

1. 市场调查报告中限制性或局限性的存在，会影响其信任度，所以报告中尽量不要披露。（　　）

2. 市场调查报告必须能像一个参考文件一样发挥作用。（　　）

3. 市场调查报告中可以用大量的图表来代替文字性的说明工作。（　　）

4. 市场报告的提交过程就是沟通的过程。（　　）

5. 摘要应该放在开头部分，是报告正文各章节的等比例浓缩。（　　）

6. 调查报告应该是完美无瑕的。(　　)
7. 调查报告的主题必须与调查主题相一致。(　　)
8. 调查报告的主题要尽量大，才能全面反映问题。(　　)
9. 调查报告中的大多数建议应当是积极的。(　　)

三、解答题

1. 市场调查报告的结构由哪几部分构成?
2. 为什么说市场调查报告是衡量一项市场调查项目质量的重要标志?
3. 市场调查报告使用语言有哪些要求?
4. 在撰写市场调查报告时应该注意哪些问题?

四、实战题

市场调查工作总结的撰写

课　程	市场调查与预测	适用专业	
总体要求	培养学生调查方法的应用能力，资料分析整理能力，调查报告的写作能力，团队合作能力。		
完成时间	1至2周		
具体内容	本项目是综合技能项目。通过本课程前几项基本技能的训练工作，总结工作，经验与教训，以小组为单位完成约2 000字的“市场调查工作总结”包括调查过程、调查结果、调查体会、存在问题等。		
要　求	1. 每个小组实行组长负责制，小组成员积极配合。 2. 按时按质完成任务。 3. 小组活动要有记录。 4. 市场调查工作总结字数不少于2 000字。 5. 上交市场调查工作总结。 6. 上交所有资料（打印稿、电子稿）。 7. 每位同学填写实训记录，内容包括实训项目、实训目的、实训过程、本人承担的任务、完成情况、存在的问题和改进老师评分和评语等。		
工作思路	1. 先分小组讨论调查工作总结的框架。 2. 小组各成员分工协作，共同完成调查工作总结的写作。 3. 小组派代表发言，进行课堂讨论。 4. 指导教师课堂点评。		
工作成果	制作Word或PPT; 小组全体成员展示调查工作总结，说明调查体会、存在的问题等。		
效果评价	首先，小组内部根据个人表现和在团队中的表现，评出每位成员的个人成绩档次。 其次，将各小组的成果进行展示，老师综合评出各小组成绩档次，并确定系数。 最后，在此基础上，综合给出个人最终成绩。		

小组成员个人成绩评价表

<table>
<tr><td rowspan="2">姓　名</td><td colspan="2">个人表现（25 分）</td><td colspan="4">在团队中的表现（75 分）</td><td rowspan="2">总分
（100 分）</td></tr>
<tr><td>考勤
（10 分）</td><td>基本技能
（15 分）</td><td>工作态度
（10 分）</td><td>提出与解决问题（20 分）</td><td>任务完成质量（30 分）</td><td>展示成果
（15 分）</td></tr>
<tr><td></td><td></td><td></td><td></td><td></td><td></td><td></td><td></td></tr>
<tr><td></td><td></td><td></td><td></td><td></td><td></td><td></td><td></td></tr>
</table>

各小组调查工作总结撰写评价表

评价内容	分值（分）	评分（分）
调查工作总结内容全面	30	
分析问题透彻，有感而发	30	
语言简洁明了，通俗易懂	20	
PPT 制作图形清晰，生动	20	
调查工作总结的总体评价	100	

项目6 SPSS软件在市场调查与预测中的应用

【知识目标】

1. 了解 SPSS 软件概述。
2. 掌握 SPSS 数据文件的管理。
3. 掌握描述统计。
4. 理解 SPSS 方差分析。
5. 理解 SPSS 回归分析。

【能力目标】

能够运用 SPSS 软件对实际问题进行数据处理、分析与预测。

任务9 SPSS软件的应用

9.1 SPSS软件概述

计算机永远属于年轻人，统计软件也是如此。作为一个灵活性极高和富有开拓性的软件，SPSS（Statistical Product and Service Solutions 意为统计产品与服务解决方案）自身的发展和进步非常迅速，近几年更是以惊人速度在国内很多企业以及高校迅速普及。SPSS 自 20 世纪 60 年代诞生以来，为适应各种操作系统平台的要求经历了多次版本更新，各种版本的 SPSS for Windows 大同小异，在本教材中选择了 PASW Statistics 18.0 作为统计分析的工具。

常见的统计软件有 SAS，SPSS，EXCEL 等。这些统计软件的功能和作用大同小异，但各自有所侧重。其中的 SPSS 和 SAS 是目前在企业、高校以及科研机构中较为流行的两种统计软件。特别是 SPSS，其界面友好、功能强大、易学、易用，包含了几乎全部尖端的统计分析方法，具备较为完善的数据定义、操作管理和开放的数据接口以及灵活而美观的统计图表制作。

一、SPSS的运行模式

SPSS 主要有三种运行模式：

1. 批处理模式。

该模式把已编写好的程序（语句程序）存为一个文件，提交给[开始]菜单上[SPSS for Windows]→[Production Mode Facility]程序运行。

2. 完全窗口菜单运行模式。

该模式通过选择窗口菜单和对话框完成各种操作。用户无须学会编程，简单易用。这也是大多数选用 SPSS 软件的主要因素。

3. 程序运行模式。

该模式是在语句（Syntax）窗口中直接运行编写好的程序或者在脚本（script）窗口中运行脚本程序的一种运行方式。这种模式要求掌握 SPSS 的语句或脚本语言。

二、SPSS 的启动

在 windows[开始]→[程序]→[PASW]，在它的次级菜单中单击“SPSS 18.0 for Windows”即可启动 SPSS 软件，进入 SPSS for Windows 对话框，如图 9.1，图 9.2 所示。

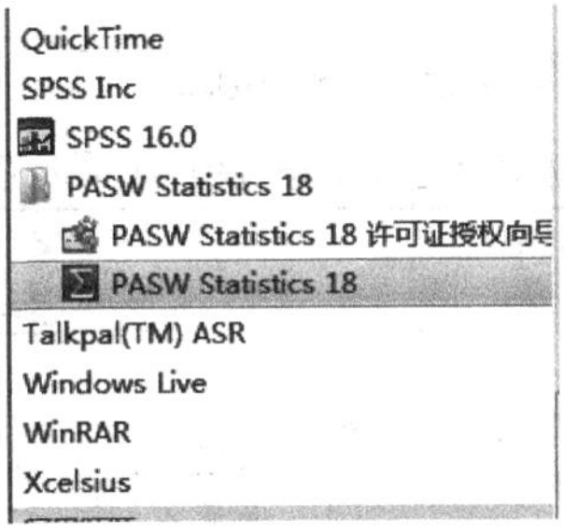

图 9.1　SPSS18.0 启动

图 9.2　PASW Statistics 启动对话框

三、SPSS 软件的退出

SPSS 软件的退出方法与其他 Windows 应用程序相同，有两种常用的退出方法：

1. 点击“文件”下拉菜单中”“退出”即可退出程序。

2. 单击 SPSS 窗口右上角的“关闭”按钮，回答系统提出的是否存盘的问题之后即可安全退出程序。

四、SPSS 的主要窗口介绍

SPSS 软件运行过程中会出现多个界面，各个界面用处不同。其中，最主要的界面有三个：数据编辑窗口、结果输出窗口和语句窗口。

1. 数据编辑窗口。

启动 SPSS 后看到的第一个窗口便是数据编辑窗口，如图 9.3 所示。在数据编辑窗口中可以进行数据的录入、编辑以及变量属性的定义和编辑，是 SPSS 的基本界面。主要由以下几部分构成：标题栏、菜单栏、工具栏、编辑栏、变量名栏、样本序号、窗口切换标签、状态栏。

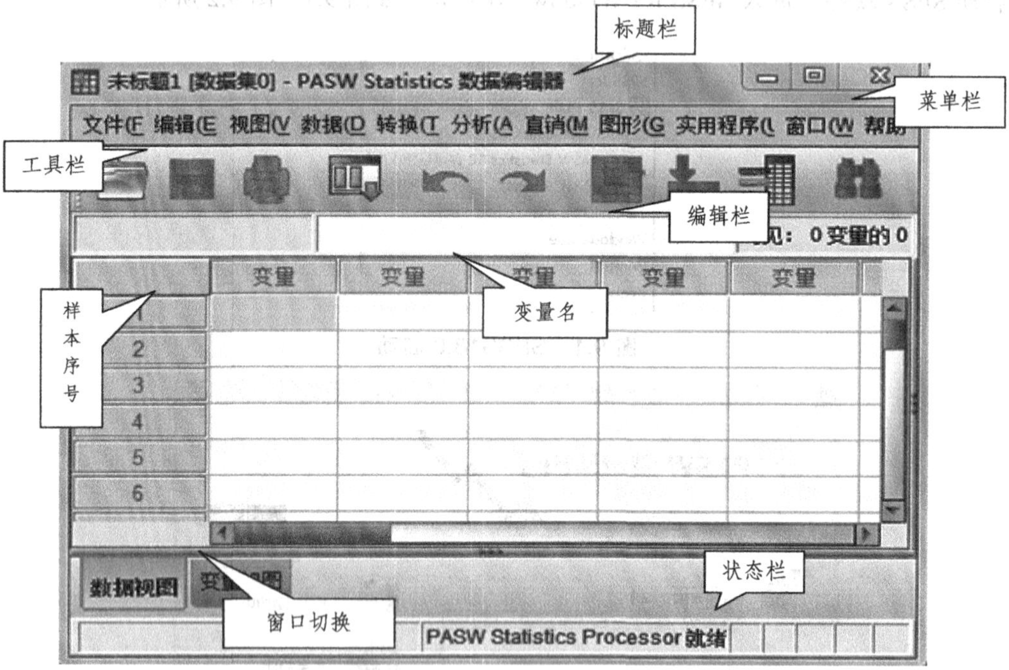

图 9.3　数据浏览界面

- 标题栏：显示数据编辑的数据文件名。
- 菜单栏：通过对这些菜单的选择，用户可以进行几乎所有的 SPSS 操作。关于菜单的详细的操作步骤将在后续实验内容中分别介绍。

为了方便用户操作，SPSS 软件把菜单项中常用的命令放到了工具栏里。当鼠标停留在某个工具栏按钮上时，会自动跳出一个文本框，提示当前按钮的功能。另外，如果用户对系统预设的工具栏设置不满意，也可以用[视图]→[工具栏] →[设定]命令对工具栏按钮进行定义。

- 编辑栏：可以输入数据，以使它显示在内容区指定的方格里。
- 变量名栏：列出了数据文件中所包含变量的变量名。
- 样本序号：列出了数据文件中的所有样本观测值。个数通常与样本容量的大小一致。

◆ 窗口切换标签：用于“数据视图”和“变量视图”的切换。即数据浏览窗口与变量浏览窗口。数据浏览窗口用于样本数据的查看、录入和修改。变量浏览窗口用于变量属性定义的输入和修改。

◆ 状态栏：用于说明显示 SPSS 当前的运行状态。SPSS 被打开时，将会显示“PASW Statistics Processor”的提示信息。

2. 结果输出窗口。

在 SPSS 中大多数统计分析结果都将以表和图的形式在结果观察窗口中显示。窗口右边部分显示统计分析结果，左边是导航窗口，用来显示输出结果的目录，可以通过单击目录来展开右边窗口中的统计分析结果。当用户对数据进行某项统计分析时，结果输出窗口将被自动调出。当然，用户也可以通过双击后缀名为.spo 的 SPSS 输出结果文件来打开该窗口。

9.2 数据文件管理

一、基本原理

1. SPSS 数据文件的基本结构。

SPSS 数据文件是一种结构性数据文件，由数据的结构和数据的内容两部分构成，也可以说由变量和样本两部分构成。一个典型的 SPSS 数据文件如表 9.1 所示。

表 9.1 SPSS 数据文件结构

变量 → 姓名、性别、年龄（第一行）；样本 → 张一至王三（各行）；数据内容 → 性别、年龄等列中的数据

姓名	性别	年龄	…
张一	1	25	…
李二	2	23	…
⋮	⋮	⋮	⋮
⋮	⋮	⋮	⋮
王三	2	20	…

2. SPSS 变量的属性。

SPSS 中的变量共有 10 个属性，分别是变量名（Name）、变量类型（Type）、长度（Width）、小数点位置（Decimals）、变量名标签（Label）、值（Value）、缺失值（Missing）、数据列的显示宽度（Columns）、对其方式（Align）和度量尺度（Measure）。定义一个变量至少要定义它的两个属性，即变量名和变量类型，其他属性可以暂时采用系统默认值，待以后分析过程中如果有需要再对其进行设置。在 SPSS 数据编辑窗口中单击“变量视窗”标签，进入变量视窗界面（见图 9.4）即可对变量的各个属性进行设置。

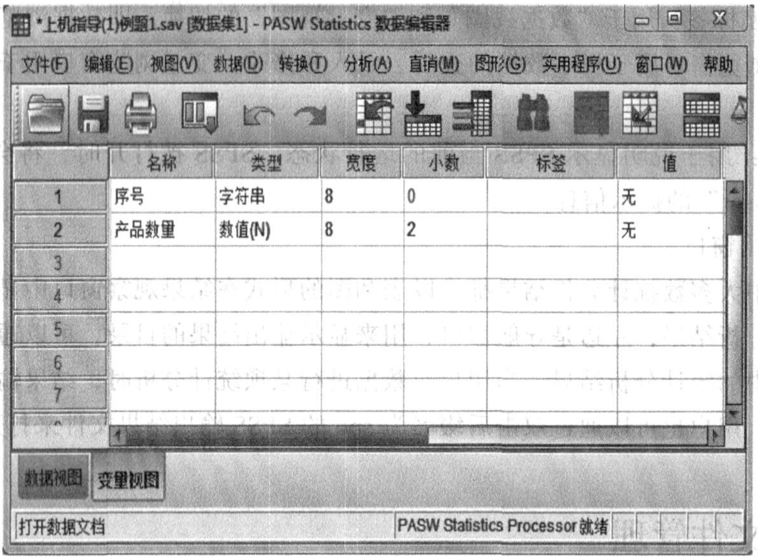

图 9.4　变量视图

二、数据文件管理

1. 创建数据。

数据文件的创建一般分成三个步骤：

（1）选择菜单 【文件】→【新建】→【数据】新建一个数据文件，进入数据编辑窗口。窗口顶部标题为“PASW Statistics 数据编辑器”。

（2）单击左下角【变量视窗】标签进入变量视图界面，根据需要定义每个变量类型。

（3）变量定义完成以后，单击【数据视窗】标签进入数据视窗界面，将每个具体的值录入数据库单元格内。

2. 读取数据。

当前版本的 SPSS 可以很容易地读取 Excel 数据，步骤如下：

（1）按【文件】→【打开】→【数据】的顺序使用菜单命令调出打开数据对话框，在文件类型下拉列表中选择数据文件，如图 9.5 所示。

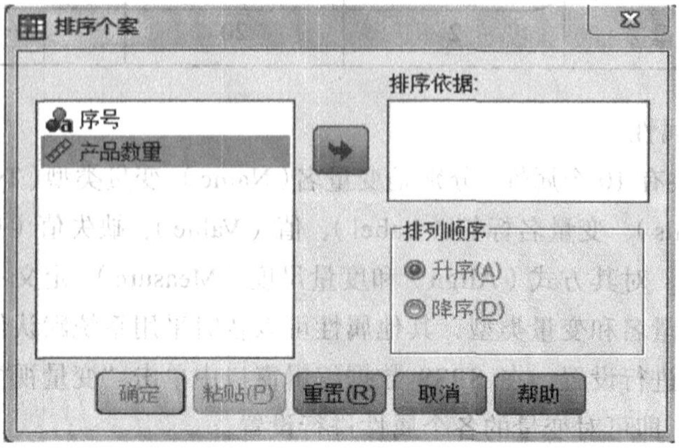

图 9.5　排列个案对话框

（2）选择要打开的 Excel 文件，单击“打开”按钮，调出打开 Excel 数据源对话框，对话框中各选项的意义如下：

工作表下拉列表：选择被读取数据所在的 Excel 工作表。

范围输入框：用于限制被读取数据在 Excel 工作表中的位置。

3. 数编辑据。

在 SPSS 中，对数据进行基本编辑操作的功能集中在 Edit 和 Data 菜单中。

4. 保存数据。

SPSS 数据录入并编辑整理完成以后应及时保存，以防数据丢失。保存数据文件可以通过【文件】→【保存】或者【文件】→【另存为】菜单方式来执行。

5. 整理数据。

在 SPSS 中，数据整理的功能主要集中在【数据】和【转换】两个主菜单下。

（1）数据排序（Sort Case）。

对数据按照某一个或多个变量的大小排序将有利于对数据的总体浏览，基本操作说明如下：

选择菜单【数据】→【排列个案】，打开对话框，如图 9.5 所示。

（2）抽样（Select Case）。

在统计分析中，有时不需要对所有的观测进行分析，而可能只对某些特定的对象有兴趣。利用 SPSS 的 Select Case 命令可以实现这种样本筛选的功能。以 SPSS 安装配套数据文件 Growth study.sav 为例，选择年龄大于 10 的观测，基本操作说明如下：

打开数据文件 Growth study.sav，选择【数据】→【选择个案】命令，打开对话框，如图 9.6 所示。

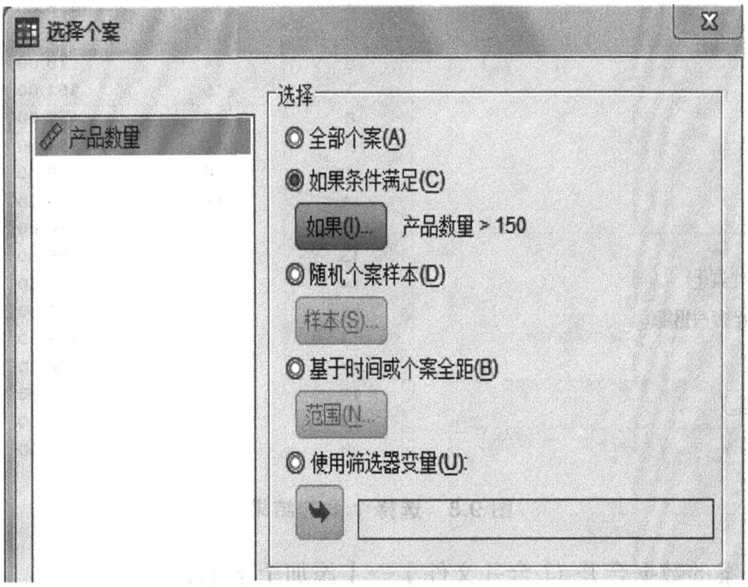

图 9.6　选择个案对话框

指定抽样的方式：【全部个案】不进行筛选；【如果条件满足】按指定条件进行筛选。本例设置：产品数量 > 150，如图 9.7 所示。

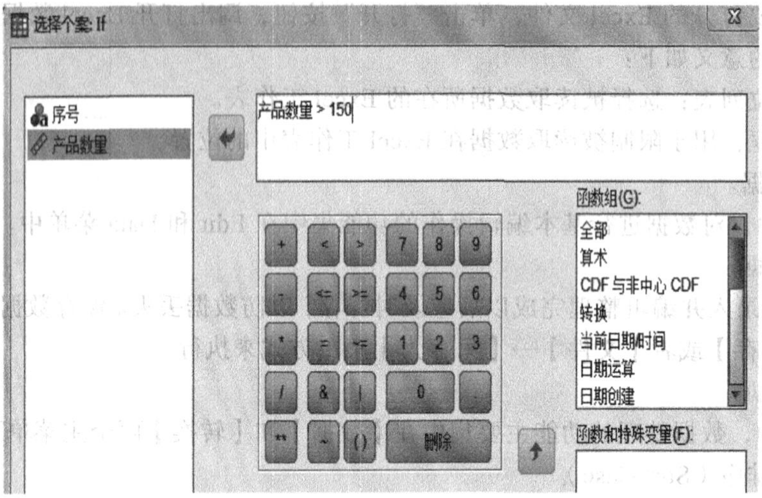

图 9.7 选择个案 对话框

设置完成以后，点击 continue，进入下一步。

确定未被选择的观测的处理方法，这里选择默认选项【过滤掉未选定的个案】。

单击 ok 进行筛选，结果如图 9.8 所示。

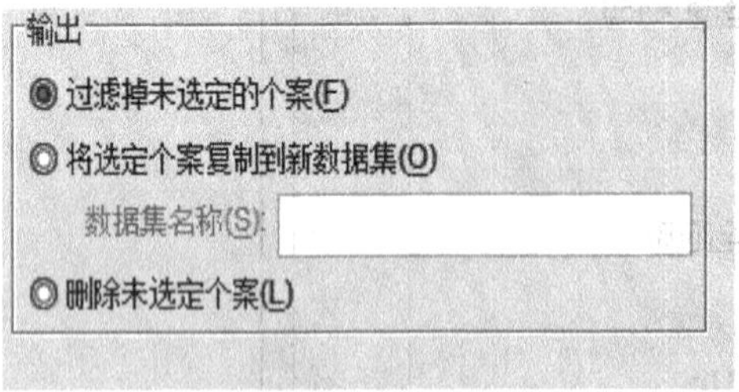

	序号	产品数量	filter_$
1	1	160.00	1
2	10	150.00	0
3	11	162.00	1
4	12	156.00	1
5	13	179.00	1
6	14	179.00	1
7	15	151.00	1
8	16	157.00	1
9	17	154.00	1
10	18	179.00	1
11	19	148.00	0
12	2	170.00	1
13	20	156.00	1
14	3	181.00	1
15	4	156.00	1
16	5	176.00	1
17	6	148.00	0
18	7	198.00	1
19	8	179.00	1
20	9	162.00	1

图 9.8 选择个案的结果

（3）增加个案的数据合并（【合并文件】→【添加个案】）。

将新数据文件中的观测合并到原数据文件中，在 SPSS 中实现数据文件纵向合并的方法如下：

选择菜单【数据】→【合并文件】→【添加个案】，如图 9.9 所示，选择需要追加的数据文件，单击打开按钮，弹出 Add Cases 对话框，如图 9.10 所示。

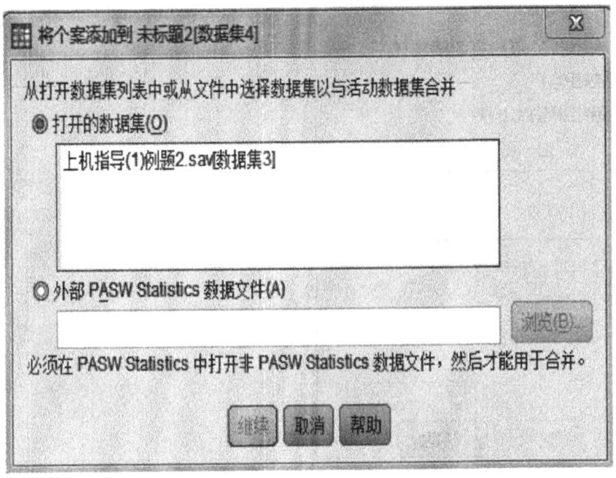

图 9.9　选择个体数据来源的文件

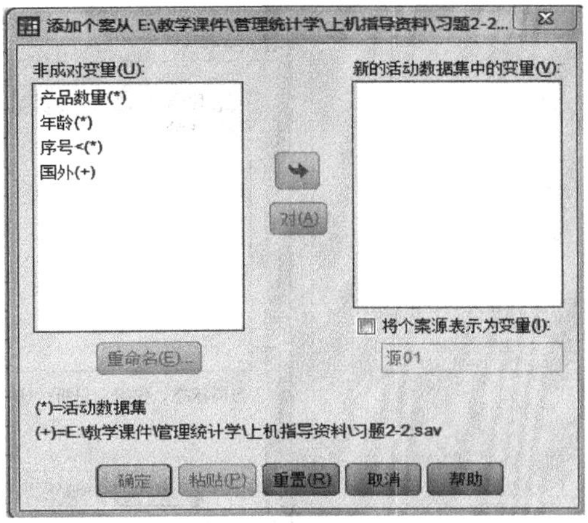

图 9.10　选择变量

（4）增加变量的数据合并（【合并文件】→【添加变量】）。

增加变量是指把两个或多个数据文件实现横向对接。例如，将不同课程的成绩文件进行合并，收集来的数据被放置在一个新的数据文件中。在 SPSS 中实现数据文件横向合并的方法如下：

选择菜单【数据】→【合并文件】→【添加变量】，选择合并的数据文件，单击“打开”，弹出添加变量，如图 9.11 所示。

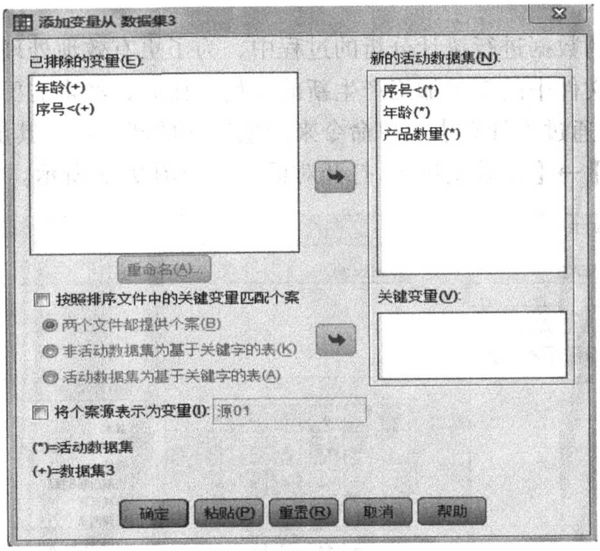

图 9.11

单击 ok 执行合并命令，这样，两个数据文件将按观测的顺序一对一地横向合并。

（5）数据拆分（Split File）。

在进行统计分析时，经常要对文件中的观测进行分组，然后按组分别进行分析。例如，要求按性别不同分组。在 SPSS 中具体操作如下：

选择菜单【数据】→【分割文件】，打开对话框，如图 9.12 所示。

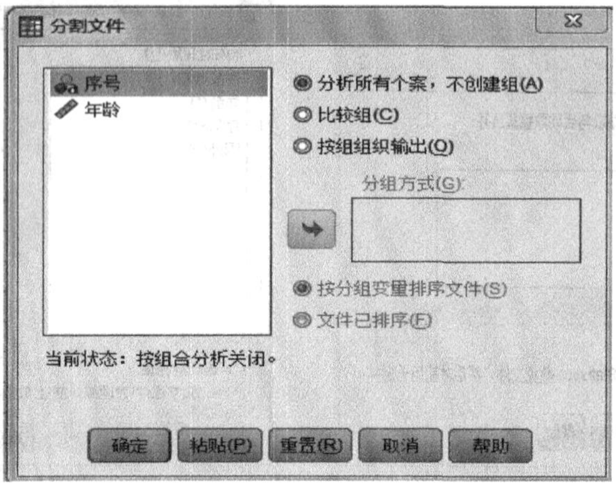

图 9.12 分割文件对话框

选择拆分数据后，输出结果的排列方式，该对话框提供了三种方式：对全部样本进行分析，不进行拆分；在输出结果种将各组的分析结果放在一起进行比较；按组排列输出结果，即单独显示每一分组的分析结果。

选择分组变量；

选择数据的排序方式；

单击【确定】按钮，执行操作。

（6）计算新变量。

在对数据文件中的数据进行统计分析的过程中，为了更有效地处理数据和反映事务的本质，有时需要对数据文件中的变量加工产生新的变量。比如，经常需要把几个变量加总或取加权平均数，SPSS 中通过【计算】菜单命令来产生这样的新变量，其步骤如下：

选择菜单【转换】→【计算变量】，打开对话框，如图 9.13 所示。

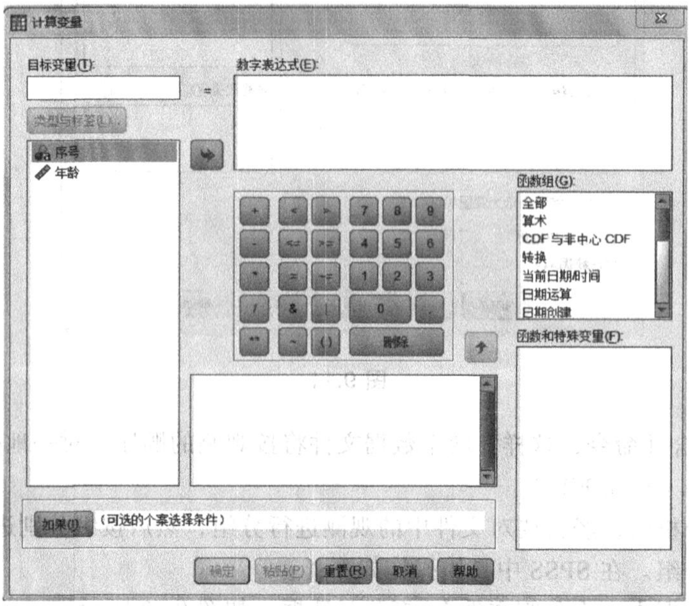

图 9.13 Compute Variable 对话框

在目标变量输入框中输入生成的新变量的变量名。单击输入框下面类型与标签按钮，在跳出的对话框中可以对新变量的类型和标签进行设置。

在数字表达式输入框中输入新变量的计算表达式。例如“年龄 > 20”。

单击【如果】按钮，弹出子对话框，如图 9.14 所示。包含所有个体：对所有的观测进行计算；如果个案满足条件则包括：仅对满足条件的观测进行计算。

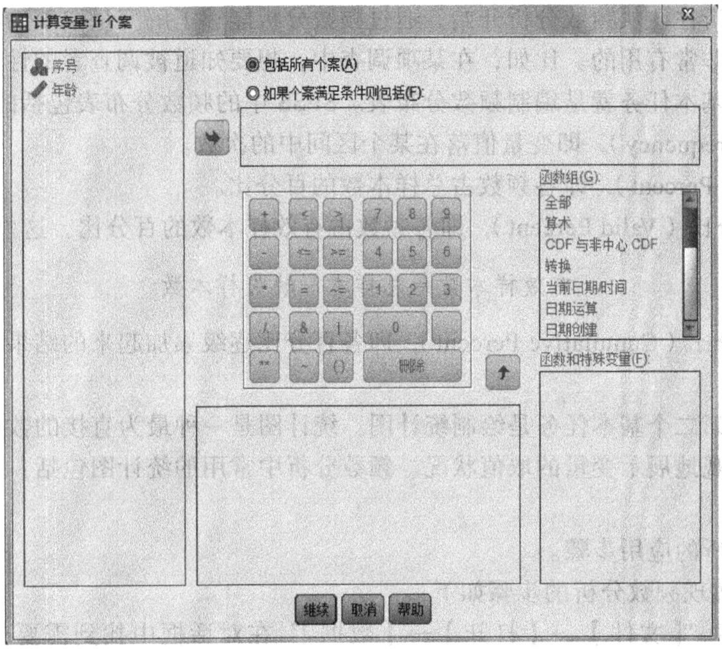

图 9.14　如果…子对话框

单击【确定】按钮，执行命令，则可以在数据文件中看到一个新生成的变量。

9.3　描述统计

一、基本原理

描述统计是统计分析的基础，它包括数据的收集、整理、显示，对数据中有用信息的提取和分析，通常用一些描述统计量来进行分析。

集中趋势的特征值：算术平均数、调和平均数、几何平均数、众数、中位数等。其中均数适用于正态分布和对称分布资料，中位数适用于所有分布类型的资料。

离散趋势的特征值：全距、内距、平均差、方差、标准差、标准误、离散系数等。其中标准差、方差适用于正态分布资料，标准误实际上反映了样本均数的波动程度。

分布特征值：偏态系数、峰度系数，他们反映了数据偏离正态分布的程度。

二、内容与步骤

下面给出的一个例题是来自 SPSS 软件自带的数据文件“Employee.data”。该文件包含某公司员工的工资、工龄、职业等变量，我们将利用此例题给出相关的描述统计说明。本例中，我们将以员工的当前工资为例，计算该公司员工当前工资的一些描述统计量，如均值、频数、方差等描述统计量的计算。

1. 频数分析（Frequencies）[①]。

（1）频数分布概述。

基本统计分析往往从频数分析开始，通过频数分析能够了解变量取值的状况，对把握数据的分布特征是非常有用的。比如，在某项调查中，想要知道被调查者的性别分布状况，频数分析的第一个基本任务就是编制频数分布表。SPSS 中的频数分布表包括的内容有：

① 频数（Frequency），即变量值落在某个区间中的次数。

② 百分比（Percent），即各频数占总样本数的百分比。

③ 有效百分比（Valid Percent），即各频数占有效样本数的百分比。这里

有效样本数 = 总样本 − 缺失样本数

④ 累计百分比（Cumulative Percent），即各百分比逐级累加起来的结果。最终取值为百分之百。

频数分析的第二个基本任务是绘制统计图。统计图是一种最为直接的数据刻画方式，能够非常清晰、直观地展示变量的取值状况。频数分析中常用的统计图包括：条形图、饼图、直方图等。

（2）频数分析的应用步骤。

在 SPSS 中实现频数分析的步骤如下：

① 选择菜单"【文件】→【打开】→【数据】"在对话框中找到需要分析的数据文件"SPSS/Employee data"，然后选择"打开"。

② 选择菜单"【分析】→【描述统计】→【频率】"，如图 9.15 所示。

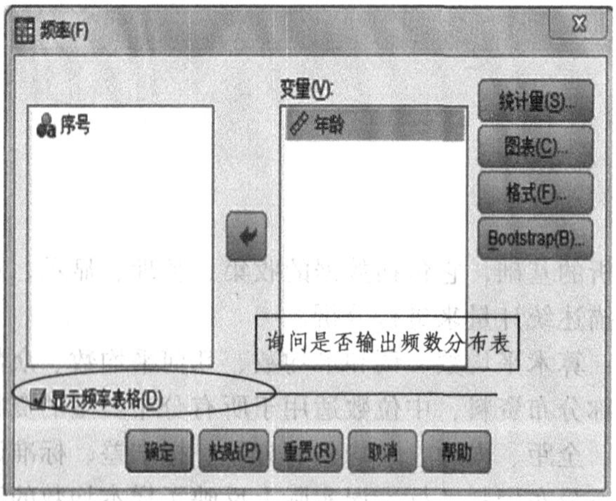

图 9.15 Frequencies 对话框

③ 确定所要分析的变量。例如，年龄。

在变量选择确定之后，在同一窗口上，点击"Statistics"按钮，打开统计量对话框，如

① 频数分析多适用于离散变量，其功能是描述离散变量的分布特征。

图 9.16，9.17 所示，选择统计输出选项。

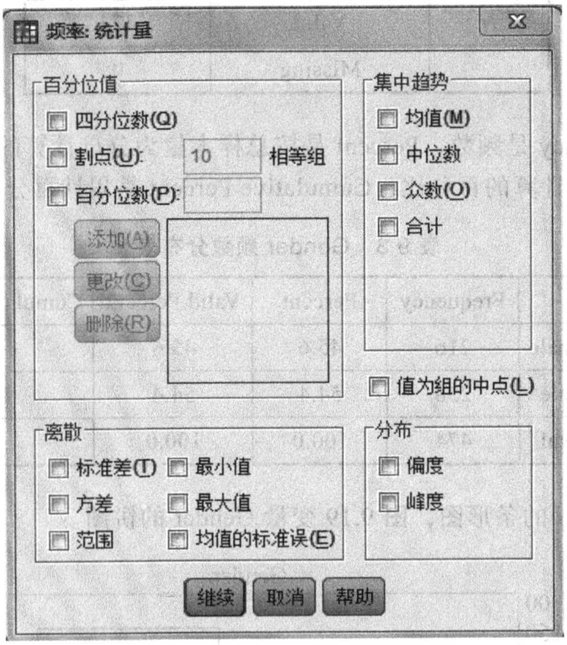

图 9.16 统计量子对话框

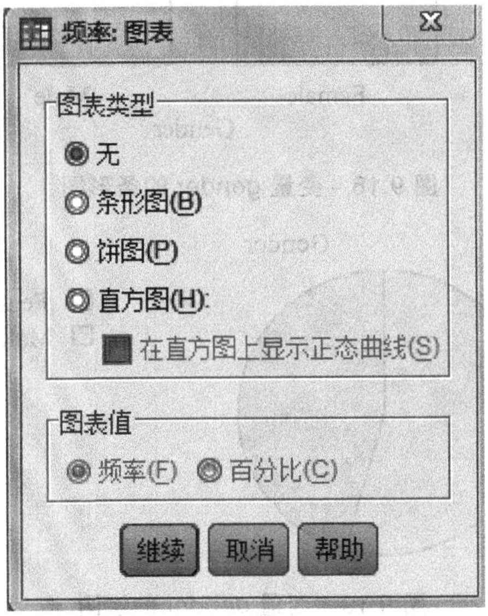

图 9.17 Charts 子对话框

④ 结果输出与分析。

点击 Frequencies 对话框中的【确定】按钮，即得到下面的结果。

表 9.2 中给出了总样本量（N），其中变量 Gender 的有效个数（Valid）为 474 个、缺失值（missing）为 0。

表 9.2 描述性统计

N	Valid	474
	Missing	0

表 9.3 中，Frequency 是频数，Percent 是按总样本量为分母计算的百分比，Valid Percent 是以有效样本量为分母计算的百分比，Cumulative Percent 是累计百分比。

表 9.3 Gender 频数分布表

		Frequency	Percent	Valid Percent	Cumulative Percent
Valid	Female	216	45.6	45.6	45.6
	Male	258	54.4	54.4	100.0
	Total	474	100.0	100.0	

图 9.18 变量 Gender 的条形图，图 9.19 变量 Gender 的饼图。

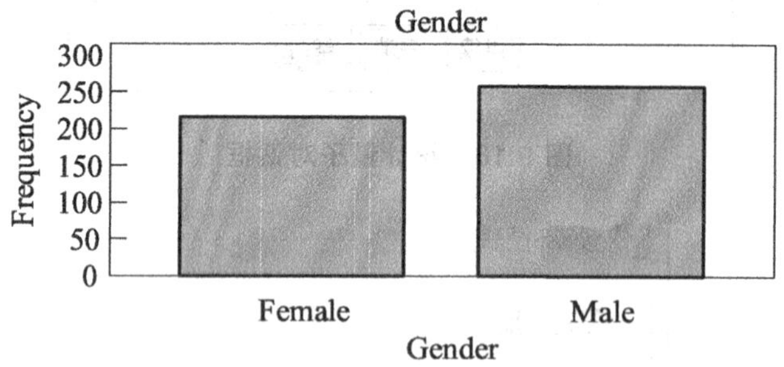

图 9.18 变量 gender 的条形图

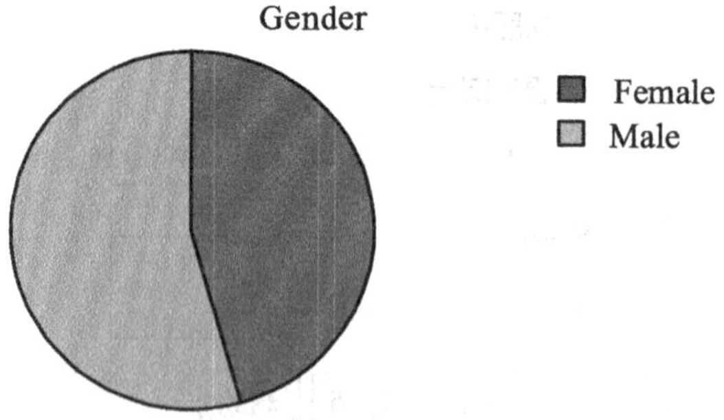

图 9.19 变量 gender 的饼图

2. 描述统计（Descriptive）[①]。

SPSS 的【描述】命令专门用于计算各种描述统计性统计量。本节利用某年国内上市公司的财务数据来介绍描述统计量在 SPSS 中的计算方法。具体操作步骤如下：

（1）选择菜单【分析】→【描述统计】→【描述】，如图 9.20 所示。

① 描述统计主要对定距型或定比型数据的分布特征作具体分析。

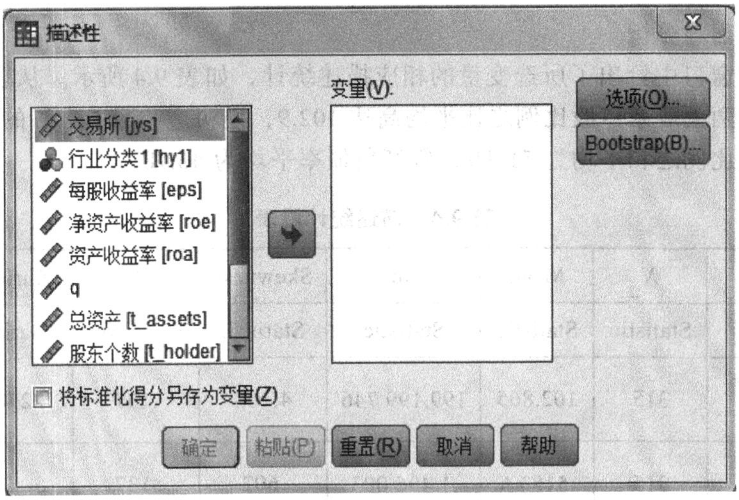

图 9.20　描述 对话框

将待分析的变量移入 Variables 列表框，例如，将每股收益率、净资产收益率、资产负债率等两个变量进行描述性统计，以观察上市公司股权集中度情况和负债比率的高低。

Save standardized values as variables，对所选择的每个变量进行标准化处理，产生相应的 Z 分值，作为新变量保存在数据窗口中。其变量名为相应变量名前加前缀 Z。标准化计算公式：

$$Z_i = \frac{x_i - \overline{x}}{s}$$

（2）单击【选项】按钮，如图 9.21 所示，选择需要计算的描述统计量。各描述统计量同 Frequencies 命令中的 Statistics 子对话框中大部分相同。

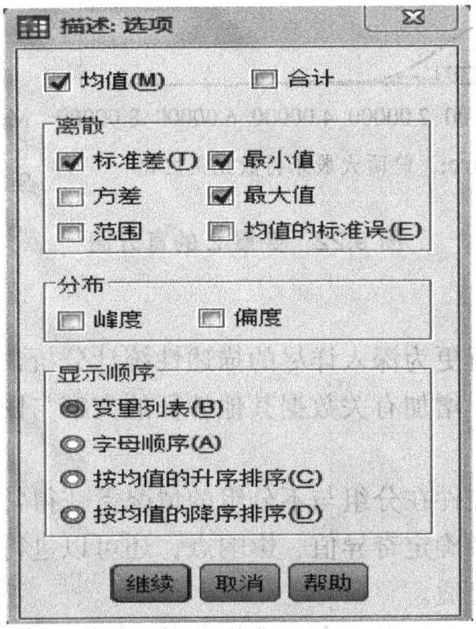

图 9.21　选项 子对话框

在主对话框中单击 ok 执行操作。

（3）结果输出与分析。

在结果输出窗口中给出了所选变量的相应描述统计，如表 9.4 所示。从表中可以看到，我国上市公司前两大股东持股比例之比平均高达 102.9，说明“一股独大”的现象比较严重；前五大股东持股比例之和平均为 51.8%，资产负债率平均为 46.78%。

表 9.4 描述统计量表

	N	Mean	Std.	Skewness		Kurtosis	
	Statistic	Statistic	Statistic	Statistic	Std. Error	Statistic	Std. Error
前两大股东持股比例之比	315	102.865	199.199 746	4.168	.137	22.404	.274
前五大股东持股比例的平方和	315	.5183 6	.1 496 003	.602	.137	−.318	.274
资产负债率	315	.467 7	.167 73	−.165	.137	−.414	.274
Valid *N*（listwise）	315						

另外，从偏态和峰度指标看出，前两大股东持股比例之比的分布呈现比较明显的右偏，而且比较尖峭。为了验证这一结论，可以利用 Frequencies 命令画出变量 *Z* 的直方图，如图 9.22 所示。

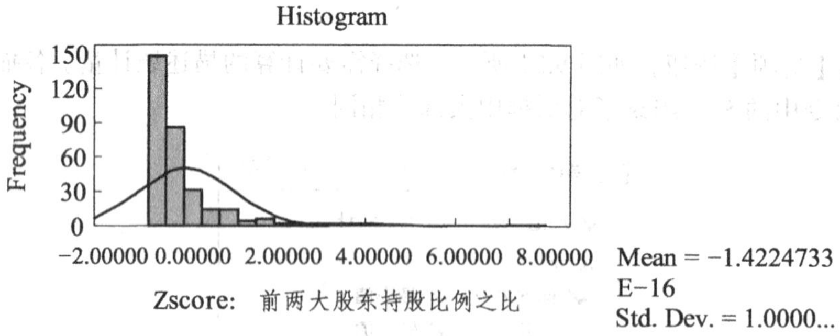

图 9.22 变量 Z 的直方图

3. 探索分析（Explore）。

调用此过程可对变量进行更为深入详尽的描述性统计分析，故称之为探索分析。它在一般描述性统计指标的基础上，增加有关数据其他特征的文字与图形描述，显得更加细致与全面，对数据分析更进一步。

探索分析一般通过数据文件在分组与不分组的情况下获得常用统计量和图形。一般以图形方式输出，直观帮助研究者确定奇异值、影响点，还可以进行假设检验，以及确定研究者要使用的某种统计方式是否合适。

在打开的数据文件上，选择如下命令：选择菜单“【分析】→【描述统计】→【探索】”，打开对话框，如图 9.23 所示。

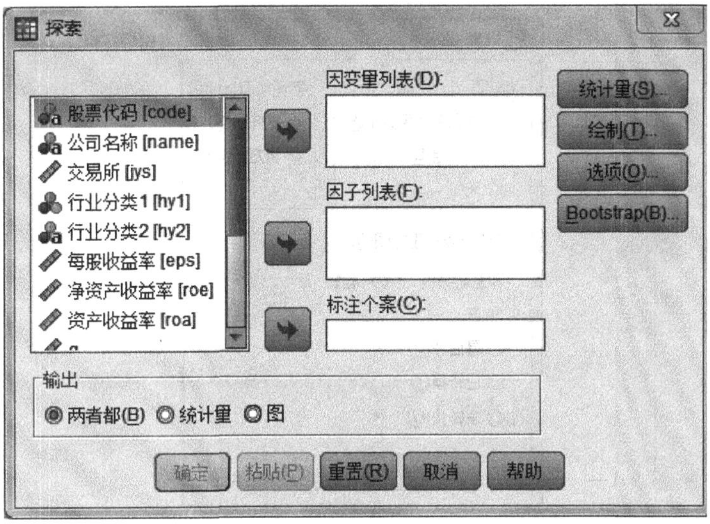

图 9.23 探索分析

因变量列表：待分析的变量名称，例如，将每股收益率作为研究变量。

因子列表：从源变量框中选择一个或多个变量进入因子列表，分组变量可以将数据按照该观察值进行分组分析。

标准个案：在源变量表中指定一个变量作为观察值的标识变量。

在输出栏中，选择两者都表示输出图形及描述统计量。

选择【统计量】选项，选择想要计算的描述统计量，如图 9.24 所示。

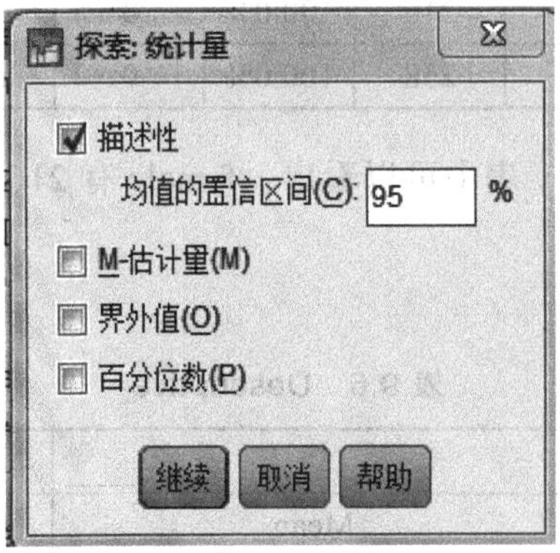

图 9.24 选择想要计算的描述统计量

对所要计算的变量的频数分布及其统计量值作图：打开“Plots 对话框”，出现如图 9.25 所示的界面。

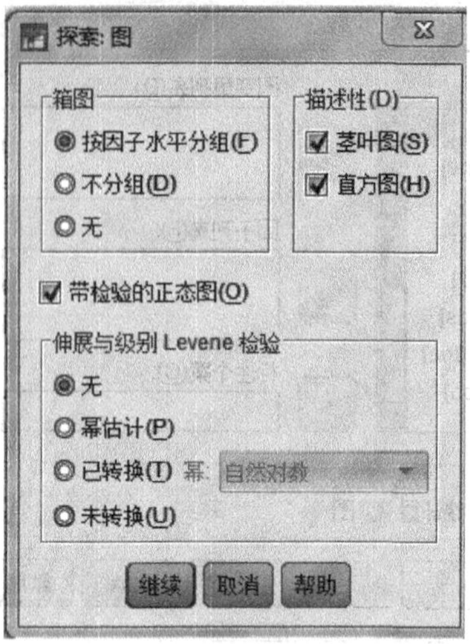

图 9.25　对所要计算的变量的频数分布及其统计量值作图

◆ 结果的输出与说明。

（1）Case Processing Summary（见表 9.5）。

表 9.5　Case Processing Summary

		Cases					
		Valid		Missing		Total	
	Gender	*N*	Percent	*N*	Percent	*N*	Percent
Current Salary	Female	216	100.0%	0	.0%	216	100.0%
	Male	258	100.0%	0	.0%	258	100.0%

在 Case Processing Summary 表中可以看出，female 有 216 个个体，Male 有 258 个个体，均无缺失值。

（2）Descriptive（见表 9.6）

表 9.6　Descriptive

	Gender			Statistic	Std. Error
Current Salary	Female	Mean		$26，031.92	$514.258
		95% Confidence Interval for Mean	Lower Bound	$25，018.29	
			Upper Bound	$27，045.55	
		5% Trimmed Mean		$25，248.30	
		Median		$24，300.00	
		Variance		57123688.268	
		Std. Deviation		$7，558.021	
		Minimum		$15，750	
		Maximum		$58，125	

续表 9.6

	Gender			Statistic	Std. Error
		Range		$42，375	
		Interquartile Range		$7，013	
		Skewness		1.863	.166
		Kurtosis		4.641	.330
	Male	Mean		$41，441.78	$1，213.968
		95% Confidence Interval for Mean	Lower Bound	$39，051.19	
			Upper Bound	$43，832.37	
		5% Trimmed Mean		$39，445.87	
		Median		$32，850.00	
		Variance		380219336.303	
		Std. Deviation		$19，499.214	
		Minimum		$19，650	
		Maximum		$135，000	
		Range		$115，350	
		Interquartile Range		$22，675	
		Skewness		1.639	.152
		Kurtosis		2.780	.302

（3）职位员工薪水直方图如图 9.26 所示。

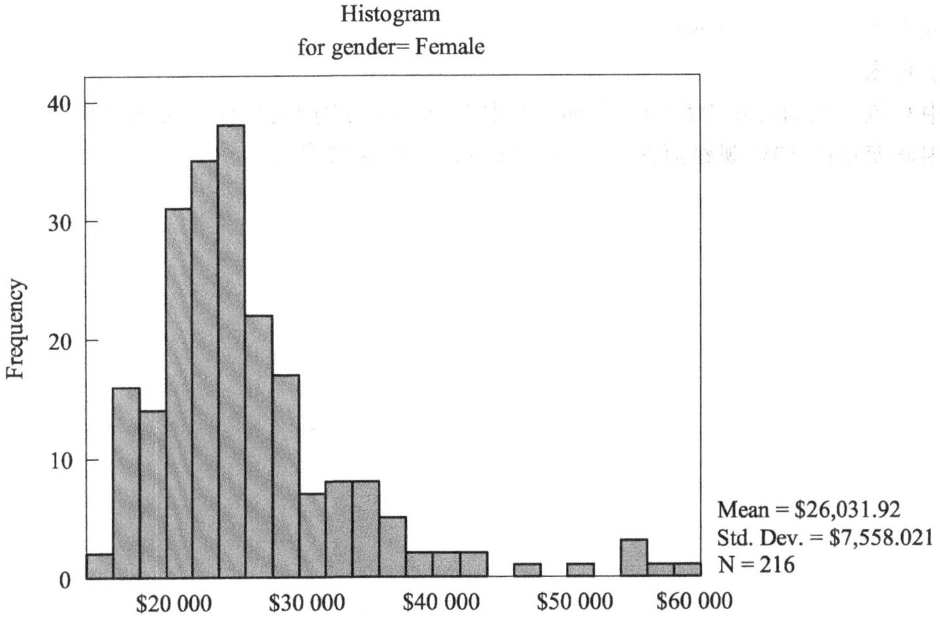

图 9.26　Gurrent Salary

（4）茎叶图描述。

茎叶图自左向右可以分为三大部分：频数（Frequency）、茎（Stem）和叶（Leaf）。茎表示数值的整数部分，叶表示数值的小数部分。每行的茎和每个叶组成的数字相加再乘以茎宽（Stem Width），即茎叶所表示的实际数值的近似值。

```
Current Salary Stem-and-Leaf Plot for gender = Female

Frequency      Stem &   Leaf

2.00              1 .   55
16.00             1 .   6666666666777777
14.00             1 .   88889999999999
31.00             2 .   0000000000000111111111111111111
35.00             2 .   22222222222222222222223333333333333
38.00             2 .   44444444444444444444444444455555555555
22.00             2 .   6666666666677777777777
17.00             2 .   88888899999999999
7.00              3 .   0001111
8.00              3 .   22233333
8.00              3 .   44444555
5.00              3 .   66777
2.00              3 .   88
11.00 Extremes        （>= 40800）

Stem width:        10000
Each leaf:         1 case（s）
```

（5）箱图。

图中灰色区域的方箱为箱图的主体，上中下三条线分别表示变量值的第 75、50、25 百分位数，因此变量的 50% 观察值落在这一区域中，如图 9.27 所示。

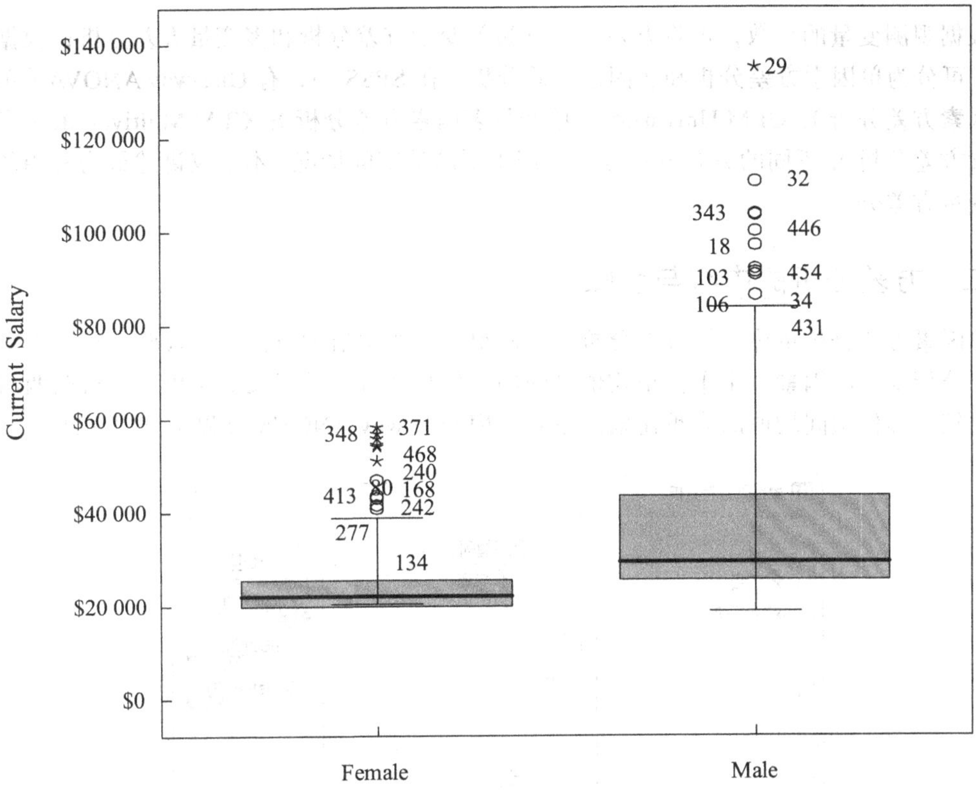

图 9.27　Gender

方箱中的中心粗线为中位数；箱图中的触须线是中间的纵向直线，上端截至线为变量的最大值，下端截至线为变量的最小值。

9.4　方差分析

一、基本原理

在现实的生产和经营管理过程中，影响产品质量、产量或销量的因素很多。例如，农作物的产量受作物的品种、施肥量的多少及种类等的影响；某种商品的销量受商品价格、质量、广告等的影响。基于这些因素引入了方差分析的方法。

方差分析也是一种假设检验，它是对全部样本观测值的变动进行分解，将某种控制因素下各组样本观测值之间可能存在的由该因素导致的系统性误差与随机误差加以比较，据以推断各组样本之间是否存在显著差异。若存在显著差异，则说明该因素对各总体的影响是显著的。

方差分析有三个基本概念：样本变量、因素和水平。样本变量是进行方差分析所研究的对象；因素是影响观测变量变化的客观或人为条件；因素的不同类别或不同取值则称为因素的不同水平。在上面的例子中，农作物的产量和商品的销量就是样本变量，作物的品种、施肥种类、商品价格、广告等就是因素。在方差分析中，因素常常是某一个或多个离散型的分类变量。

根据观测变量的个数，可将方差分析分为单变量方差分析和多变量方差分析；根据因素个数，可分为单因素方差分析和多因素方差分析。在 SPSS 中，有 One-way ANOVA（单变量 - 单因素方差分析）、GLM Univariate（单变量多因素方差分析）；GLM Multivariate（多变量多因素方差分析），不同的方差分析方法适用于不同的实际情况。本节仅讲述最为常用的单因素单变量方差分析。

二、方差分析的内容与步骤

单因素方差分析也称一维方差分析，对两组以上的均值加以比较，检验由单一因素影响的一个分析变量由因素各水平分组均值之间的差异是否有统计意义。它可以进行两两组间均值的比较，称作组间均值的多重比较。主要采用 One-way ANOVA 过程（见图 9.28）。

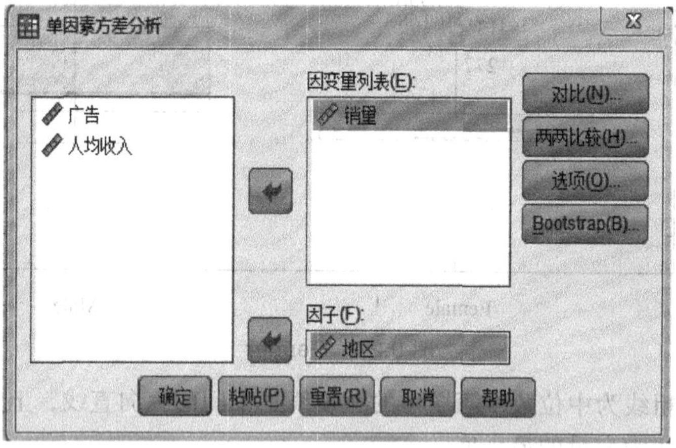

图 9.28　One-Way ANOVA 对话框

采用 One-way ANOVA 过程的要求：因变量属于正态分布总体，若因变量的分布明显是非正态，应该用非参数分析过程。对被观测对象的试验不是随机分组的，而是进行的重复测量形成几个彼此不独立的变量，应该用 Repeated Measure 菜单项，进行重复测量方差分析，条件满足时，还可以进行趋势分析。

假设某品牌电视机经销商为了研究东部、西部和中部地区市场上电视机的销量是否存在显著差异，在每个地区随机抽取几个城市进行调查统计，调查数据放置于数据文件“电视机销量调查.sav”中。在 SPSS 中分析的步骤如下：

步骤 1：选择菜单【分析】→【比较均值】→【单因素方差分析】，依次将观测变量销量移入因变量列表框，将因素变量地区移入因子列表框。

单击两两比较按钮，如图 9.29 所示，该对话框用于进行多重比较检验，即各因素水平下样本变量均值的两两比较。

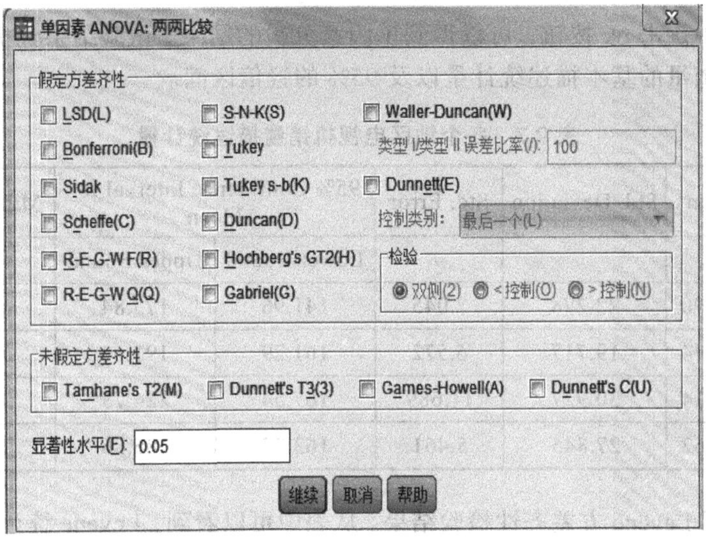

图 9.29　两两比较对话框

方差分析的原假设是各个因素水平下的观测变量均值都相等，备择假设是各均值不完全相等。假如一次方差分析的结果是拒绝原假设，我们只能判断各观测变量均值不完全相等，却不能得出各均值完全不相等的结论。各因素水平下观测变量均值的更为细致的比较就需要用多重比较检验。

假定方差齐性选项栏中给出了在观测变量满足不同因素水平下的方差齐性条件下的多种检验方法，这里选择最常用的 LSD 检验法；未假定方差齐性选项栏中给出了在观测变量不满足方差齐性条件下的多种检验方法，这里选择 Tamhane’s T2 检验法；Significance level 输入框中用于输入多重比较检验的显示性水平，默认为 5%。

单击选项按钮，弹出 options 子对话框，如图 9.30 所示。在对话框中选中描述性复选框，输出不同因素水平下观测变量的描述统计量；选择方差同质性检验复选框，输出方差齐性检验结果；选中均值图复选框，输出不同因素水平下观测变量的均值直线图。

图 9.30　选项子对话框

在主对话框中点击 ok 按钮，可以得到单因素分析的结果。试验结果分析：表 9.7 给出了不同地区电视机销量的基本描述统计量以及 95% 的置信区间。

表 9.7 各个地区电视机销量描述统计量

	N	Mean	Std. Deviation	Std. Error	95% Confidence Interval for Mean		Minimum	Maximum
					Lower Bound	Upper Bound		
西	10	157.90	22.278	7.045	141.96	173.84	120	194
中	9	176.44	19.717	6.572	161.29	191.60	135	198
东	7	196.14	30.927	11.689	167.54	224.75	145	224
Total	26	174.62	27.845	5.461	163.37	185.86	120	224

表 9.8 给出了 Levene 方差齐性检验结果。从表中可以看到，Levene 统计量对应的 p 值大于 0.05，所以得到不同地区电视机销量满足方差齐性的结论。

表 9.8 各地区电视机销量方差齐性检验表

Levene Statistic	df1	df2	Sig.
1.262	2	23	.302

Levene 统计量对应的 p 值大于 0.05，所以得到不同地区汽车销量满足方差齐性的结论。

表 9.9 是单因素方差分析，输出的方差分析表解释如下：总离差 SST = 19 384.154，组间平方和 SSR = 6 068.174，组内平方和或残差平方和 SSE = 13 315.979，相应的自由度分别为 25, 2, 23；组间均方差 MSR = 3 034.087，组内均方差 578.956，$F = 5.241$，由于 $p = 0.013 < 0.05$，说明在 $\alpha = 0.05$ 显著性水平下，F 检验是显著的，即认为各个地区的电视机销量并不完全相同。

表 9.9 单因素方差分析结果

	Sum of Squares	df	Mean Square	F	Sig.
Between Groups	6 068.174	2	3 034.087	5.241	.013
Within Groups	13 315.979	23	578.956		
Total	19 384.154	25			

如前所述，拒绝单因素方差分析原假设并不能得出各地区电视机销量均值完全不等的结论。各地区销量均值的两两比较要看表 9.10 所示的多重比较检验结果。表中上半部分为 LSD 检验结果，下半部分为 Tamhane 检验结果。由于方差满足齐性，所以这里应该看 LSD 检验结果。表中的 Mean difference 列给出了不同地区电视机销量的平均值之差。其中后面带“*”号的表示销量有显著差异，没有带“*”号的表示没有显著差异。可以看出，东部和西部电视机销量存在显著差异，而中部与东部、中部与西部电视机销量并没有什么显著差异。这一结论也可以从表中 Sig 列给出的 p 值大小得到验证。

表 9.10　多重比较检验结果

	(I) 地区	(J) 地区	Mean Difference (I-J)	Std. Error	Sig.	95% Confidence Interval	
						Lower Bound	Upper Bound
LSD	西	中	−18.544	11.055	.107	−41.41	4.33
		东	−38.243 (*)	11.858	.004	−62.77	−13.71
	中	西	18.544	11.055	.107	−4.33	41.41
		东	−19.698	12.126	.118	−44.78	5.39
	东	西	38.243 (*)	11.858	.004	13.71	62.77
		中	19.698	12.126	.118	−5.39	44.78
Tamhane	西	中	−18.544	9.635	.199	−44.05	6.96
		东	−38.243	13.648	.054	−77.10	.61
	中	西	18.544	9.635	.199	−6.96	44.05
		东	−19.698	13.410	.436	−58.31	18.91
	东	西	38.243	13.648	.054	−.61	77.10
		中	19.698	13.410	.436	−18.91	58.31

* The mean difference is significant at the .05 level.

9.5　SPSS 回归分析

一、回归分析的统计学原理

相关关系不等于因果关系，要明确因果关系必须借助于回归分析。回归分析是研究两个变量或多个变量之间因果关系的统计方法。其基本思想是，在相关分析的基础上，对具有相关关系的两个或多个变量之间数量变化的一般关系进行测定，确立一个合适的数据模型，以便从一个已知量推断另一个未知量。回归分析的主要任务就是根据样本数据估计参数，建立回归模型，对参数和模型进行检验和判断，并进行预测等。

线性回归数学模型如下：

$$y_i = \beta_0 + \beta_1 x_{i1} + \beta_2 x_{i2} + \cdots + \beta_k x_{ik} + \varepsilon_i$$

在模型中，回归系数是未知的，可以在已有样本的基础上，使用最小二乘法对回归系数进行估计，得到如下的样本回归函数：

$$y_i = \hat{\beta}_0 + \hat{\beta}_1 x_{i1} + \hat{\beta}_2 x_{i2} + \cdots + \hat{\beta}_k x_{ik} + e_i$$

回归模型中的参数估计出来之后，还必须对其进行检验。如果通过检验发现模型有缺陷，则必须回到模型的设定阶段或参数估计阶段，重新选择被解释变量和解释变量及其函数形式，或者对数据进行加工整理之后再次估计参数。回归模型的检验包括一级检验和二级检验。一级检验又叫统计学检验，它是利用统计学的抽样理论来检验样本回归方程的可靠性，具体又可以分为拟和优度评价和显著性检验；二级检验又称为经济计量学检验，它是对线性回归模型的假定条件能否得到满足进行检验，具体包括序列相关检验、异方差检验等。

二、SPSS 回归分析的内容与步骤

1. 连续变量简单相关系数的计算与分析。

尤其是在上市公司财务分析中，经常利用资产收益率、净资产收益率、每股净收益和托宾 Q 值四个指标来衡量公司经营绩效。本节例题利用 SPSS 对这四个指标的相关性进行检验。操作步骤与过程如下：

打开数据文件“上市公司财务数据（连续变量相关分析）.sav”，依次选择“【分析】→【相关】→【双变量】”打开对话框，如图 9.31 所示，将待分析的四个指标移入右边的变量列表框内。其他均可选择默认项，单击 ok 提交系统运行。

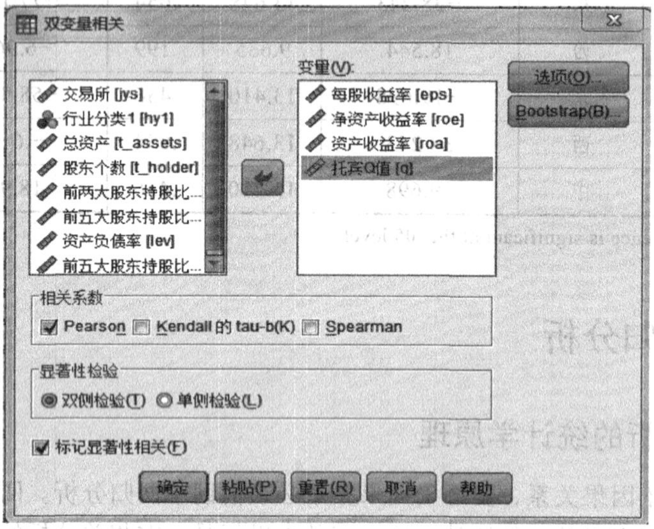

图 9.31 Bivariate Correlations 对话框

结果分析：

表 9.11 给出了 Pearson 简单相关系数，相关检验 t 统计量对应的 p 值。相关系数右上角有两个星号表示相关系数在 0.01 的显著性水平下显著。从表中可以看出，每股收益、净资产收益率和总资产收益率三个指标之间的相关系数都在 0.8 以上，对应的 p 值都接近 0，表示三个指标具有较强的正相关关系，而托宾 Q 值与其他三个变量之间的相关性较弱。

表 9.11 Pearson 简单相关分析

		每股收益率	净资产收益率	资产收益率	托宾 Q 值
每股收益率	Pearson Correlation	1	.877（**）	.824（**）	-.073
	Sig. （2-tailed）	.	.000	.000	.199
	N	315	315	315	315
净资产收益率	Pearson Correlation	.877（**）	1	.808（**）	-.001
	Sig. （2-tailed）	.000	.	.000	.983
	N	315	315	315	315

续表 9.11

		每股收益率	净资产收益率	资产收益率	托宾 Q 值
资产收益率	Pearson Correlation	.824（**）	.808（**）	1	.011
	Sig.（2-tailed）	.000	.000	.	.849
	N	315	315	315	315
托宾 Q 值	Pearson Correlation	−.073	−.001	.011	1
	Sig.（2-tailed）	.199	.983	.849	.
	N	315	315	315	315

** Correlation is significant at the 0.01 level（2-tailed）.

2. 一元线性回归分析。

实例分析：家庭住房支出与年收入的回归模型。

在这个例子里，考虑家庭年收入对住房支出的影响，建立的模型如下：

$$y_i = \alpha + \beta x_i + \varepsilon_i$$

其中，y_i是住房支出，x_i是年收入，ε_i是随机误差。

线性回归分析的基本步骤及结果分析：

（1）绘制散点图 打开数据文件，选择【图形】-【旧对话框】-【散点/点状】，如图 9.32 所示。

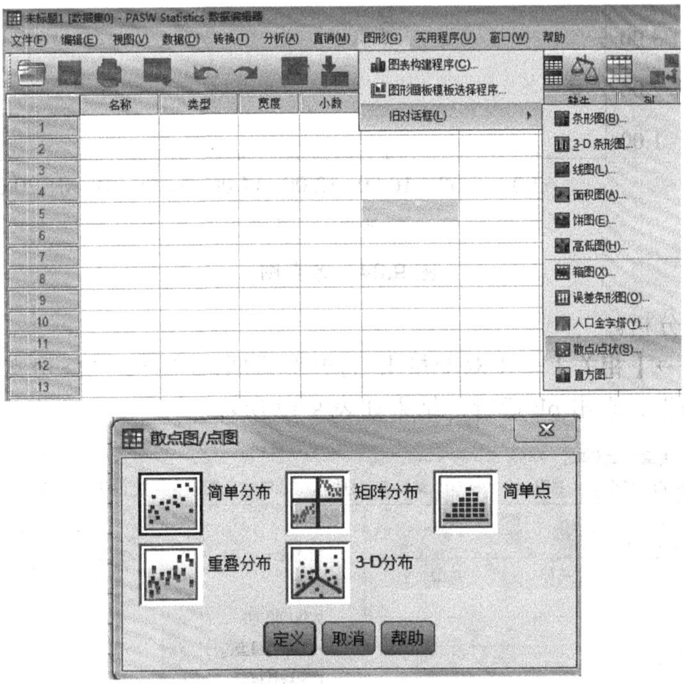

图 9.32　散点图对话框

选择简单分布，单击定义框，打开子对话框，选择 X 变量和 Y 变量。单击 ok 提交系统运行，结果见图 9.33 所示。

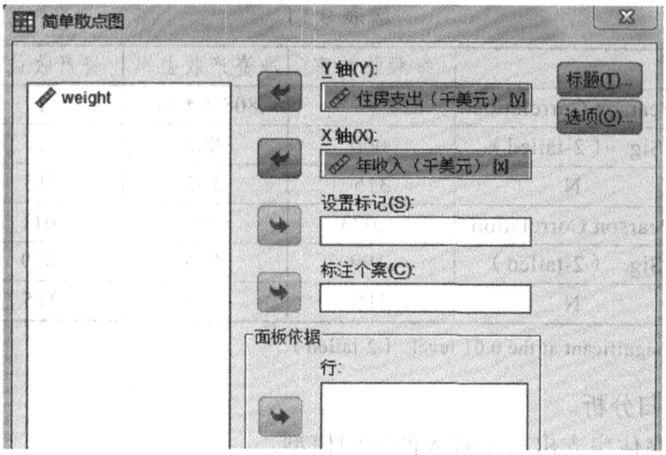

图 9.33　Simple Scatterplot 子对话框

从图 9.34 可直观地看出，住房支出与年收入之间存在线性相关关系。

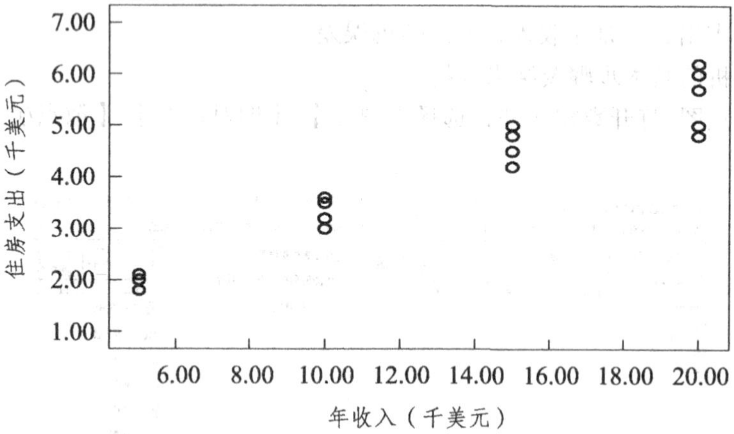

图 9.34　散点图

（2）简单相关分析。

选择【分析】→【相关】→【双变量】，打开对话框，将变量“住房支出”与“年收入”移入 variables 列表框，点击 ok 运行，结果如表 9.12 所示。

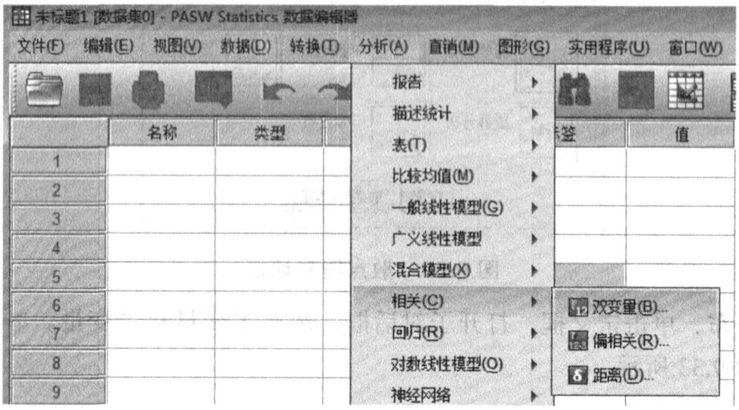

表 9.12　住房支出与年收入相关系数表

		住房支出（千美元）	年收入（千美元）
住房支出（千美元）	Pearson Correlation	1	.966（**）
	Sig.（2-tailed）	.	.000
	N	20	20
年收入（千美元）	Pearson Correlation	.966（**）	1
	Sig.（2-tailed）	.000	.
	N	20	20

** Correlation is significant at the 0.01 level（2-tailed）.

可得到两变量之间的 Pearson 系数为 0.966，Sig.（2-tailed）= 0.000<0.05，故变量之间显著相关。根据住房支出与年收入之间的散点图与相关分析显示，住房支出与年收入之间存在显著的正相关关系。进一步进行回归分析，建立一元线性回归方程。

（3）线性回归分析。

步骤 1：选择菜单"【分析】→【回归】→【线性】"，打开 Linear Regression 对话框。将变量住房支出 y 移入 Dependent 列表框中，将年收入 x 移入 Independents 列表框中。在 Method 框中选择 Enter 选项，表示所选自变量全部进入回归模型。如图 9.35 所示。

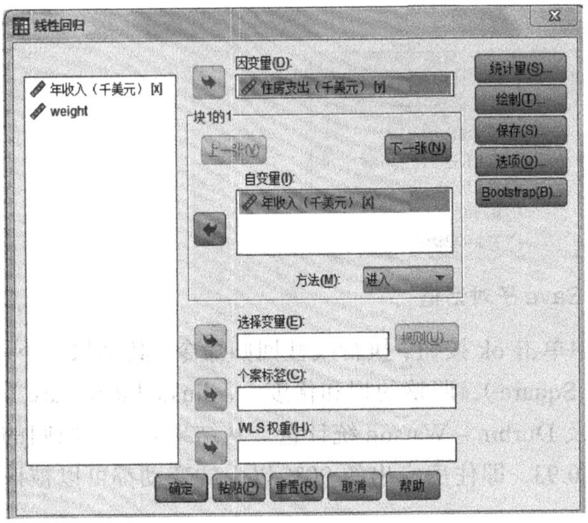

图 9.35　Linear Regression 对话框

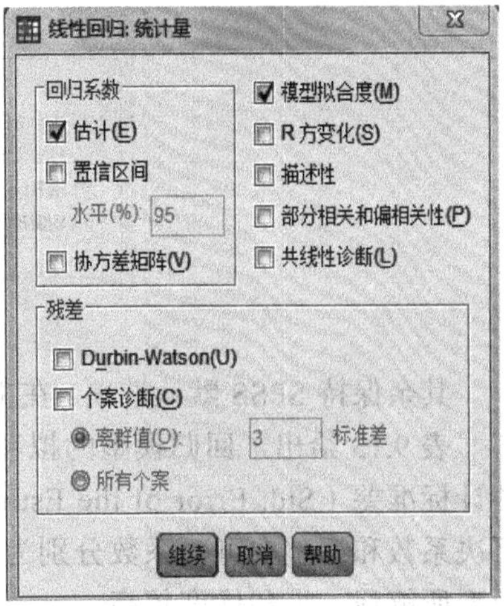

图 9.36　Statistics 子对话框

步骤 2：单击 Statistics 按钮，如图 9.36 所示在 Statistics 子对话框。该对话框中设置要输出的统计量。这里需要勾选"估计"、"模型拟合度"复选框。

估计：输出有关回归系数的统计量，包括回归系数、回归系数的标准差、标准化的回归系数、t 统计量及其对应的 P 值等。

置信区间：输出每个回归系数的 95% 的置信度估计区间。

协方差矩阵：输出解释变量的相关系数矩阵和协差阵。

模型拟合度：输出可决系数、调整的可决系数、回归方程的标准误差、回归方程 F 检验的方差分析。

步骤 3：单击绘制按钮，在 Plots 子对话框中的标准化残差图选项栏中选中正态概率图复选框，以便对残差的正态性进行分析（见图 9.37）。

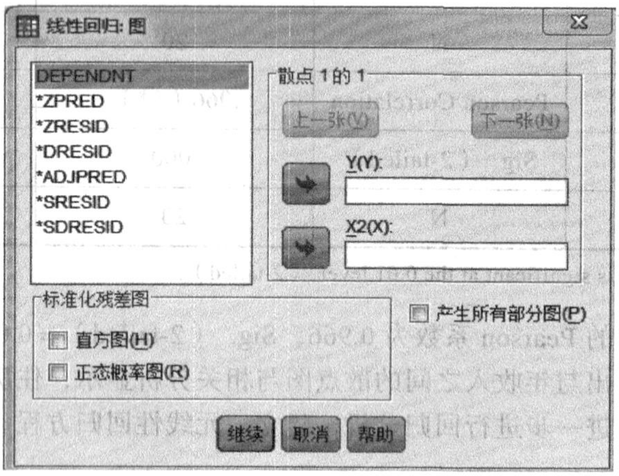

图 9.37　plots 子对话框

步骤 4：单击保存按钮，在 Save 子对话框中残差选项栏中选中未标准化复选框，这样可以在数据文件中生成一个变量名尾 res_1 的残差变量，以便对残差进行进一步分析（见图 9.38）。

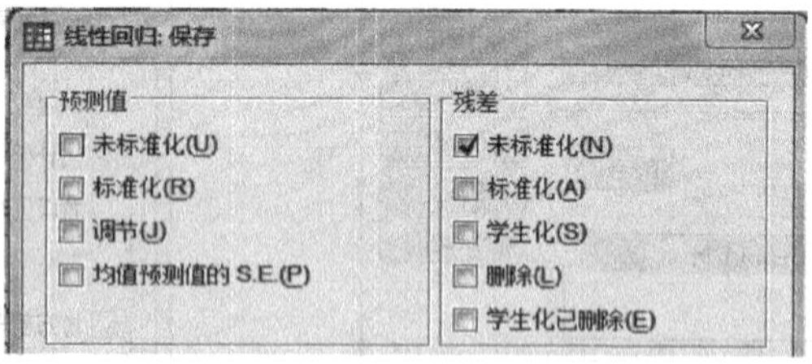

图 9.38　Save 子对话框

其余保持 SPSS 默认选项。在主对话框中单击 ok 按钮，执行线性回归命令，其结果如下：

表 9.13 给出了回归模型的拟和优度（R Square）、调整的拟和优度（Adjusted R Square）、估计标准差（Std. Error of the Estimate）以及 Durbin－Watson 统计量。从结果来看，回归的可决系数和调整的可决系数分别为 0.934 和 0.93，即住房支出的 90% 以上的变动都可以被该模型所解释，拟和优度较高。

表 9.13　回归模型拟合优度评价及 Durbin-Watson 检验结果

Model	R	R Square	Adjusted R Square	Std. Error of the Estimate
1	.966（a）	.934	.930	.37302

a　Predictors：（Constant），年收入（千美元）

b　Dependent Variable：住房支出（千美元）

表 9.14 给出了回归模型的方差分析表，可以看到，F 统计量为 252.722，对应的 P 值为 0，

所以，拒绝模型整体不显著的原假设，即该模型的整体是显著的。

表 9.14 方差分析表

Model		Sum of Squares	df	Mean Square	F	Sig.
1	Regression	35.165	1	35.165	252.722	.000（a）
	Residual	2.505	18	.139		
	Total	37.670	19			

a Predictors:（Constant），年收入（千美元）

b Dependent Variable: 住房支出（千美元）

表 9.15 给出了回归系数、回归系数的标准差、标准化的回归系数值以及各个回归系数的显著性 t 检验。从表中可以看到无论是常数项还是解释变量 x，其 T 统计量对应的 P 值都小于显著性水平 0.05，因此，在 0.05 的显著性水平下都通过了 t 检验。变量 x 的回归系数为 0.237，即年收入每增加 1 千美元，住房支出就增加 0.237 千美元。

表 9.15 回归系数估计及其显著性检验

Model		Unstandardized Coefficients		Standardized Coefficients	t	Sig.
		B	Std. Error	Beta		
1	（Constant）	.890	.204		4.356	.000
	年收入（千美元）	.237	.015	.966	15.897	.000

a Dependent Variable: 住房支出（千美元）

为了判断随机扰动项是否服从正态分布，观察图 9.39 所示的标准化残差的 P-P 图。可以发现，各观测的散点基本上都分布在对角线上，据此可以初步判断残差服从正态分布。

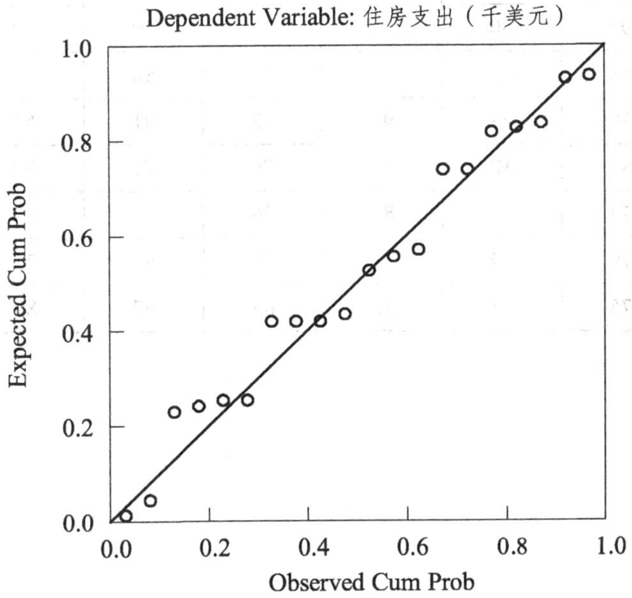

图 9.39 标准化残差的 P-P 图

为了判断随机扰动项是否存在异方差，由被解释变量 y 与解释变量 x 的散点图，可以看到，随着解释变量 x 的增大，被解释变量的波动幅度明显增大。这说明随机扰动项可能存在比较严重的异方差问题，应该利用加权最小二乘法等方法对模型进行修正。

能力自测

1. 测量 18 台电脑笔记重量，如下表所示，对其进行描述统计量分析，并对试验结果作出说明。

18 台笔记本电脑重量表

序号	1	2	3	4	5	6	7	8	9
重量	1.78	1.95	1.60	1.88	1.82	1.71	1.88	1.72	1.75
序号	10	11	12	13	14	15	16	17	18
重量	1.69	1.81	1.82	2.03	1.94	1.77	1.89	1.85	1.89

2. 用 SPSS 进行单因素方差分析。某个年级有三个班，他们进行了一次英语考试，现从各班随机地抽取部分学生兵记录其成绩如下表。原始数据文件保存为“英语考试成绩.sav”。试在显著性水平 0.05 下检验各班级的平均分数有无显著差异。

英语考试成绩表

Ⅰ		Ⅱ		Ⅲ	
75	67	88	77	68	41
90	60	78	31	79	59
83	48	48	78	56	68
39	93	91	62	91	53
81	38	51	76	71	79
73	76	85	96	77	19
79	79	74	80	87	75
75	87	56	85	97	89

参考书目

[1] 赵铁. 市场调查与分析. 北京：北京交通大学出版社，2008.
[2] 姚增明，李爱民. 市场调查与预测. 北京：冶金工业出版社，2011.
[3] 赵铁. 市场调查与预测. 北京：清华大学出版社，2010.
[4] 刘登辉. 市场调查与预测. 北京：中国经济出版社，2008.
[5] 胡穗华. 市场调查与预测. 广州：中山大学出版社，2006.
[6] 马连福. 现代市场调查与预测. 北京：首都经济贸易大学出版社，2005.
[7] 岑衍强. 实用市场调查与预测. 北京；中国劳动社会保障出版社，2006.
[8] 赖文燕. 市场调查与预测. 北京：北京交通大学出版社，2011.
[9] 刘红. 市场调查与预测. 北京：北京交通大学出版社，2010.
[10] 胡德华. 统计学原理. 北京：清华大学出版社，2009.
[11] 韩千里. 统计基础与实训. 北京：清华大学出版社，2012.
[12] 何媚. 统计基础项目化教程. 青岛：中国海洋大学出版社，2012.
[13] 吴培乐. 经济管理数据分析实验教程 SPSS18.0 操作与应用. 北京：科学出版社，2012.